KB041758

신경과학기술과 법

최민영 · 계인국 · 김수정 · 박정연

박영사

머 리 말

일론 머스크의 뉴럴링크(Neuralink)는 뇌-기계 인터페이스(Brain-Machine Interface, BMI) 기술을 통해 인간의 뇌와 컴퓨터가 직접 소통할 수 있는 새로운 방법을 개발하기 위해 2016년 설립된 회사이다. 가장 최근인 2023년 9월, 뉴럴링크는 신체가 마비된 사람들을 상대로 뇌에 컴퓨터 칩을 심을 임상시험 참가자를 모집한다고 밝혔다. 이 기술이 성공하면, 사지마비 환자도 생각만으로 외부의 로봇 팔과 손을 마음대로 움직일 수 있고, 마우스 커서를 조작하거나 타자를 칠 수 있다고 한다. 이 임상시험을 위해 뉴럴링크는 같은 해 5월, 미국 식품의약청(FDA)으로부터 첫 번째 인체 임상시험을 승인받았다. 이보다 앞서 같은 해 5월에 발표된 연구결과(Nature 618)에 따르면 스위스 로잔연방공대에서 손상된 척수와 뇌의 소통을 돕는 BMI 장치가 개발되어 이 장치를 통해 사지마비 환자가 자연스럽게 걸을 수 있게 되었다고 한다. 이외에도 뉴럴링크보다 앞서 BMI 기술을 개발하는 회사들은 여러 개 있다. 하지만 일론 머스크가 참여하는 일이라면, 여러 논란과 함께 대중적 관심을 크게 불러일으키는 것도 인정하지 않을 수 없는 사실이다. 그는 인간의 뇌에 컴퓨터 칩을 이식하여 인간이 인공지능을 이기지는 못하더라도 뒤처지지는 않게 하겠다는 사명감에서 뉴럴링크를 세웠다고 한다.

그러나 이 기술이 가까운 미래에 정말 실현 가능한 것일지에 대하여는 회의적 시각이 많다. 설혹 이 기술을 구현할 수 있다고 하더라도, 인간의 뇌에 개입하는 만큼 수반되는 위험과 부작용은 클 수 있다. 즉 기술이 구현되는 과정에서 개인의 뇌 정보가 유출되거나 기술이 조작된다면, 우리가 예상할 수 없고 되돌릴 수 없는 위험을 초래할 수 있다는 두려움이 존재한다. 만약 이 같은 고의적인 정보 유출과 기술 조작이 아니더라도, 뇌에 심은 칩은 개인의 인격과 정체성에 정말 별다른 영향을 미치지 않을까? 여기서 한 걸음 더 양보하여 이 기술이 별다른 위험과 부작용 없이 구현될 수 있더라도, 이 기술을 실제로 사용할 수 있는 사람은 여러 사회경제적 비용을 고려할 때, 특정 계층에 한정되어 사회적 불평등을 심화시킬 수 있다는 우려도 존재한다. 그러면 이러한 기술의 사용이 특정 계층에 편중되지 않도록 관련 자원은 어떻게 분배되어야 하는 것일까? 만약, 관련 자원이 공평하게 분배될 수 있더라도, 질병에 대한 치료 목적을 넘어 인간 개인의 능력을 향상하기 위한 목적의 기술 이용은 억제되어야 하는 것이 아닐까? 아니면 반대로 연구의 자유와 개인의 선택의 자유를 보장하기 위해 사회와 국가는 가급적 이에 관여하지 않아야 할까?

큰 관심을 불러 일으키는 BMI 기술은 이처럼 다양한 질문을 제기하게 한다. 이 정도의 강도는 아니지만, 현재 실제로 이용되고 있는 뇌심부자극술(Deep Brain Stimulation, DBS), 경두개자기자극술(Transcranial Magnetic Stimulation, TMS), 경두개직류자극술(transcranial Direct Current Stimulation, tDCS)도 유사한 방향에서 여러 질문을 제기하게 할 수 있다. 이러한 기술들은 개인의 신체뿐만 아니라 정신과 마음에 영향을 미칠 수 있다. 우리가 알지 못하는 사이, 신경과학기술은 개인의 마음을 조작하거나 이에 침입할 수 있다. 특히, 환자나 개인 소비자 모르게 특정 뇌 영역을 읽거나 조절하여 개인의 사적인 영역을 노출하게 하고 마음과 행동을 변하게 한다면, 법은 이를 방지하도록 관여해야 하지 않을까? 더 나아가 개인의 인격과 정체성에 영향을 미칠 수 있는 기술은 처음부터 허용하지 말아야 할까? 반대로 이러한 위험에도 불구하고, 관련 기술이 지금까지 치료하지 못한 질병을 치료하거나 개인의 부족한 역량을 향상시켜 준다면, 연구를 통해 기술이 지속적으로 발전하도록 법도 이를 육성해야 하는 걸까? 법이 이에 대해 어떠한 입장을 취하든, 개인의 권리와 자유에 영향을 미칠 수 있는 각 행위에 대하여는 특정한 요건과 한계를 설정할 필요는 있어 보인다.

연구진은 법학적 관점에서 위와 같은 우려와 질문에 답하기 위해 이 책을 집필하였다. 집필 과정에서 법학자로서 계속 발전하고 있는 신경과학기술을 명확히 이해하기 어려웠고, 이에 대해 제기되는 본질적인 철학적 문제와 다양한 사회적 쟁점을 모두 고려하기도 어려웠다. 그러나 신경과학기술의 발달과 함께 지금 여기에서 발생할 수 있는 크고 작은 문제들을 인식하고 이에 대응하기 위해 헌법, 행정법, 민법, 형법을 연구하는 법학자들이 모여 이 책의 내용을 구성하고 가상사례를 만들어 간략하게 풀이함으로써 앞으로의 문제에 해결의 실마리를 제시하고자 하였다. 이를 위해 1장에서는 이 책이 주로 전제하고 있는 각 신경기술의 작용기전 및 효과와 부작용을 개관하고, 현재까지 공개된 신경윤리 가이드라인 목록을 소개하였다. 이어서 2장에서는 신경과학의 발달과 함께 새로이 제시되는 권리인 신경자기결정권을 소개하고, 이 권리 창설에 대한 정당성 여부를 헌법적·형법적 관점에서 검토하였다. 3장에서는 신경과학기술과 같이 새로운 과학기술이자 인간의 신체와 정신에 영향을 미치는 기술에 대한 규제를 어떻게 설계할지를 살펴보고, 4장에서는 대표적인 신경기기로서 현재 이용되는 신경자극기에 대한 규제방안을 미국 FDA 규제와 비교함으로써 제시하였다. 마지막 5장에서는 신경과학기술과 관련된 민사상·형사상 주요 쟁점을 논의하고, 기술별로 관련 가상사례를 구성하여 간략하게 풀이하였다.

모쪼록 이 책이 앞으로 신경과학기술과 관련된 법적 쟁점을 다루고, 법학뿐만 아니라 다른 전공과의 융합적 연구를 시도하는 데 있어 기초적 연구로서 유익한 토대를 제공할 수 있기를 기대한다. 끝으로 이 책의 출간을 권유해 주신 강원대학교 의과대학의 류영준 교수님, 처음부터 끝까지 이 책의 출간을 지원해 주신 박영사의 정연환 과장님 그리고 이 책의 편집을 위해 아낌없는 노력을 기울여 주신 사윤지 선생님께 감사의 인사를 전한다.

2023년 10월

연구진을 대표하여

최민영

목 차

Chapter 02

Chapter 05

김수정 · 최민영

Chapter

01

개관: 기술 및 가이드라인

Chapter

01 개관: 기술 및 가이드라인

제1절 | 신경과학기술

신경과학(neuroscience)은 사람과 동물의 신경계 구조와 기능에 대한 체계적 이해를 추구하는 과학적 접근을 가리키며, 신경기술(neurotechnology)은 이러한 과학적 이해를 바탕으로 신경계를 관찰·평가하고 접근·조절하는 기술을 가리킨다. '신경과학'은 뇌를 포함한 모든 신경계에 대한 분자, 세포, 발생, 구조, 기능, 진화, 컴퓨터 연관, 의학적 측면 등에 대한 연구하는 학문을 말한다. 그리고 신경과학 연구에 기초하여 개발되는 '신경기술'은 뇌의약품, 뇌신경계 영상, 신경조절기술, 뇌-기계 인터페이스, 신경정보나 그와 관련된 정보의 수집·저장·처리와 같은 분야를 포함한다.[1] 아래에서는 이 가운데 현재 활발히 연구되고 있고, 활용되고 있는 신경조절기술과 뇌-기계 인터페이스에 중점을 두어 관련 신경과학기술의 정의와 작동기전을 간략하게 설명하고, 그 효과와 안전성에 대해 살펴보기로 한다.

1) SH Yoo et al., Development of Korea Neuroethics Guidelines, Journal of Korean Medical Science Vol. 38 No. 25, 2023, 1면 이하.

I. 비침습적 신경기술[2)]

1. 정의 및 분류

비침습적 신경조절기술은 두개골을 절개하거나 삽입하지 않고, 전류나 자기를 통하여 뇌조직의 신경을 향상시키거나 억제시킴으로써 뇌신경을 조절하는 기술, 즉 신경가소성을 유도하거나 행동과 인지를 조절하는 기술을 말한다. 이 기술은 침습적 기술에 비하여 도달범위의 제한으로 인해 효과는 다소 떨어지나, 수술을 필요로 하지 않아 보다 안전하고 부작용이 적다는 특징을 지닌다. 전두엽의 집행기능, 의사결정, 학습과 기억, 지능과 창의성을 향상시키고, 감정 조절 및 정신학적 질병 치료에 효과가 있다고 알려져 있다.[3)] 비침습적 신경조절기술을 이용하는 신경기기는 현재 TMS와 tCS라는 두 가지 기술을 주로 사용한다.[4)]

(1) 경두개자기자극법(Transcranial Magnetic Stimulation, 이하 "TMS")

TMS는 전자기 유도를 통해 뇌에 전기장을 유도하는 자기장의 적용을 기반으로 한다. 이러한 자기장을 유도하기 위해 전류 펄스가 흐르는 코일을 감은 헬멧을 이용하여 사람의 머리에 씌운다. 이렇게 유도된 자기장(electric field)은 뇌에서 활동 전위를 유발하고 신경활동을 활성화하거나 억제시킨다. TMS의 효과는 자극의 위치에 따라 달라지는데, 주로 코일의

2) 아래는 최민영, 비침습적 뇌자극기술과 법적 규제－TMS와 tDCS기술을 이용한 기기를 중심으로, 의료법학 제21권 제2호, 대한의료법학회, 2020, 210면에서 218면의 내용에 기초한 것이다.

3) Alessandra Finisguerra et al., Non－invasive Brain Stimulation for the Rehabili－tation of Children and Adolescents With Neurodevelopmental Disorders: A Systemic Review, Frontiers in Psychology Vol. 10, 2019, 1면 이하.

4) Nick J. Davis/Martijn G. van Koningsbruggen, "Non－invasive" brain stimulation is not non－invasive, Frontiers in Systems Neuroscience Vol. 7, 2013, 1면 이하; Alessandra Finisguerra et al., 앞의 논문, 2019, 1면 이하.

위치, 자극의 세기, 빈도와 펄스의 횟수에 따라 상이한 효과를 나타낸다.

기본적으로 TMS는 전달되는 펄스의 횟수에 따라 2종류로 구분된다. 신경학적 검사에 사용되는 단발 TMS(single TMS)와 연속으로 자기자극을 가하는 반복 TMS(repetitive TMS, 이하 "rTMS")가 그것이다. 단발 TMS는 1초부터 수초까지 1회 정도의 자기자극을 가하고, rTMS는 수 Hz부터 수십 Hz의 연속자극을 가한다. 단발 TMS를 수행하는 경우 주의하여야 할 자극 매개변수로는 자극강도, 자극간극, 자극전류의 방향이 있고, rTMS를 수행하는 경우 주의하여야 할 자극 매개변수로는 자극강도, 자극주파수, 자극의 지속시간, 자극 간의 간격이 있다. rTMS에서는 이러한 매개변수의 설정으로 자극의 효과와 안전성이 크게 변할 수 있기 때문에 매개변수 설정에 충분한 주의를 기울일 필요가 있다. 일반적으로 rTMS는 단발 TMS에 비해 뇌신경의 흥분성을 고조시키는 효과가 강력하여 고차원적 기능연구나 정신질환 치료의 응용에 많이 사용된다.[5)]

(2) 경두개전류자극법(transcranial Current Stimulation, 이하 "tCS")

tCS는 두피에 전극을 붙이고 저강도의 전류(1－2 mA)를 뇌에 흘려보내 두개골을 통해 일시적으로 신경활동을 변화시키는 기술을 말한다. 뇌에 전해지는 전류의 종류에 따라 경두개직류자극법(transcranial Direct Current Stimulation, 이하 "tDCS")과 경두개교류자극법(transcranial Altering Current Stimulation, 이하 "tACS")으로 구분된다. 전류가 tDCS를 통해 흐르게 되면, 전류는 일정하게 지속적으로 (약 10－20분 정도) 유지되는 반면, tACS인 경우에는 특정 주파수로 교류하게 된다. 현재까지는 tCS기술 중 tDCS가 일반적으로 사용된다.[6)] 통상 tDCS에 사용되는 전류의 크기는

5) 伊良皆 啓治, 脳神経刺激 (tDCS, TMS, DBS) の現状と展望, 計測と制御(제54권 2호), 2015, 83면 이하; 채정호, 우울증에서 비침습적 두뇌 자극 치료: 경두개 자기자극과 경두개 직류자극, 신경정신의학 제57권 제2호, 2018, 119면 이하.

6) Nick J. Davis/Martijn G. van Koningsbruggen, 앞의 논문, 2013, 1면 이하.

1−3mA로 자극시간은 10분 정도이며, 그 효과는 한 시간에서 수 시간 지속된다. tDCS는 전류가 심부까지 충분히 도달하지 못하기 때문에 뇌 표면에 비교적 얕은 피질의 신경세포를 자극할 수는 있으나, 뇌의 심부를 자극하기는 어렵다.

2. 효과

(1) TMS

TMS는 종종 신경촬영법과 함께 사용되어 기능에 대한 추론을 가능하게 한다. 비침습적이며 상당한 진단학적, 치료적 잠재력을 지닌 시술 기기이다. TMS를 실시하면 전자기 펄스가 두피 표면 가까이로 전달되어 그 아래 대뇌피질 속에 있는 뉴런 내의 전기활동을 유도하게 된다. 예를 들어, 시각피질에 자극 펄스를 가하게 되면 실험체는 섬광을 본 듯한 환각, 즉 안내 섬광(phosphene)을 경험하게 된다. 운동피질에 대한 자극 펄스는 갑작스럽고 비자발적인 움직임을 만들어낼 수 있으며 TMS의 강도와 펄스의 빈도 및 횟수에 따라 특정 피질 부위가 활성화되거나 억제될 수 있다.[7]

한편 rTMS는 지속적인 효과로 이어질 수 있다. 특정 주파수로 특정 부위에 가해지는 일련의 펄스는 시술이 종료된 지 한참이 지난 이후에도 해당 뇌 부위의 흥분성(excitability)을 증감시킬 수 있다. 그러한 변화의 메커니즘이 완전히 명확하지는 않으나, 시냅스 회로에서 증강(potentiation) 혹은 위축(depression)이 일어난다고 보는 것이 일반적인 과학계의 시각이다. 다시 말해, rTMS의 경우 뇌의 정상적인 학습과정 효과에 직접적인 영

---

7) Adina L. Roskies/Kimberly Farbota, §20:59 Transcranial Magnetic Stimulation (TMS), in: David L. Faigman(eds.) Modern Scientific Evidence: The Law and Science of Expert Testimony, Thomson Reuters(2018−2019 ed), 2019.

향을 미칠 수 있다는 것이다.[8] rTMS는 편두통 및 우울증 환자의 치료법으로 임상적 승인을 받은 방법이다.

TMS의 장점은 정상적 피험체 내에서 일시적인 '가상의 병변'을 생성함으로써 특정 작업 수행 시 이에 관여하는 뇌 부위의 인과적 증거를 비침습적으로 수집할 수 있다는 점이다. TMS 자극이 아래 위치한 뉴런에 거의 즉각적으로 영향을 미치기 때문에 양호한 주기해상도(temporal resolution)를 얻을 수 있다. 따라서 복잡한 과제의 특정 부분을 수행하기 위해 뇌의 어떠한 부위가 사용되는지를 정교하게 분석하는 데 이용될 수 있는 방법이다.[9]

TMS를 통해 유도되는 전류가 뇌 속을 침투할 수 있는 깊이는 대개 1.5에서 2인치를 넘지 못한다. 이로 인해 TMS의 잠재적 목표 범위는 쉽게 접근할 수 있는 대뇌피질 부위에 한정된다. 뇌심부자극술(deep brain stimulation)이나 어레이(array) 임플란트 등의 다른 뇌 자극기법에 비하면 TMS의 공간 특수성(spatial specificity)은 떨어진다. 또한, 행동적 영향도 매우 미묘할 수 있으며, 재현이 어렵고 이를 다른 과제나 피험자에게 쉽게 일반화할 수 없는 단점도 있다. 게다가 설득력 있는 '모의 TMS 시술'을 개발하는 것이 어렵기에 TMS 치료법의 효능을 평가하는 것도 어렵다. 양호한 대조군이 없는 경우, 결과에는 위약효과(placebo effect)가 반영될 수도 있다.[10]

(2) tDCS

tDCS는 다음과 같은 두 가지 큰 특징이 있다. ⅰ) 도구가 저렴하고 휴대용이어서 실험실과 병원을 통해 tDCS가 급속도로 퍼져나갔다는 점, ⅱ) 전극 배열을 역전시키면 어떤 경우 자극의 효과가 반대로 작용한다

8) Adina L. Roskies/Kimberly Farbota, 앞의 글, 2019 참조.
9) Adina L. Roskies/Kimberly Farbota, 앞의 글, 2019 참조.
10) Adina L. Roskies/Kimberly Farbota, 앞의 글, 2019 참조.

는 점이다. 따라서 TMS가 일반적으로 뇌의 기능을 교란하여 과제 수행 능력을 감소시키는 반면, tDCS는 오히려 기능을 개선시키고 능력을 강화시킬 수도 있다. 이러한 가능성은 신경학적 장애를 겪고 있는 이들에게는 잠재적 이점이 될 수 있다. 또한, 여기서 더 나아가 정상인들의 인지능력도 향상된다는 결과를 보여주는 몇몇 연구도 있다. 특히, 이것은 뇌자극에 대한 관심이 대중에게까지 확산되었다는 것을 말한다. 이와 관련한 가정용 tDCS의 등장은 – 그것이 시판용이든, DIY이든 – 이것의 사용을 둘러싼 윤리적·법적 규제의 문제를 수반한다.[11)]

tDCS의 근본적인 효과는 대뇌피질의 흥분성(excitability)을 조절할 수 있다는 것이다. 따라서 우울증, 만성 통증, 뇌졸중, 알츠하이머병, 파킨슨병을 포함하는 다양한 임상질환에서 잠재적 치료의 중재수단으로 tDCS가 검토되어 왔다. ⅰ) tDCS로 테스트 중인 임상적 활용례 중 하나는 뇌졸중이다. tDCS를 매일 투여하는 경우, 뇌졸중 환자의 운동기능이 개선되었다. ⅱ) tDCS로 언어 회복이 가능한지의 여부, 우울증과 조현병 치료와 관련한 연구, 알츠하이머 환자의 인지기능 향상을 위한 연구도 진행 중인데, 일부 연구에서는 개선 효과를 보이고 있다. 특히, 최근 연구는 tDCS가 만성 편두통, 환지통(phantom limb pain) 등의 치료에 효과가 있음을 제시하였다.[12)]

---

11) Nick J. Davis, The Regulation of Consumer tDCS: Engaging a Community of Creative Self–Experimenters, Journal of Law & the Biosciences Vol. 3 No. 2, 2016, 304면 이하. 실제로 tDCS 기기는 기억 및 집중력 향상 등의 목적으로 아마존과 같은 인터넷 사이트에서 개별 소비자에게 판매되고 있다. 이때, 제품은 완제품으로 판매되기도 하고, 소비자가 직접 조립하여 사용할 수 있도록 판매되기도 한다.

12) F. Fregni et al., Regulatory considerations for the clinical and research use of transcranial direct current stimulation (tDCS): Review and recommendations from an expert panel, Clinical Research and Regulatory Affairs Vol. 32 Issue 1, 2015, 24면 이하.

이외에도 tDCS는 음식, 흡연, 코카인, 술과 관련된 욕구를 감소시키는 데에도 사용된다. 또한, 이명 관리를 위한 시술에서도 양극 tDCS가 동 증상의 강도를 감소시키는 것으로 나타났다. 마지막으로 운동전영역(pre-motor area)에 대한 양극 tDCS도 소아마비 후 증후군(post-polio syndrome) 환자의 수면과 피로 증상을 개선시키는 것으로 나타났다.[13)]

3. 안전성

(1) TMS

TMS는 뇌신경을 직접 자극할 수 있으므로 초기에는 안전성이 문제되었다. 특히, 간질의 유발이 우려되며, rTMS의 경우 그러한 가능성이 높아질 것이라 생각한다. rTMS의 부작용으로는 실신, 자기자극으로 발생하는 140dB 이상의 소리에 의한 청각기능의 저하, 이명, 두통, 국소통, 불쾌감, 인지·신경심리학적 변화 등의 부작용을 생각할 수 있다. 이외에도 아직까지 알려지지 않은 부작용이 있을 수도 있고, 장기간의 누적적 효과도 알려져 있지 않기 때문에 사용에 있어서는 신중을 기해야 한다.[14)] 실제로 rTMS에 관하여는 발작을 유발한다는 보고가 있었다. 반면, 지금까지 단발 TMS에 관하여는 중대한 부작용이 보고된 바 없다.[15)]

---

13) F. Fregni et al., 앞의 논문, 2015, 25면.

14) Veljko Dubljevic, Neuroethics, Justice and Autonomy: Public Reason in the Cognitive Enhancement Debate, Springer, 2019, 75면 이하.

15) rTMS 적용 이후, 피부나 두피의 자극, 혹은 우울증 환자의 경우에는 조증(mania) 유도 등이 보고되었다. 반면, 단발 TMS의 부작용으로는 두통 정도를 고려할 수 있다. 이에 대해서는 伊良皆 啓治, 앞의 논문, 2015, 83면 이하.

(2) tDCS

현재까지 tDCS 시술은 그것이 연구나 임상시험 환경에서 표준 한도 범위 내에서 적용된 경우에는 최소한도의 위해도만 수반했다. 최소한의 위해 수준이라면 중대한 이상반응(SAE)이 없고, 피부 붉어짐 같은 일반적인 이상 반응이 가볍게 짧게 지속되고, 합리적인 노력을 기울인 결과, 뇌 손상의 증거가 없었다는 것을 의미한다. 현재까지 수용되는 표준한도란 ⅰ) 2.5mA 미만의 전류, ⅱ) 특정 전류 레벨에서 피부 화상을 최소화할 수 있는 것으로 알려진 전극을 통한 시술, ⅲ) 세션당 20분에서 60분에 달하는 전류 지속시간, ⅳ) 하루에 두 번 시술을 초과하지 않는 것을 말한다. 물론, 이러한 자극 한도를 초과하는 것이 곧바로 중대한 위해로 직결되는 것은 아니다. 하지만 지금까지 위 자극 한도를 통한 경험은 제한되어 있어서 명확하게 위해가 없다고는 할 수 없다.[16)]

tDCS는 표준 의료용어 사용례에 따르면 비침습적 절차로 기술되는 용어로, 피부나 신체의 강(구멍, 腔)에 대한 침투 행위를 포함하지 않는 행위라는 뜻이다. 하지만 뇌에 전류를 흘리는 경우에 기능적 변화를 가져오는 것으로 증명되었으며(신경 가소성, neural plasticity), 이것은 시술의 의도된 생리학적 효과라 할지라도 환자나 참여자에게 잠재적인 위해일 수 있음을 의미한다. 비록 많은 실험에서 tDCS의 안전성과 효과성이 증명되긴 했지만, 자극 한도를 잘못 선택하는 경우 신경가소성에 대한 적응적 혹은 긍정적 효과가 아닌 부적응적 가소성으로 이어질 수 있다. 게다가 tDCS의 안전성 증명은 주로 단기 사용을 중심으로 이루어졌다. 장기 사용의 효과는 아직 알려져 있지 않고, tDCS를 계속 장기간 사용했을 때의 효과를 이해하기 위한 후속적 임상시험도 충분하지 않다. 또한 tDCS의 만성적 사용을 평가하는 임상시험도 거의 없다.[17)]

16) F. Fregni et al., 앞의 논문, 2015, 24면.
17) F. Fregni et al., 앞의 논문, 2015, 24면.

tDCS가 뇌 흥분성을 조작하는 것은 발작(seizure)의 위험에 영향을 미칠 수 있다. 여기서 발작은 뇌의 작은 부위 혹은 전체 부위에 걸쳐 동시적으로 발생하는 비정상적 활동의 발현을 의미한다. 이러한 동시다발적인 점화 현상은 대개는 뇌 부위 내부나 전체에 걸친 상호연결에 의해 억제되고 있기 때문에 이러한 상호연결성을 변경하게 되면 이상 반응(adverse event)이 발생하게 되는 것이다. 현재 tDCS 이후, 발작이 보고된 것은 한 건에 불과하며, 그것도 매우 취약한 소아 신경학 사례에서 발생한 것이었다. 그러나 이것은 tDCS 시술을 사람에게 시행할 때 취해야 할 조치에 대한 주의를 환기시킬 수 있는 사례이다.[18)]

그 밖의 위험은 정리가 잘 되어 있지 않으나, 건강하지 못한 뇌의 상태를 바꾸기 위한 tDCS의 합법적이고 바람직한 사용 사례에서 몇 가지 단서를 얻을 수는 있다. 장기간의 반복적인 tDCS 시술은 만성 통증, 이명, 우울증과 같은 몇 가지 병리학적 증상에서의 뇌기능 변화를 가져올 수 있다고 알려져 있다. 위와 같이 보다 영구적인 변화는 장기간의 증강(potentiation)과 위축(depression) 기저에 놓인 것과 유사한 과정 때문에 일어날 가능성이 크다. 증강과 위축이야말로 뇌의 학습 과정에서 핵심 메커니즘이기 때문이다. 건강한 사람이 tDCS를 매일 시술하는 경우, 기분과 회복탄력성(resilience)에 지속적인 변화가 가해질 수 있다는 것이 증명된 바 있다.[19)]

한편, 시판용 tDCS는 임상용 기기로서 판매되는 것이 아니라, 컴퓨터 게임을 하거나 하루의 격무에 시달린 후 긴장을 풀기 위한 목적 등의 레저 혹은 라이프 스타일용 기기로 판매된다. 이때, 사용자는 겉으로 보기엔 관련 없어 보이는 기능에 가해질 수 있는 의도치 않은 결과의 가능성에 대해서는 잘 살피지 않는다. 그러나 tDCS 작용양식(mode of action)이나 정량 혹은 과다 자극의 경우 정확히 무슨 일이 발생하는지에 대하여는 몇 가지

---

18) Nick J. Davis, 앞의 논문, 2016, 305면.

19) Nick J. Davis, 앞의 논문, 2016, 305면.

알려지지 않은 점들이 있다. 물론, 실험실 내의 실험과 임상시험에 의해 일부가 밝혀지고 있기는 하나, 안전성과 관련한 한도 기준에 대하여는 여전히 모호함이 존재한다. 이에 따르면, 현재 시판되는 기기는 중요한 문제들이 해결되지 않은 채, 판매가 계속되고 있다고 볼 수 있다.[20]

II. 침습적 신경기술[21]

1. 뇌심부자극술(Deep Brain Stimulation, 이하 "DBS")

(1) 정의 및 작동기전

뇌심부자극술(DBS)은 대뇌의 특정 부위를 가늘고 긴 심부 전극을 삽입하여 전기적으로 자극해 치료 효과를 달성하는 기술이다. 1987년 파킨슨병 환자의 뇌수술을 집도하다가 대뇌 기저핵의 전기자극이 파킨슨병의 근육떨림 현상을 개선한다는 사실을 발견한 Alim Benabid[22] 이후 현대의 뇌심부자극술이 발전하기 시작했다.[23] 현재는 파킨슨병, 본태성 진전(essential tremor), 근긴장이상(dystonia)에 관해서는 안정적인 치료방법으로 평가되고 있으나,[24] 그 외 질병에 대해서는 아직 임상시험 단계에 있

---

20) Nick J. Davis, 앞의 논문, 305면.

21) 아래는 김수정, 뇌신경과학 연구 및 기술에 대한 민사법적 대응, 의료법학 제24권 제2호, 대한의료법학회, 2023, 149면에서 160면의 내용에 기초한 것이다.

22) Benabid AL/Pollak P/Louveau A/Henry S/de Rougemont J. Combined (thalamotomy and stimulation) stereotactic surgery of the VIM thalamic nucleus for bilateral Parkinson disease. Appl Neurophysiol Vol. 50 Issue 1–6, 1987, 344–346면. doi: 10.1159/000100803. PMID: 3329873.

23) Alim–Louis Benabid, Treatment for Parkinson's disease, (https://new.epo.org/en/news–events/european–inventor–award/meet–the–finalists/alim–louis–benabid, 2023.10.30. 최종방문)

24) Patrick Blomstedt/Hariz Marwan. Deep brain stimulation for movement disorders before DBS for movement disorders. Parkinsonism & Realated Disorders Vol. 16 Issue 7, 2010, 429–433면. doi: 10.1016/j.parkreldis.2010.04.005. Epub

는 것으로 보인다.[25)]

DBS에 수반되는 위험은 외과수술에 수반하는 부작용, 피험자의 인지능력과 감정에 미치는 영향으로 나뉜다.[26)] 양측성 뇌심부자극술을 시술받은 환자 426명을 대상으로 한 2022년 연구[27)]에 따르면 외과수술에 수반하는 부작용으로 감염이 가장 흔하며, 두개(頭蓋) 외 감염이 대부분이지만, 두개 내 전극에 위치한 뇌농양도 발생 가능하다. 예상보다 낮은 DBS 효과로 인해 DBS를 제거하거나 전극 재삽입술을 시행해야 할 위험도 존재한다. 또한 삽입된 전극 위에 궤양과 같은 후기합병증이 발생할 확률도 있다.

(2) 용도[28)]

DBS는 전기자극을 뇌의 특정부위에 정교하게 전달해 중추신경계 작용을 도와 파킨슨병성 행동신호와 레보도파(도파민전구물질)로 인한 행동이상을 개선하는 역할을 한다.[29)] DBS 시술을 할 때 의료진은 CT 또는 MRI를 사용하여 뇌에서 전극이 들어갈 정확한 목표 부위를 찾아낸 후, 두개골 천공을 시행하고 미리 정한 목표 지점을 향하여 미세전극을 삽입한다. 삽입시술 동안 전극의 정확한 위치를 확인하기 위해 전극이 뇌 조

2010 May 14. PMID: 20471903.

25) 서울대학교 파킨슨 센터의 설명, (https://www.snumdc.org/surgical-treatment/dbs/therapeutic-target/, 2023.10.30. 최종방문)

26) Deutsche Forschungsgemeinschaft, Tiefe Hirnstimulation: Stand der Wissenschaft und Perspektiven, DFG, 2017, S. 55.

27) In-Ho Jung et al., Complications After Deep Brain Stimulation: A 21-Year Experience in 426 Patients, Frontiers in Aging Neuroscience Vol. 14, 2022, https://doi.org/10.3389/fnagi.2022.819730

28) Johns Hopkins Medicine, Deep Brain Stimulation, (https://www.hopkinsmedicine.org/health/treatment-tests-and-therapies/deep-brain-stimulation, 2023.10.30. 최종방문)

29) Medical Times, 뇌심부자극술, 파킨슨병 새 치료옵션, (https://www.medicaltimes.com/Main/News/NewsView.html?ID=1085034, 2023.10.30. 최종방문)

직을 통과하는 과정을 기록하고, 특정 시간에 신체 일부를 움직여 달라는 요청을 하기도 한다. 전극이 제 위치에 배치되면 외부 신경 자극기에 연결한 후 절개부위를 봉합하여 수술을 완료한다.[30]

현재 DBS는 주로 운동장애 개선분야에서 효과를 나타낸다.[31] 특히 DBS는 파킨슨병 환자의 떨림, 경직, 운동 이상증세를 개선하는 효과가 있으며, 환자가 파킨슨병을 관리하는 데 필요한 약물의 용량을 줄일 수 있도록 한다. 뇌심부자극술 후 환자를 추적 관찰한 연구자들에 따르면, 다수의 파킨슨병 환자가 시술 후 증상이 지속적으로 개선되어 스스로 식사나 화장실 이용을 할 수 있게 된다. 본태성 진전증에 관해서도 DBS가 효과적인 치료법으로 인정받고 있다.[32] 약물불응성 증상을 보여 본태성 진전증이 효과를 보지 못한 환자들에게 DBS는 2차 치료법으로서 60% 이상의 개선 효과를 보여준다는 연구 결과가 있다.[33] 다만 우울증, 강박장애, 투렛 증후군에 대해서는 DBS가 시도되고 있으나, 안정적인 치료법으로 추천되고 있지는 않다.[34]

---

30) 백재승 외, 이상운동질환에 대한 뇌심부자극 수술 중에 미세전극 기록의 분석과 유용성, 대한임상검사과학회지 제51권 제4호, 2019, 470면; Johns Hopkins Medicine, Deep Brain Stimulation, (https://www.hopkinsmedicine.org/health/treatment-tests-and-therapies/deep-brain-stimulation, 2023.10.30. 최종방문)

31) University of Pittsburgh, Deep Brain Stimulation for Movement Disorders, (https://www.neurosurgery.pitt.edu/centers/epilepsy/dbs-movement-disorders, 2023.10.30. 최종방문)

32) Medical Times(2013.8.22.), 뇌심부자극술, 파킨슨병 새 치료옵션, (https://www.medicaltimes.com/Main/News/NewsView.html?ID=1085034, 2023.10.30. 최종방문)

33) NI Kremer/RWJ Pauwels/NG Pozzi/F Lange/J Roothans/J Volkmann/MM Reich. Deep Brain Stimulation for Tremor: Update on Long-Term Outcomes, Target Considerations and Future Directions. Journal of Clinical Medicine Vol. 10 Issue 16, 2021. doi: 10.3390/jcm10163468. PMID: 34441763; PMCID: PMC8397098.

34) Johns Hopkins Medicine, Deep Brain Stimulation, (https://www.hopkinsmedicine.org/health/treatment-tests-and-therapies/deep-brain-stimulation, 2023.10.30. 최종방문) 다만 Gabriele Mandarelli et al., "Informed Consent Decision-Making in Deep Brain Stimulation", Brain Science Vol. 8 Issue 5, 2018(doi: 10.3390

(3) 효과 및 부작용

이처럼 DBS는 운동장애에 가장 효과적인 시술로 인정받고 있지만 여러 부작용이 있다.[35] 우선 수술관련 합병증으로 뇌출혈, 감염, 호흡 곤란, 메스꺼움, 발작, 뇌졸중과 같은 부작용이 있다고 알려져 있다.[36] 이미 2007년 연구[37]에서 DBS를 위한 전극이식술을 받은 환자의 3% 정도가 뇌출혈 증상을 보였으며, 평균적으로 환자의 1/3에서는 뇌출혈이 발생한 후 회복할 수 없는 신경학적 장애가 발생하였다는 결과가 도출되었다. 최근 2022년 연구에서도 527건의 DBS 시술 중 12건의 시술(2.3%)에서 뇌내출혈이 발생했다고 한다.[38] DBS 수술 후 감염도 예전부터 합병증의 원인으로 지적되어왔다. 연구 결과마다 감염률이 다르게 보고되기는 했으나, 최근 연구 중 하나는 2.8%의 감염률을 보고하였다. DBS 수

/brainsci8050084)은 강박장애에 관해 DBS가 승인된 치료법이라고 기술하고 있다.

35) Carsten Buhmann/Torge Huckhagel/Katja Engel/Alessandro Gulberti/Ute Hidding/Monika Poetter−Nerger/Ines Goerendt/Peter Ludewig/Hanna Braass/Chi−un Choe/Kara Krajewski/Christian Oehlwein/Katrin Mittmann/Andreas K. Engel/Christian Gerloff/Manfred Westphal/Johannes A. Köppen/Christian K. E. Moll/Wolfgang Hamel. Adverse events in deep brain stimulation: A retrospective long−term analysis of neurological, psychiatric and other occurrences. PLoS One Vol. 12 Issue 7, 2017, e0178984. doi: 10.1371/journal.pone.0178984. PMID: 28678830; PMCID: PMC5497949.

36) Mayo Clinic, Deep brain stimulation, (https://www.mayoclinic.org/tests−procedures/deep−brain−stimulation/about/pac−20384562, 2023.10.30. 최종방문)

37) Voges, J/Hilker, R/Botzel, K/Kiening, K.L/Kloss, M/Kupsch, A/Schnitzler, A/Schneider, G.H/Steude, U/Deuschl, G. et al., Thirty days complication rate following surgery performed for deep−brain−stimulation. Movement disorders : official journal of the Movement Disorder Society Vol. 22 Issue 10, 2007, 1486−1489면. Deutsche Forschungsgemeinschaft, Tiefe Hirnstimulation, DFG, 2017, S. 56에서 재인용.

38) HK Shin/MS Kim/HH Yoon/SJ Chung/SR Jeon. The risk factors of intracerebral hemorrhage in deep brain stimulation: does target matter? Acta Neurochir Vol. 164 Issue 2, 2022, 587−598면. doi: 10.1007/s00701−021−04977−y. Epub 2022 Jan 7. PMID: 34997354.

술 후 감염이 있으면, 와이어를 따라 감염이 이루어지기 쉬워서 많은 경우 1차 수술 시 삽입된 모든 장치를 제거해야 하기 때문에 가장 문제의 소지가 큰 합병증이다.[39] 그 외에도 1% 이내이지만 발작과 뇌졸중도 부작용으로 보고되고 있다.[40]

DBS는 신경심리학적 부작용을 일으킬 수 있는데, 자극 부위에 따라 또한 전기 자극의 정도에 따라 잠재적 부작용도 달라지게 된다.[41] 인지능력의 악화, 기분의 변화, 행동 방식의 변화, 불안, 정신병적 증상, 우울증이 DBS의 신경심리학적 부작용으로 자주 언급된다.[42] 그런데 신경심리학적 DBS 부작용을 평가할 때 치료 중인 기저질환이 무엇인지도 중요하다. 파킨슨병은 신경퇴행성 질병이어서, 운동기능의 장애뿐만 아니라 신경정신적 변화를 수반하는 경우가 많기 때문에,[43] 파킨슨병에 수반되는 신경정신적 변화와 DBS 시술로 인한 신경정신적 부작용을 구별하기가 어렵다.[44] DBS의 인지에 대한 악영향을 심각하게 판단하지 않는 연

39) In－Ho Jung et al., 앞의 논문, 2022, 6면.

40) NI Kremer/RWI Pauwels/NG Pozzi/F Lange/J Roothans/J Volkmann/MM Reich. 앞의 논문, 2021, 3468면. doi: 10.3390/jcm10163468. PMID: 34441763; PMCID: PMC8397098.

41) Deutsche Forschungsgemeinschaft, Tiefe Hirnstimulation: Stand der Wissenschaft und Perspektiven, DFG, 2017, S. 57; Martin M. Reich et al., A brain network for deep brain stimulation induced cognitive decline in Parkinson's disease, Brain Vol. 145 Issue 4, 2022, 1410－1421면. https://doi.org/10.1093/brain/awac012

42) Gabriele Mandarelli et al., 앞의 논문, 2018, 1면.

43) 파킨슨병 환자는 우울, 불안, 무감동, 충동 조절 장애, 환시, 정신증 등의 신경정신 증상을 보일 수 있으며, 특히 50% 정도의 파킨슨병 환자가 우울증을 겪는다고 한다. 서울아산병원, 건강정보 질환백과 파킨슨병, (https://www.amc.seoul.kr/asan/healthinfo/disease/diseaseDetail.do?contentId=31983, 2023.10.30. 최종방문)

44) 반면 본태성진전 및 근긴장이상증의 경우에도, 운동장애와 별도로 신경심리적 결함도 발생할 수 있다는 것이 알려져 있지만, 이는 임상적으로 기저질환과 구별될 수 있다고 한다. Deutsche Forschungsgemeinschaft, Tiefe Hirnstimulation: Stand der Wissenschaft und Perspektiven, DFG, 2017, S. 57.

구도 있지만,[45] 더 최신 연구에 따르면 DBS 시술 환자의 최대 15~20%에서 인지력 저하와 같은 부작용이 발생할 수 있다.[46]

DBS가 인지 및 행동에 부작용을 미치거나 나아가 인격을 변화시킬 수 있다는 우려도 계속해서 제기되고 있다. 이와 관련해 DBS 시술을 받은 파킨슨병 환자는 성급한 선택을 하는 경향이 있고 행동억제 결손 현상을 보인다는 연구가 있다.[47] DBS 시술이 이루어지는 다른 질병에 관해서는 보고가 없다.[48] 나아가 DBS 이후 인격이 변화할 가능성에 대한 우려도 제기되고 있다. 다만 인격변화에 대한 우려는 실제 사례로부터의 보고를 전제로 하는 경험적 비판이라기보다는 주로 철학자와 의료 윤리학자들에 의해 제기되면서 과장된 면이 있다는 비판도 있다. 이 비판적 견해는, 원래 인격은 한 사람의 일생 동안 안정적이지 않고 계속 변화할 수 있고, 경험에 의해 그리고 우울증이나 치매와 같은 정신과적 또는 신경학적 질병에 의해 변화할 수 있다는 점, 인격변화가 반드시 부정적인 방향으로만 이루어지는 것은 아니고 긍정적인 방향으로 인격이 변할 가능성이 있다는 점을 고려해야 한다고 본다.[49]

---

45) Jens Volkmann/Thomas Schläpfer/Bettina Bewernick/Sabrina M. Gippert, Tiefe Hirnstimulation: Neurologische, psychiatrische und philosophische Aspekte, Nomos, 2016, S. 49.

46) Martin M. Reich et al., 앞의 논문, 2022, 1410-1421면. https://doi.org/10.1093/brain/awac012

47) Ballanger B/van Eimeren T/Moro E, Lozano AM/Hamani C/Boulinguez P/Pellecchia G/ Houle S/Poon YY/Lang AE/Strafella AP. Stimulation of the subthalamic nucleus and impulsivity: Release your horses. Annals of Neurology Vol. 66 Issue 6, 2009, 817-824면. doi: 10.1002/ana.21795. PMID: 20035509; PMCID: PMC2972250.

48) Deutsche Forschungsgemeinschaft, Tiefe Hirnstimulation: Stand der Wissenschaft und Perspektiven, DFG, 2017, S. 58.

49) Sabine Müller/van Ansel Oosterhout/Chirs Bervoets et al., Concerns About Psychiatric Neurosurgery and How They Can Be Overcome: Recommen-dations for Responsible Research. Neuroethics Vol. 15 Issue 6, 2022, 6면. https://doi.org/10.1007/s12152-022-09485-z

2. 뇌-기계 인터페이스(Brain-Machine Interface, 이하 "BMI")[50]

(1) 정의 및 작동기전

인간의 뇌는 수많은 신경세포로 구성되어 있고, 이러한 신경세포들의 전기적, 화학적 신호 전달을 통해 인간은 사고한다. 예를 들어 특정 시각 자극을 보거나 움직임 의도를 갖는 경우 해당 기능을 담당하는 뇌 영역 신경세포의 신호가 달라지며, 이러한 전기적 신호를 측정 및 분석하여 그 사람의 의도를 예측할 수 있다.[51] 이렇게 뇌신경계로부터의 신호를 측정, 분석하여 컴퓨터 또는 외부기기를 제어하거나 사용자의 의사, 의도를 외부에 전달하기 위한 기술을 뇌-기계 인터페이스(BMI)라고 한다.[52] 루게릭병, 척수손상, 잠금증후군(Locked-in Syndrome)[53] 등의 원인으로 뇌와 근육 사이의 신경 연결성이 끊어진 환자들이 외부와 소통할 수 있는 인터페이스를 제공할 수 있다는 점에서 매우 큰 사회적, 경제적 파급

50) BMI 외에 뇌-컴퓨터 인터페이스(Brain-Computer Interface, 이하 "BCI")라는 용어도 자주 사용된다. 두 용어의 의미는 같다. 그러나 machine이 computer보다는 넓은 외연을 가지고 있고, 현 기술로는 machine 안에 computer 기능이 내재된 경우도 많아 본 글에서는 BMI라는 용어로 통일하기로 한다. 또한 BMI는 침습적 방법뿐만 아니라 비침습적 방법으로도 이용된다. 특히, BMI의 범주를 어떻게 볼 것인지에 따라 비침습적 BMI의 종류는 상당히 많아질 수 있다. 그럼에도 침습적 BMI가 비침습적 BMI에 비해 더 많은 윤리적·법적 쟁점을 초래할 수 있다는 점을 고려하여 편의상 BMI는 침습적 신경조절기술로 분류하여 설명한다.

51) 최우성/염홍기, 컨볼루션 신경망을 활용한 다중의도 뇌-컴퓨터 인터페이스, 제어로봇시스템학회 논문지 제29권 제1호, 2023, 29면.

52) 임창환, 뇌파 기반 뇌-컴퓨터 인터페이스 기술의 소개, 의공학회지 제31권 제1호, 2010, 1면.

53) 의식은 있으나 전신 마비로 인하여 외부 자극에 반응하지 못하는 상태이다. 환자가 자발적으로 움직이지 못하고 말을 하지 않기 때문에 외관상 혼수상태로 잘못 판단할 수 있으나 혼수상태와 달리 대뇌와 소뇌는 정상이며, 뇌간의 일부가 손상을 입어 뇌와 몸의 대화가 끊어진 상태이다.
서울아산병원, 질환백과 잠금 증후군, (https://www.amc.seoul.kr/asan/mobile/healthinfo/disease/diseaseDetail.do?contentId=33623, 2023.10.30. 최종방문)

효과를 창출할 것으로 기대되고 있다.

BMI에 사용하기 위해 뇌 신호를 기록하는 방법에는 침습적 방식과 비침습적 방식이 있다. ⅰ) 비침습적 BMI는 두피를 통해 기록하는 것으로 전극을 통해 뇌의 전기적 활동을 기록하는 전기생리학적 측정법(EEG)이나 혈류와 관련된 변화를 감지하여 뇌 활동을 측정하는 기능적 자기공명영상(fMRI), 측정대상에 근적외광을 조사하여 그 흡광도에 의해 혈류량을 산출하는 근적외분광법(NIRS)이 이에 속한다.[54] 비침습적 방식은 헬멧이나 헤드셋 형태의 장비로 뇌파를 측정한다.[55] ⅱ) 침습적 방식으로는 우선 대뇌피질 표면에서 신호를 기록하는 뇌피질전도(ECoG)[56] 방식이 있는데, 이 방식은 두개골을 열어 대뇌피질에 전극을 부착해서 뇌신경계 활동을 측정하는 방식으로 미국에서는 신체장애인 환자를 대상으로 휠체어·로봇을 제어하거나 컴퓨터 게임을 하는 결과를 선보였다.[57] 또한 직접 특정 신경 회로에 바늘형 미세전극을 삽입하여 측정하는 방식도 연구되고 있다.[58]

---

54) Sasha Burwell et al., Ethical aspects of brain computer interfaces: a scoping review, BMC Medical Ethics Vol. 18 Issue 60, 2017. DOI 10.1186/s12910-017-0220-y

55) 전황수, 뇌-컴퓨터 인터페이스 기술 및 개발 동향, 전자통신동향분석 제26권 제5호, 2011, 125면.

56) 뇌경막(Dura) 또는 뇌수막(Pia-arachnoid)에 전극을 부착하여 뇌파를 측정하는 뇌피질뇌파(ECoG)는 EEG보다 뇌파의 근원에 가깝고 신호의 선명도가 높은 것으로 알려져 있다. 여기서는 두정엽에 전극을 삽입하므로 침습적 BMI로 분류했으나, 전극을 두개골의 안쪽이 아니라 바깥쪽에 이식한다는 점에서 半침습적 BMI로 분류하는 견해도 있다. 장진우, 마비역전기술의 현재와 미래, KHIDI 전문가 리포트, 2017, 7면.

57) 정훈의/김재일, 휴먼-머신 인터페이스를 위한 뇌 전극기술, 기계저널 제62권 제6호, 2022, 32면.

58) Sasha Burwell et al., 앞의 논문, 2017, 2면; 정훈의/김재일, 앞의 논문, 2022, 32면.

(2) 용도

BMI는 신경근 장애가 있는 사람들을 대상으로 이들의 기본적인 기능을 회복시켜 잠재적으로 삶의 질을 크게 향상시킬 수 있다.[59] 대부분 뇌파를 기반으로 하는 비침습적 BMI 시스템은 다양한 보조적 활용을 위해 연구되어 왔으며, 그중 가장 인기 있는 것은 BMI 단어입력기(speller)[60]이다. 예를 들어, P300 반응[61]에 의존하여 사용자가 무작위로 깜박이는 기호(일반적으로 문자, 구두점, 숫자) 매트릭스에서 특정 기호에 집중하여 화면의 기호를 "정신적으로 입력"할 수 있도록 한다.[62] 그 밖에도 비디오 게임과 같은 엔터테인먼트, 잠재적인 군사 감시 애플리케이션을 포함한 성능 향상 등 다양한 용도로 BMI가 사용되고 있다.[63]

가장 널리 연구된 침습적 BMI의 주요 용도는 보조 기술이다. 예를 들어 뇌척수손상이 발생하여 사지 마비나 하반신 마비로 인한 운동기능이 마비된 환자들의 경우, 뇌의 뉴런에서 나오는 신호 정보를 수학적인 알고리즘을 통해 디지털 신호로 바꾸어서 신체에 연결된 기구를 조절할 수 있게 할 수 있다. 즉 사람이 뇌의 활성화되는 신호를 이용해서 컴퓨터 커

---

59) Bioethics Advisory Committee Singapore, A consultation paper: Ethical, Legal and Social Issues in Neuroscience Research, 2013, 33면.

60) 열과 행으로 되어 있는 문자열 형태와 화면에서, 피실험자가 집중하고 있는 타겟 문자에서 시각 자극이 주어질 때 뇌전도로 발생하는 P300 신호를 분류 처리하여 타겟 문자를 감지하는 방식으로 의사소통을 가능하게 한다. 상세한 내용은 이병훈 외, 다중생체신호 기반의 매트릭스 그룹을 이용한 P300 스펠러, 정보과학회논문지 제39권 제10호, 2012, 813면.

61) 시각적 자극이 주어졌을 때 발생하는 뇌파의 포텐셜 변화가 빛 자극이 주어졌을 때 300ms를 전후로 하여 급격히 변화하는 것을 P300이라고 한다. 차갑문 외, P300 뇌파를 이용한 뇌-기계 인터페이스 기술에 대한 연구, 전자공학회논문지 제47권 제5호, 2010, 19면.

62) RJ Vlek et al., Ethical issues in brain-computer interface research, development, and dissemination, J Neurol Phys Ther Vol. 36 No. 2, 2012, 94-99면. doi: 10.1097/NPT.0b013e31825064cc. PMID: 22592066.

63) RJ Vlek et al., 앞의 논문, 2012.

서를 움직이거나 로봇 팔을 움직이거나 팔에 이식된 전극을 통해 근육이나 신경을 자극하여 마비된 팔을 움직일 수 있게 하는 것이다. 이 마비역전기술(Reversing Paralysis)은 마비된 환자가 팔이나 다리가 마치 정상일 때처럼 움직인다고 생각을 하면 실제로 마비된 팔다리를 움직일 수 있게 하는 것이 목적이다.[64)]

BMI는 보조적으로 사용되기도 하지만, 재활을 위해서도 사용될 수 있다. 이는 뇌와 말초신경 사이의 연결을 만들고, 뇌가 새로운 뉴런 연결을 형성함으로써 스스로 재구성할 수 있는 신경가소성(neuroplasticity)을 촉진하기 위한 것이다.[65)] 만성 뇌졸중 환자의 운동 기능 재활에 BMI 기술을 적용하는 방법으로 우선 로봇 장치 또는 기능적 전기 자극(FES)과 같은 외부 장치를 구동하여 사지를 움직이도록 도와주어 뇌졸중으로 인해 단절된 감각 운동 루프를 끝내고 중추 신경계와 말초 사이의 연결을 다시 설정하도록 하는 것이다. 또 다른 전략은 BMI를 다른 신경 조절 패러다임과 결합하여 중추 신경계 수준에서 신경가소성을 높여 운동 기능을 개선하는 것이다. 예를 들어 만성 뇌졸중 환자의 재활에 BMI와 비침습적인 경두개자기자극술(TMS)이나 경두개직류자극(tDCS)을 결합하여, 환자의 운동 기능을 개선시킨 연구들이 있다.[66)] 이외에도 BMI 단어입력기는 비침습적 방법으로 이용되고 있으나, 완전 잠금증후군 환자에게는 작동하지 않아, 침습적 방법에 의해 시도되고 있다.[67)]

---

64) 장진우, 앞의 논문, 2017, 3면.

65) Floriana Pichiorri et al., Brain－computer interfaces in neurologic rehabilitation practice, Handbook of Clinical Neurology Vol. 168, 2020, 101－116면. doi: 10.1016/B978－0－444－63934－9.00009－3

66) Gege Zhan et al., EEG－Based Brain Network Analysis of Chronic Stroke Patients After BCI Rehabilitation Training, Frontiers in Human Neuroscience Vol. 16, 2022. doi: 10.3389/fnhum.2022.909610

67) 루게릭병으로 완전 잠금 상태(completely locked－in state)에 있는 환자에게 미세 전극 배열체를 이식해 BMI speller를 사용한 연구로 U, Chaudhary/I, Vlachos/J.B, Zimmermann et al., Spelling interface using intracortical signals in a completely

(3) 효과 및 부작용

집중적인 연구에도 불구하고 BMI 기술은 아직까지 안정적으로 사용할 수 있는 단계에 이르지 못했다. 또한 근육의 움직임이 전혀 남아있지 않은 완전 잠금증후군 환자(complete locked-in patient)의 경우에도 BMI를 사용할 수 없는데 그 이유는 아직까지 알려지지 않았다.[68]

i) 비침습적인 방법은 수술 없이 뇌파 측정이 가능하므로 침습적 BMI에 비해 감염과 출혈 등의 위험이 낮다는 장점이 있다.[69] 그런데 고품질의 뇌파 신호 측정을 위해서는 전극과 뇌 표면 사이에 밀접한 접촉이 형성되어 안정적으로 부착될 필요가 있으나 두피의 경우 표면 굴곡, 각질, 땀샘, 머리카락 등 다양한 부착 방해물들로 인해 뇌전도 전극이 안정적으로 부착되기 어렵다. 이를 해결하기 위해 접착 성능을 지닌 전도성 젤을 이용하기도 하나, 이 방식은 이물감, 두피 오염 및 손상, 장시간 사용 시 증발로 인한 접촉 임피던스 증가 등 여러 단점을 동반하고 있다.[70] 즉 비침습적인 방법은 뇌파를 측정하는 방식으로 비교적 부작용이 덜하지만 고품질의 뇌파신호를 확보하기 어려워 그만큼 정확도가 낮다는 것이 단점이다.[71][72] 침습적 방법에 의한 경우보다 위험이 낮아지기는 하지만,[73] 비침습적 BMI 기기는 장시간 사용하면 피부 자극, 두통, 눈의

---

locked-in patient enabled via auditory neurofeedback training, Nature Communications Vol. 13, 2022, 1236면. https://doi.org/10.1038/s41467-022- 28859-8

68) Sasha Burwell et al., 앞의 논문, 2013, 2면.

69) Glannon, Ethical issues with brain-computer interfaces, Frontiers in Systems Neuroscience Vol. 8, 2014, https://doi.org/10.3389/fnsys.2014.00136

70) 정훈의/김재일, 앞의 논문, 2022, 32면.

71) 김은서, 머신러닝을 활용한 BCI 효율 개선 및 BCI 가전 제어 시스템에 적용, 한국컴퓨터종합학술대회 논문집, 2017, 1907면; Bioethics Advisory Committee Singapore, 앞의 보고서, 2013, 32면.

72) 이로 인해 최근 신호의 손실 없이 고품질의 뇌파 신호 수집이 가능한 부착 또는 삽입형 전극 개발의 중요성이 강조되고 있다고 한다. 정훈의/김재일, 앞의 논문, 2022, 33면.

73) Bioethics Advisory Committee Singapore, 앞의 보고서, 2013, 36면.

피로 등의 위험이 있을 수 있다. 그 외에도 BMI 장치와 다른 전자 장치 간에 전자파 간섭이 발생할 수 있으며, 이는 BMI 장치의 적절한 기능을 방해하고 뇌 조직의 열을 유발할 수 있다.[74)]

ii) 침습적인 방법은 뇌파 신호를 비교적 정확하게 측정할 수 있다. 부분 침습적 뇌전도(ECoG) 기반 BMI는 뇌 표면에 외과적으로 배치된 전극으로부터 전파신호를 기록하는데, 전극 신호가 두개골을 통과할 필요가 없기 때문에 비침습적 방법을 이용할 때보다 신호 감지가 향상된다. 미세전극을 뇌의 특정 신경 회로에 직접 삽입하는 방법의 경우 미세전극이 신호를 쉽게 감지할 수 있기 때문에 가장 효과적으로 신호를 측정할 수 있다.[75)]

반면 수술의 필요성과 그에 수반되는 위험으로 인해 비침습적 BMI보다 더 많은 위험을 수반하게 된다. 뇌 조직에 전극을 삽입한다는 점에서 수술 전후의 신체상해의 위험이 존재한다.[76)] 특히 미세전극 이식의 경우 조직에 피할 수 없는 손상을 일으켜 그 자연적인 치유 과정의 일부로 일련의 신경염증 반응을 유발한다. 이는 자극 부위의 완전성에 심각하게 영향을 미치며 이식이 장기간 계속되면 전기화학적 성능을 저해할 수 있다.[77)] 또한 DBS에서 지적된 것과 마찬가지로, 뇌의 전기적 자극이 인격을 변화시킬 위험도 지적되고 있다.[78)]

---

74) MIT Open, Possible risks in using brain－computer interfaces, (https://open.mit.edu/c/teachremote/57f/possible－risks－in－using－braincomputer－interfaces, 2023.10.30. 최종방문)

75) Bioethics Advisory Committee Singapore, 앞의 보고서, 2013, 32면.

76) Hamed Zaer et al., An Intracortical Implantable Brain－Computer Interface for Telemetric Real－Time Recording and Manipulation of Neuronal Circuits for Closed－Loop Intervention, Frontiers in Human Neuroscience Vol. 15, 2021. https://doi.org/10.3389/fnhum.2021.618626

77) Maurizo Gulino et al., Tissue Response to Neural Implants: The Use of Model Systems Toward New Design Solutions of Implantable Microelectrodes, Frontiers in Neuroscience Vol. 13, 2019. https://doi.org/10.3389/fnins.2019.00689

78) RJ Vlek et al., 앞의 논문, 2012.

전극이식 수술 이후에도 다음과 같은 문제가 존재한다. 이식된 전극은 신호감지 성능을 저하시킬 수 있는 異物 반응(foreign body response)인 캡슐화를 유도하고 조직 저항을 극복하기 위해 자극 전극에서 더 높은 수준의 전류를 필요로 하며 조직 손상 및 의도된 목표를 넘어 자극의 확산 위험이 수반된다. 미세전극 배열체를 사용하는 침습적 BMI는 이식 수술과 관련된 합병증, 전극의 캡슐화와 이로 인한 신호 저하라는 단점이 있고,[79] 이 문제는 현재 BMI에 관해 가장 해결되어야 할 문제에 속한다.[80]

다른 외과적으로 이식된 장치와 마찬가지로 BMI 장치 시스템에 전달되는 필수 전력은 안전 위험과 관련이 있다. 전기에 의존하는 BMI 구성요소에 전력을 공급하기 위한 배터리 구동 시스템은 뇌 조직을 통과하는 와이어를 필요로 하는데, 이러한 인터페이스는 감염 및 침식에 취약하다. 또한 이식된 배터리를 교체하는 수술도 위험을 수반한다. 다만 배터리 수명 및 재충전 가능성의 발전으로 외과적 교체 빈도를 줄일 수 있기는 하다. 무선 전력 시스템을 적용하면 이 위험을 피할 수 있을 것이고, 실제로 몇몇 소규모 시험에서 안전하게 사용되기도 했지만 장기간 안전한 노출 수준을 연구할 필요가 있다.[81] 이외에도 BMI 시술 또한 사용자 인격에 심대한 영향을 미칠 수 있어 피험자의 정체성에 깊은 영향을 미칠 수 있다는 우려가 제기되기도 한다.[82]

---

79) Eran Klein et al., Informed consent in implantable BCI research: identification of research risks and recommendations for development of best practice, Journal of Neural Engineering Vol. 13 No. 4, 2016, 5면.

80) Andrew Campbell et al., Chronically Implanted Intracranial Electrodes: Tissue Reaction and Electrical Changes, Micromachines Vol. 9 Issue 9, 2018, 430면. doi: 10.3390/mi9090430

81) Eran Klein et al., 앞의 논문, 2016, 5면.

82) Guglielmo Tamburrini, Brain to Computer Communication: Ethical Perspectives on Interaction Models, Neuroethics Vol. 2, 2009, 148면. DOI 10.1007/s12152-009-9040-1

제2절 | 신경윤리 가이드라인

그동안 신경과학기술이 개인과 사회에 미치는 영향과 파급력을 고려하여 윤리적·사회적·법적 쟁점에 대한 다양한 논의를 거쳐 여러 신경윤리 가이드라인이 제시되어 왔다. 현재까지 존재하는 신경윤리 가이드라인 문헌의 수는 아래와 같이 대략 23개에 달한다.[83] 출판된 순서별로 나열된 아래 문헌 중에는 일반적 의미의 가이드라인보다는 논문이나 보고서에 가까운 문헌도 있다. 그러나 해당 문헌 사이사이에 권고안을 담고 있기 때문에 넓은 의미의 가이드라인으로 분류된다. 아래 가이드라인은 국제기관, 국가, 민간 등이 주체가 되어 다양한 이해당사자를 대상으로 신경과학기술 전반이나 특정 기술에 대하여 여러 지침을 제시하고 있다. 이 중 공통적으로 반복되어 논의되는 주요 쟁점은 다음과 같다: 자율성, 정체성, 동의(concent) 및 동의능력(capacity), 정의(justice)·평등(equity)·공정(fairness), 향상(enhancement), 연구, 거버넌스(governance), 오남용(misuse) 및 이중사용(dual use), 신경경제학(neuro－economics), 법적 책임, 안전성 평가, 환자선정기준, 사생활과 정보보호.[84]

83) Institute of Neuroethics 홈페이지, (https://instituteofneuroethics.org/nx－guidance, 2023.10.30. 최종방문)

84) 더 자세히는 남승민/최민영, 신경윤리의 주요 쟁점과 전망－기존 신경윤리 가이드라인 분석을 중심으로－, 생명윤리정책연구 제15권 제3호, 2022. 최근 국내에서 개발된 가이드라인은 총 12개의 주요 쟁점－인간성 또는 인간존엄성, 개인의 인격과 정체성, 안전성, 사회문화적 편견 및 공적 소통, 신경과학기술에 따른 책임, 신경기술 사용 목적에 따른 특수성, 사회적 정의, 자율성, 사생활 및 개인정보, 연구, 향상－을 다룬다. 이에 대해서는 SH Yoo et al., 앞의 논문, 2023 참조.

표 1 | 신경윤리 가이드라인 목록

	발표명 혹은 출판명	발표 년도	저자 혹은 발표 기관
1	Meeting of Minds - European Citizens' Deliberation on Brain Sciences. Final Report of the External Evaluation	2006	Goldschmidt, Rüdiger · Renn, Ortwin, Stuttgarter Beiträge zur Risiko– und Nachhaltig–keitsforschung
2	Guidelines for ethics–related problems with "non–invasive research on human brain function"	2009	Matsuda, Tetsuya et al., The Japan Neuroscience Society
3	Responding to requests from adult patients for neuroenhancements. Guidance of the Ethics, Law and Humanities Committee	2009	Larriviere, Dan et al., Neurology Vol. 73 No. 17
4	New Directions. The Ethics of Synthetic Biology and Emerging Technologies	2010	Presidential Commission for the Study of Bioethical Issues
5	Brain Waves: Module 1, 2, 3, 4	2011 2012	The Royal Society
6	The Asilomar Survey: Stakeholder' Opinions on Ethical Issues Related to Brain–Computer Interfacing	2013	Niiboer, Femke et al., Neuroethics Vol. 6 No. 3
7	Novel neurotechnologies : intervening in the brain	2013	Nuffield Council on Bioethics
8	Consensus on guidelines for stereotactic neurosurgery for psychiatric disorders	2014	Nuttin, Bart et al., Journal of Neurology, Neurosurgery & Psychiatry Vol. 85 No. 9

9	The Ethics of Brain Wave Technology Issues, Principles and Guidelines	2014	The Center for Responsible Brainwave Technologies
10	Gray Matters: Integrative Approaches for Neuroscience, Ethics, and Society. Volume I, II	2014 2015	Presidential Commission for the Study of Bioethical Issues
11	Non–Invasive Neuromodulation of the Central Nervous System. Opportunities and Challenges: Workshop Summary	2015	The National Academies of Sciences · Engineering · Medicine
12	Cognitive Enhancement and Beyond: Recommendations from the Bioethics Commission	2015	Allen, Anita L · Strand, Nicolle K., Trends in Cognitive Sciences Vol. 19 No. 10
13	The Future in Brain/Neural Computer Interaction: EU Horizon 2020 Project	2015	Technische Universität Graz
14	Human Performance Enhancement Workshop	2016	American Academy of Arts & Sciences
15	Proceedings of the Fourth Annual Deep Brain Stimulation Think Tank: A Review of Emerging Issues and Technologies	2016	Deeb, Wissam et al., Frontiers in Intergrative Neuroscience Vol. 10
16	Grand Challenges for Global Brain Sciences	2016	Grobal Brain Workshop 2016 Attendees
17	Four ethical priorities for neurotechnologies and AI	2017	Yuste, Rafael et al., Nature Vol. 551
18	Neuroethics Questions to Guide Ethical Research in the International Brain Initiatives	2018	Global Neuroethics Summit Delegates, Neuron Vol. 100

19	Neuroethics Guiding Principles for the NIH BRAIN Initiative	2018	Greely, Henry T et al., Journal of Neuroscience Vol. 38 No. 50
20	Responsible innovation in neurotechnology enterprises	2019	Garden, Hermann et al., OECD
21	iHuman. Blurrinng lines between mind and machine	2019	The Royal Society
22	Standards Roadmap: Neurotechnologies for Brain－Machine Interfacing	2020	IEEE Standards Association
23	Report of the International Bioethics Committee of UNESCO (IBC) on the Ethical Issues of Neurotechnology	2021	International Bioethics Committee, UNESCO

Chapter

02

신경과학과 새로운 권리로서 신경자기결정권

Chapter

02 신경과학과 새로운 권리로서 신경자기결정권1)

제1절 | 마음에 대한 법적 보호의 필요성

I. 문제의 제기

신경과학의 발달로 인해 외부에서 인간 개인의 마음에 개입하거나 마음을 조작할 수 있는 가능성이 점차 커지고 있다. 이뿐만 아니라, 현대의 많은 사람은 신체적 질병뿐만 아니라 정신적 문제 혹은 정신적 질병으로 인해 고통을 겪기도 한다. 이로 인해 마음에 대한 개입이나 조작의 형태는 다양해지고 있고, 그 범위도 넓어지고 있다.

실제로 마음에 개입하여 마음을 변경시키거나 조작할 수 있는 다음과 같은 사례들을 생각해 볼 수 있다: 공복호르몬이라고도 하는 그렐린(Ghrelin)은 미량을 첨가하여 고객의 식욕을 증대시키더라도 신체적 혹은

---

1) 이하의 내용은 최민영/계인국, 새로운 권리로서 정신적 자기결정권이 필요한가? – 신경과학의 발달에 따른 시론적 연구 –, 생명윤리 제22권 제2호, 한국생명윤리학회, 2021의 내용을 토대로 하여 작성한 것임을 밝혀둔다.

정신적 건강에 해롭지 않다. 이러한 그렐린을 무료로 제공되는 고객의 음료에 몰래 넣어 레스토랑의 매출액을 늘린 경우, 한 온라인 스토어는 플래시 영화를 통해 고객이 특정 브랜드를 선호하도록 유도한다. 이 자극은 완전히 새로운 욕망을 만들 만큼 강력하진 않지만, 제품 선호도에 영향을 끼쳐 특정 제품이 더 많이 구매되도록 한 경우, 진실을 말할 가능성을 높이기 위해 경두개자기자극술(TMS)을 통해 뇌의 특정 영역을 자극한 경우, 일 처리에 촌각을 다투는 금융 딜러가 자신의 피고용인이 일에 집중할 수 있도록 몰래 음료수에 각성제를 혼합하여 마시게 한 경우, 심한 우울증에 빠져 더 이상 약물치료에 효과를 보이지 않는 환자의 뇌에 뇌심부자극기(DBS)를 이식하고, 환자 모르게 원격으로 이 기기를 제어한 경우, 심리적으로 숙련된 경찰관이 암시적이고 유도적인 질문을 통해 증인의 기억을 왜곡시켜 증인 스스로 변경된 기억을 믿게 하고 이에 따라 증언하게 한 경우, 성폭행범이 범행 직후, 목격자의 존재를 인지하고 목격자가 자세한 내용을 기억할 수 없도록 기억의 감정적 측면을 무디게 하는 프로프라놀롤(Propranolol)을 투여하였다. 목격자는 증인으로서 진실되게 증언했지만, 그의 분리된 감정적 반응으로 인해 법정에서 증언의 신빙성을 얻지 못한 경우, 한 체인점이 뇌의 포도당 수치를 낮추는 간식을 제공하여 고객의 자기통제력을 감소시키면서 충동구매 욕구를 증가시킨 경우, 포커 게임에서 상대방이 쉽게 긍정적 판단을 하도록 냄새 없는 옥시토신(Oxytocin)을 몰래 뿌려 상대방의 직관적인 상황평가를 조작하여 게임에서 이긴 경우 등.[2)]

위와 같은 사례들을 돌아보면, 이전과는 달리 마음이 보호되어야 할 필요성은 점차 커지고 있는 것으로 보인다. 본 글은 마음에 대한 보호가

2) 김성룡, 직접적 뇌 간섭과 마음에 대한 범죄, 형사정책연구 제28권 제1호, 한국형사정책연구원, 2017, 160면 이하; Jan Christoph Bublitz/Reinhard Merkel, Crimes against Minds: On Mental Manipulations, Harms and a Human Right to Mental Self-Determination, Criminal Law and Philosophy 8, 2014, 58면 이하.

윤리적으로 필요하다는 전제 아래, 마음에 대한 법적 보호도 필요한 것인지, 그리고 이것이 필요하다면, 새로운 법적 권리로서 마음에 대한 자기결정권이라 할 수 있는 신경자기결정권[3]의 도입이 필요불가결한 것인지를 타진해 보고자 한다.

II. 마음에 대한 법적 보호가 필요한가?

1. 마음에 대한 법적 논의현황

일반적으로 마음(mind)이란 "사람이 다른 사람이나 사물에 대하여 감정이나 의지, 생각 따위를 느끼거나 일으키는 작용이나 태도" 혹은 "사람의 생각, 감정, 기억 따위가 생기거나 자리 잡는 공간이나 위치"를 말한다.[4] 일상적으로 개인의 마음은 어떠한 형태의 개입이 외부로부터 발생

---

3) 신경과학의 발달은 그동안 외부에서 절대로 개입할 수 없을 것이라 믿었던 개인 내면의 형성과정에 영향을 미치면서 전통적으로 당연하게 여겨왔던 마음과 신체에 대한 이원적 구분의 경계를 허물고 있다. 이 같은 상황에서 마음 혹은 정신에 대한 자기결정권(die mentale Selbstbestimmung)이 중요하다는 인식과 논의가 등장하였다. 이러한 정신적 자기결정권은 신경적 자기결정권(die neuronale Selbstbestimmung)으로 명명되기도 한다. 대표적으로 Josef Franz Lindner, „Neuro-Enhancement" als Grundrechtsproblem, MedR 28, 2010, 466면. 전자의 용어는 규범적 관점에서 신체와 정신을 구분하여 허용되는 개입과 허용되지 않는 개입을 구분하는 데 중점을 두는 반면, 후자의 용어는 "신경"과 "자기결정"이라는 모순된 표현 속에서 신체와 정신 간의 구분을 지양하면서 새로운 종류의 신경기술 침해에 대응하고자 한다. 더 자세히는 Marion Albers, Grundrechtsschutz und Innovationserfordernisse angesichts neuartiger Einblicke und Eingriffe in das Gehirn, in: Josef Franz Lindner (Hrsg.), Die neuronale Selbstbestimmung des Menschen, Nomos, 2016, 86면 이하. 본 글에서는 신경과학기술에 중점을 두어 신경자기결정권으로 논의하기로 한다.

4) 이것은 표준국어대사전에 의한 정의이다. 이에 따르면, 정신은 "육체나 물질에 대립되는 영혼이나 마음", "사물을 느끼고 생각하며 판단하는 능력 또는 그런 작용" 혹은 "마음의 자세나 태도" 등으로 정의되어 마음과 정신이 그 의미가 중첩되는 용어로 사용되는 것으로 보인다. 마음과 정신에 대한 개념 정의나 이들의 관계에 대한 자세한 논의는 본 글의 목적을 넘어선다. 본 글의 논의에서는 잠정적으로 마음과 정

하든 보호되어야 할 것으로 인정된다.

반면, 그동안 법은 마음에 대한 보호 그 자체보다는 생물학적 육체의 보호에 더 중점을 두어 왔다. 물론 기존의 법도 인간의 정신적 영역에 대한 전제와 보호를 가장 중요한 법익으로 삼았고, 헌법재판소 역시 헌법이 정신적 자유와 신체적 자유를 모두 보장하고 있음을 반복적으로 확인하고 있다.[5] 그러나 마음과 신체를 연동시킨다든지, 마음을 신경 시스템, 즉 신체로 환원될 가능성 등에 대해서는 아직 충분히 논의하지 못한 것이 사실이다. 특히 개별 법률 차원에 이르러서는 아무래도 마음과 신체를 별개의 존재로 보는 이원론에 기초하면서 신체에 대한 보호에 중점을 두어 왔고 마음을 신체를 통한 보호의 차원에서 다루었다고 볼 수 있다. 결국 법은 그동안 마음을 중요한 법익으로 선언하였음에도 불구하고, 마음을 그 속성상 제한될 수 없는 영역으로 여겨 왔던 것으로 보인다. 하지만 앞에서 제시된 사례들은 신경과학의 발전으로 인하여 이제 마음에 대한 보호 자체가 법적으로 강하게 요청될 수 있음을 보여준다.

2. 마음에 대한 법적 보호에 반대하는 논거

이렇게 그동안 법은 마음 자체에 대한 보호에 큰 관심을 기울이지 않았다.[6] 법이 마음에 대한 보호에 관심을 기울일 이유도 없었고, 개인을 구속할 수 있는 법의 속성상 마음에 관심을 기울이지 않는 편이 더 바람

신을 유사한 의미로 보고자 한다.

5) 이에 대해 헌법재판소는 다음과 같이 판시한다(헌재 2003.12.18. 2001헌마163). "헌법은 제10조에서 모든 국민은 인간으로서의 존엄과 가치를 가지고 있다고 규정하고 정신적 자유와 더불어 이를 구현하기 위한 가장 기본적인 자유로서 제12조 제1항에서 신체의 자유를 보장하고 있다(헌재 1992.4.14. 90헌마82, 판례집 4, 194, 206 참조)."

6) 우리 형법은 협박죄와 강요죄를 통하여 의사결정의 자유를 보장해 왔다. 하지만 이 "의사결정의 자유"는 외부로 명백히 드러난 "협박"이나 "폭행"만을 문제시한다는 점에서 매우 협소한 범주의 보호라 할 수 있다.

직하기도 했다. 하지만 앞에서 언급한 바와 같이 현재 마음을 보호해야 할 필요성은 점차 커지고 있다.

그러나 다른 한편으로 아래와 같은 이유에서 마음에 대한 법적 보호에 반대할 수 있다. 우선, 마음을 법적으로 보호하고자 한다면, 마음의 상태나 마음을 둘러싼 개인의 의사결정과정 등을 해명하는 과학적 진보가 이루어지고, 이에 대한 과학이론이 확립되어야 한다. 하지만 현재까지 이에 대한 과학적 해명은 불분명하므로 아직 법적 보호를 생각할 단계는 아니다. 다음으로, 한 개인의 마음을 보호하고자 한다면, 필연적으로 다른 사람의 자유를 제한할 수밖에 없다. 그런데 마음은 신체와 달리, 외부세계와의 경계가 모호하기 때문에 단순히 마음을 개념화하기는 어렵다. 마지막으로, 마음에 대한 개입은 우리 일상사에서 여러 형태로 다양하게 일어난다. 따라서 마음에 대한 모든 형태의 개입을 보호하고자 한다면, 결과적으로 법이 개인의 일상을 과도하게 구속하게 될 것이다.[7] 이러한 이유는 일응 타당하다고 본다.

하지만 신경과학의 발달과 함께 이전과는 다른 교묘하고 복잡한 양상으로 마음 자체가 침해되는 사례들이 증가하고 있고, 법이 이를 외면할 수 없는 것도 현실이다. 따라서 법을 통하여 마음을 보호하고자 한다면, 마음 보호를 위한 법적 권리의 내용을 명확히 하고, 마음에 대한 외부적 개입에 있어 허용될 수 없는 기준과 행위의 유형을 구체적으로 규정하는 일이 선행되어야 할 것이다.

---

7) Jan Christoph Bublitz, The Nascent Right to Psychological Integrity and Mental Self–Determination, in: Andreas von Arnauld/Kerstin von der Decken/Mart Susi (eds.), The Cambridge Handbook of New Human Rights, Cambridge, 2020, 391면 이하.

III. 새로운 기본권으로서 신경자기결정권

1. 기존의 국제규범과 사법적 판단 검토

지금까지 대표적인 몇몇 국제규범들을 살펴보면, 마음 혹은 정신에 대한 권리는 인간존엄(human dignity), 사상·양심·종교의 자유(freedom of thought, conscience and religion),[8] 정신적 완전성(mental integrity)에 대한 권리[9] 등과 관련을 지닌다고 볼 수 있다. 우선, 인간존엄은 개념 및 내용 규정에 있어 논란이 많기도 하지만, 개인의 정신적 자유를 보장하기 위한 기초 토대가 된다는 점에서는 이론이 없다.

다음으로, 사상·양심·종교의 자유는 "스스로 선택하는 종교나 신념을 가지거나 받아들일 자유를 침해하게 될 강제를 받지 아니할" 내면의 자유 그리고 "그의 종교나 신념을 표명할" 외적 자유를 동시에 보장한다. 여기서 전자는 어떠한 제한도 없는 절대적 보호를 받고, 후자는 "공공의 안전, 질서, 공중보건, 도덕 또는 타인의 기본권 및 자유를 보호하기 위해 필요한 경우"에는 제한받을 수 있다. 이러한 사상·양심·종교의 자유는 – 종교와 양심에 대한 특별한 경우를 제외하고는 – 사상 자체를 형성하는 내면의 자유가 문제시된 적은 거의 없었다고 한다.[10] 사상의 자유는 그동안 사상의 표현을 통해서만 주된 역할을 담당해 왔다. 하지만

---

8) 인간존엄 규정으로는 세계인권선언(The Universal Declaration of Human Rights) 제1조, 유럽연합 기본권헌장(European Charter of Fundamental Rights and Freedoms) 제1조 등이 있고, 사상·양심·종교의 자유에 대한 규정으로는 세계인권선언 제18조, 시민적 및 정치적 권리에 관한 국제규약(International Covenant on Civil and Political Rights) 제18조, 미주인권협약(American Convention on Human Rights) 제12조, 유럽인권협약(The European Convention on Human Rights) 제9조, 유럽연합기본권헌장 제10조 등이 있다.

9) 정신적 완전성을 보호하고자 하는 규정으로는 유럽인권협약 제8조, 유럽연합기본권헌장 제3조, 장애인권리협약(Convention on the Rights of Persons with Disabilities) 제17조 등이 있다.

10) Jan Christoph Bublitz/Reinhard Merkel, 앞의 논문, 2014, 63면 이하.

신경기술이 마음에 개입할 수 있는 시대가 오면서 사상의 자유는 다시금 주목받고 있다. 이때 기존의 "사상" 개념이 지금 논의되는 정신이나 마음을 포섭할 수 있을지는 논의를 요한다. 지금의 신경기술은 마음의 자연스러운 경계를 넘고, 내부에서 마음이 작동하는 방식을 조절할 수 있기 때문이다.

마지막으로, 정신적 완전성에 대한 권리는 비교적 최근에 입법화된 권리로, 신체적 완전성(physical integrity)과 대등하게 보호되고 있다.[11] 이 권리는 유럽인권협약 제8조 사생활 규정에 대한 유럽인권법원(European Court of Human Right)의 사법적 판단에서 유래하였다.[12] 유럽인권법원은 사생활에 대한 권리를 "개인의 자율성, 발달 그리고 … 신체적·심리적 완전성에 대한 권리를 포함한 개인의 신체적·사회적 정체성 측면을 포괄하는 광범위한 용어"라고 판시한다.[13] 이때, 법원은 심리적 완전성(psychological integrity) 혹은 정신적 완전성 개념을 단순히 정신건강을 의미하는 것만으로 보지 않고, 이보다 더 넓게 보고 있다. 하지만 이 권리도 새로이 문제시되고 있는 마음 조작이나 개입에 대하여는 명확한 기준을 제시하지 못하고 있다. 우리가 사회생활에서 흔히 겪는 크고 작은 정신적 피해와 특별히 법적 보호가 필요한 정신적 피해를 어떻게 구분할 수 있는지 그리고 의사결정의 과정 자체를 조작하는 행위가 왜 문제가 되는지에 대하여 충분한 토대를 제공하지 못한다는 것이다.[14]

---

11) 유럽연합기본권헌장 제3조, 장애인권리협약 제17조는 정신적 완전성을 각각 다음과 같이 규정하고 있다. "모든 사람은 자신의 신체적, 정신적 완전성을 존중받을 권리를 갖는다(유럽연합기본권헌장 제3조 제1항).", "모든 장애인은 다른 사람과 동등하게 신체적, 정신적 완전성을 존중받을 권리를 가진다(장애인권리협약 제17조)."

12) EU Network of Independent Experts on Fundamental Rights, Commentary of the Charter of Fundamental Rights of the European Union, European Commission, 2006, 36면 이하.

13) ECtHR, Tysiac v. Poland (Appl. no. 5410/03), judgement, 20 March 2007.

14) Jan Christoph Bublitz, 앞의 논문, 2020, 395면 이하.

2. 신경자기결정권의 내용

이러한 배경에서 새로운 기본권(fundamental right)의 창설을 제안하는 견해들이 있다. 대표적으로 Bublitz의 정신적 자기결정권(mental self-determination)과 Ienca · Adnorno의 인지적 자유권(cognitive liberty)이 있는데, 간략하게 그 내용을 소개하면 다음과 같다.

Bublitz는 우선, 보호되어야 하는 마음에 이성뿐만 아니라 감정과 비합리적인 과정도 포함되어야 한다고 본다. 그리고 이러한 자신의 마음을 변경하거나 그 보호를 포기할 자유, 즉 자신의 마음에 있는 것을 결정할 수 있는 자유를 확립해야 한다고 보면서, 정신적 자기결정권이라는 새로운 권리를 제시한다. 이 권리는 정치적 의사 형성의 자유, 자율적 의사결정 · 법적 권한(competence)을 위한 정신적 역량(mental capacity)의 보호를 핵심적인 규범적 요소로 한다.[15] Bublitz의 정신적 자기결정권은 국가나 타인의 개입으로부터 자유로울 소극적인 자유와 자신의 내면을 스스로 결정할 수 있는 적극적인 자유로 구성된다.[16] 특히, 정신적 자기결정권의 소극적 측면과 관련하여 다음과 같은 네 가지 원칙이 제시된다. ⅰ) 국가로부터 개인의 마음, 즉 특수한 정신적 상태, 특수한 생각이나 감정 등을 보호받을 권리, ⅱ) 타인에게 마음에 간섭하지 말 것을 요구할 권리, ⅲ) 사상 · 믿음 · 의견 등 자신의 정신적 상태에 대하여 부정적 제재를 받지 않을 권리, ⅳ) 개인의 생각이나 감정을 공개하지 않을 권리로서 정신적 사생활권(mental privacy). Bublitz는 이러한 권리의 범주가 허용되지 않는 마음 개입(interference)의 양상이 무엇인지 재차 묻게 한다고 보면서, 법은 앞으로 이 개입의 기준과 강도에 대한 모델을 발전시켜야 한다고 주장한다.[17] 물론, 정신적 자기결정권은 강하게 보호되어야

15) Jan Christoph Bublitz, 앞의 논문, 2020, 398면 이하.

16) 후자의 자유는 인지 향상과 관련된 논의이다.

17) 예를 들어, 이 권리가 조작적 수단으로 사고의 과정을 변경시키거나 의식적 · 무의식

하는 권리이나, 절대적 기본권은 아니기 때문에 표현의 자유 등과 충돌할 수도 있고, 공적 목적을 위해 제한받을 수도 있다.

덧붙여서 Ienca · Adnorno의 인지적 자유권은 Bublitz의 정신적 자기결정권과 유사한 맥락에서 제안된다.[18] Ienca · Adnorno는 인지적 자유권이 신경 인지적 성격으로 인해 현존하는 다른 권리로 축소될 수 없다고 본다. 이들에게 인지적 자유권은 신경기술을 규제하는 법적 원칙일 뿐만 아니라 새로운 기본권이다. 다만, 이 권리만으로는 신경기술의 윤리적 · 법적 함의를 모두 포괄할 수 없다고 하면서 다음과 같은 세 가지 권리를 더 상정한다. ⅰ) 정신적 사생활에 대한 권리(the right to mental privacy), ⅱ) 정신적 완전성에 대한 권리(the right to mental integrity), ⅲ) 심리적 연속성에 대한 권리(the right to psychological continuity). 정신적 사생활은 사적이고 민감한 마음에 대한 정보보호에 중점을 둔 신경에 특수한 사생활을 말하고, 정신적 완전성은 정신 건강을 보호해야 할 권리로서 신경기술의 사용을 통해 정신적 행복을 침해하지 않을 권리까지 포함하며, 심리적 연속성은 타인이 신경기술을 사용하여 개인 정체성의 정신적 측면을 무의식적으로 동의받지 않고 변경시키지 않도록 이를 보호할 권리를 말한다. 세 권리는 상호 연관되어 있고, 인지적 자유권이 이들 권리의 전제조건이 된다.[19]

적 마음에 영향을 끼칠 의도를 갖는 조치를 금지한다고 본다면, 인지적 약점이나 감정적 민감함을 악용하는 비이성적 요소를 지닌 설득적 시도도 허용되지 않는 개입에 해당할 수 있다. 이에 대해서는 Jan Christoph Bublitz, 앞의 논문, 2020, 400면 이하.

18) 이들의 인지적 자유권도 앞의 정신적 자기결정권과 동일하게 외부로부터의 강제적 개입에 맞서는 소극적 자유와 개인이 신경기술을 이용할 수 있는 적극적 자유로 구성된다. 이 권리는 다음과 같은 세 가지 측면을 지닌다: i) 마음을 변경할 자유 혹은 마음을 변경시킬 수단을 선택할 자유, ii) 정신적 완전성을 위한 마음 간섭으로부터의 보호, iii) 인지적 자유를 촉진시킬 윤리적 · 법적 의무. 이에 대해서는 Marcello Ienca/Roberto Andorno, Towards new human rights in the age of neurosceince and neurotechnology, Life Sciences, Society and Policy Vol. 13 No. 5, 2017, 7면 이하.

19) Marcello Ienca/Roberto Andorno, 앞의 논문, 2017, 11면 이하. 이외에도 인지적

3. 신경자기결정권에 대한 비판

반면, 신경과학이 발달하더라도 신경자기결정권과 같은 독립적 기본권의 새로운 창설은 선불리 인정할 수 없다는 반론도 존재한다. 왜냐하면, 기존 규범, 즉 사생활에 대한 권리나 정신적 완전성에 대한 권리가 새롭게 주장하는 권리의 내용들을 포섭할 수 있기 때문이다. 새로운 기본권의 창설을 주장하는 견해는 기존 권리가 마음 조작이나 개입에 대한 문제를 다룰 수 없다고 판단하나, 오히려 이것은 사법기관의 법해석의 문제로 얼마든지 이를 포섭할 수 있다는 것이다.[20] 일례로, 유럽인권법원은 사생활의 개념을 – 위에서 언급한 것처럼 – 매우 광범위하게 이해하고 있으므로 이러한 해석이 가능하다고 본다. 법원은 조력자살(assisted suicide) 사안에서 사생활에 대한 권리가 신체적·정신적 고통을 피하기 위한 선택도 포함한다고 해석하였는데, 이것은 사생활권이 자기결정권의 행사로 확장된 것으로 볼 수 있다. 게다가 법원은 사망의 시기와 방법에 대한 자유로운 결정권 그리고 이 결정권을 행사하기 위해 타인의 도움을 받는 것으로까지 사생활의 범주를 확장시켰다.[21] 이러한 점을 고려하면, 사생활에 대한 다양한 측면이 신경자기결정권 혹은 정신적 자기결정권에 대한 보호를 약화시키지 않으리란 점을 알 수 있다. 뿐만 아니라, 매우 심각한 양상의 마음개입 행위는 고문금지 혹은 비인간적 대우 금지와 같은 기존의 규정으로 보호할 수 있다.[22] 무엇보다도 독립된 새로운 권리

자유권을 주장하는 견해로는 Richard Glen Boire, On Cognitive Liberty, Part I–V, Journal of Cognitive Liberties, 2003; Wrye Sententia, Neuroethical considerations: cognitive liberty and converging technologies for improving human cognition, Annuals of the New York Academy of Sciences 1013, 2004.

20) Sabine Michalowski, Critical Reflections on the Need for a Right to Mental Self–Determination, in: Andreas von Arnauld/Kerstin von der Decken/Mart Susi (eds.), The Cambridge Handbook of New Human Rights, Cambridge, 2020, 404면 이하.

21) ECtHR, Pretty v. UK (Appl. no. 2346/02), judgement, 29 April 2002.

를 도입한다고 해서 이 권리의 내용에 대한 모호성이 해결되지는 않는다는 점에서 그 실익도 크지 않다고 본다.[23] 왜냐하면, 신경자기결정권 혹은 정신적 자기결정권을 새로이 창설하더라도 마음개입의 기준과 범위는 계속하여 논의되어야 하기 때문이다.

4. 소결

이렇듯, 신경자기결정권이라는 새로운 권리에 대한 논의는 기존의 정신적 완전성이나 사상의 자유에 대한 권리로 포섭하여 해석할 수 있다. 그렇다고 하더라도 신경자기결정권 논의에서 보호하고자 하는 권리와 법적 이익을 간과해서는 안 된다. 비록, 새로운 권리의 도입을 통하여 허용되는 행위와 허용되지 않는 행위 간의 명확한 기준을 제시할 수는 없으나, 이 논의는 기존의 논의를 넘어서 신경자기결정권에 대한 총체적인 인식과 접근이 점차 중요해지고 있다는 점을 일깨워 준다. 이와 같은 권리의 범주와 한계에 대한 개념적 사고가 필요한 시점이다. 이하에서는 먼저 기존의 헌법상 기본권의 보호영역을 통해 문제되는 상황에 대한 보호가능성과 한계를 짚어보고 이른바 새로운 기본권의 도입 또는 그 내용의 수용가능성을 살펴보도록 한다.

---

22) 세계인권선언 제4조, 유럽인권협약 제3조 등을 말한다.

23) Sabine Michalowski, 앞의 논문, 2020, 410면.

제2절 | 신경과학과 헌법상 기본권

I. 논의의 출발점

신경과학기술의 발전은 과거에는 그저 추론에 그칠 뿐이던 정신작용의 해석과 시각화를 가능하게 하였고 이를 통해 보다 적극적으로 정신작용에 개입할 가능성을 열어주고 있다. 인간의 뇌에서 전개되는 정신작용을 해석해내는 측면을 예로 살펴보면, 기능적 자기공명 영상(fMRI)이나 뇌전도(EEG) 등의 기술은 인간의 신경활동을 관찰하고 시각화함으로써 정신세계의 프로세스를 관찰하고 해석해낸다. 이러한 기술이 계속 발전하게 되면 이른바 "마인드 리딩(마음읽기: mind reading)"이 상당 수준 가능하게 될 것이라고 예측되기도 한다.[24] 이제 신경과학기술의 발전은 뇌 관련 질환의 치료뿐만 아니라 인간의 뇌를 분석해냄으로써 그 기능을 향상시키는 데에 이르고 있다. 신경과학기술이 기존의 정신작용에 대한 인간의 이해를 확대시키게 되면 인간의 사유에 대한 학문인 철학이나 생태학 및 문화적 속성에 대한 인류학, 특히 인간의 의사에 기반한 법학 분야 역시 상당한 변화를 맞이하게 될 것으로 보인다.[25]

반면 신경과학기술은 이른바 정신적 완전성에 대한 침해를 가져올 수 있다는 점에서 다양한 윤리적, 법적 문제를 가져오기도 한다. 신경계에

---

24) 김효은/설선혜, 신경윤리의 독자성과 주요 쟁점들, 인지과학 제29권 제1호, 한국인지과학회, 2018, 72면; 송민령, 송민령의 뇌과학 연구소－세상과 소통하는 뇌과학 이야기, 동아시아, 2017, 262면 이하; 엄주희, 4차 산업혁명 시대의 과학기술 발전에 따른 공법적 과제, 연세법학 제34호, 연세법학회, 2019, 124면.

25) T. Chorvat/K. McCabe, The Brain and the Law, Law & The Brain 113, 128 (Semir Zeki & Oliver Goodenough eds., 2006); Pardo, M. S., & Patterson, D., Philosophical foundations of law and neuroscience. Univ. Illinois Law Review, 2010(4), 1211면, 1212면.

대한 약물적 또는 전자기적 영향이 개인의 정신적 의사 결정에 어느 수준으로 미칠 것인지, 이를 어떻게 통제할 수 있을 것인지는 여전히 연구가 진행 중이며, 이로 인한 파괴적 부작용은 다소 가상적인 문제일 수도 있다. 그러나 헌법상 신체를 훼손당하지 않을 권리가 보호하고 있는 신체의 완전성에 대비시켜보면 이른바 정신적 완전성의 침해가능성을 완전히 부정할 수는 없다. 뿐만 아니라 기술 그 자체에 있어서도 아직 발전단계에 있는 만큼 예측하지 못한 중대한 부작용이 발생하거나 비가역적인 손상이나 변경을 초래할 우려도 있다. 물론 마인드 리딩과 같은 기술의 실현가능성에 대한 논란이 여전히 존재함을 들어 현 상황에서 지나친 우려가 오히려 문제됨을 지적하기도 한다.[26] 장기적 관점에서 신경과학의 발전양상과 전망은 기술 그 자체는 물론 신경윤리나 규제정책 그리고 법학에 여러 과제를 던져주게 되지만, 동시에 이러한 장기적 문제의식이 단기적 또는 가시적 현안을 좌우하는 결정적인 근거로 함부로 원용되어서는 안 될 것이다. 신경과학기술에 대한 방임적인 낙관도, 가상적 위험만으로 선제적인 규제를 하려는 것도 올바른 방향이 될 수 없다.

신경과학기술의 규율은 이러한 점을 고려하여 섬세하게 설계되어야 한다. 그리고 그 출발점으로 신경과학기술이 동요시킬 수 있는 헌법상 기본권에 대한 면밀한 분석이 필요하다. 여기에는 크게 두 가지 방향이 나타난다. 기존의 기본권 이론 및 헌법상 기본권의 보호영역을 통해 신경과학기술의 발전양상에 대처할 것인가, 아니면 새로운 기본권을 창설하여 소위 신경과학 시대를 대비할 것인가이다. 이하에서는 순서대로 헌법상의 개별 기본권들과 신경과학기술의 문제를 순서대로 분석하고 새로운 기본권의 창설 여부에 대한 견해를 정리한다.

---

26) 예를 들어, Shen, F. X., Law and neuroscience 2.0, 48(4) Ariz. St. L.J., 2016, 1043면, 1071면.

II. 헌법상의 기본권과 신경과학

1. 인간의 존엄성

(1) 헌법상 존엄한 인간의 의미

인간이 왜 존엄한가에 대해서는 대체로 인간이 인격성(Personalität)을 보유하기 때문이라고 설명된다. 다시 이 인격성이 무엇인가에 대해 다양한 논의가 있는데,[27] 예를 들어 신-인 동형설(Imago-Dei-Lehre)은 크리스트교적 인간관에 의거하여 인간이 신의 형상으로 창조되었으며, 따라서 다른 피조물과 달리 구별되는 존엄함을 가진다고 보았고,[28] 계몽주의 철학에서는 인간은 이성능력을 사용할 수 있으며 이를 통해 이성적 존재로 자신을 규명해가는 계몽의 과정을 수행할 수 있으므로 존엄성을 부여받는다고 보았다.[29] 다양한 철학적, 인류학적, 사회학적 관점에도 불구하고 헌법학은 특정 종교나 철학관을 넘어 인간의 존엄성의 근간이 되는 인격성을 파악하기 위해 인간의 존엄을 인간의 윤리적 가치이며 고유가치라고 보고 있다.[30] 이에 의하면 인간의 고유한 가치를 보장하기 위해서는 윤리적 가치에 대한 자기결정권이 존중되어야 하고 결국 존엄성

---

27) 계희열, 헌법학(중), 박영사, 2004, 192면 이하; 장영수, 헌법학, 홍문사, 2021, 566면 이하; 한수웅, 헌법학, 법문사, 2021, 543면 이하; Ch. Starck, in: Mangoldt/Klein/ders. (Hrsg.), Kommentar Grundgesetz, Bd. I. Art. 1 Abs. 1, Rn. 4.; Kingreen/Poscher, Grundrechte: Staatsrecht II, Rn. 412 ff..

28) 계희열, 앞의 책, 2004, 195면; 장영수, 앞의 책, 2021, 566면; 쿠르트 젤만(윤재왕 역), 법철학, 세창, 2010, 289면 이하; Ch. Starck, in: Mangoldt/Klein/ders. (Hrsg.), Kommentar Grundgesetz, Bd. I. Art. 1 Abs. 1, Rn. 5 ff; Kingreen/Poscher, Grundrechte: Staatsrecht II, Rn. 412.

29) 계희열, 앞의 책, 2004, 195면; 장영수, 앞의 책, 2021, 566면; 이상돈, 인권법, 세창, 2005, 32면; Kingreen/Poscher, Grundrechte: Staatsrecht II, Rn. 412.

30) "헌법적 존엄성의 개념과 그 의미는 이를 규정하게 된 배경과 현행 헌법의 원칙들 및 법원칙들의 해석을 통해 찾아내야" 하기 때문이다. 계희열, 앞의 책, 2004, 196면. 같은 견해로, 장영수, 앞의 책, 2021, 567면.

이란 인간이 인격자로서 그의 정체성(Identität)을 보장받아야 하는 것으로 보게 된다.[31]

헌법은 인격자로서 정체성을 보장받는 인간을 존엄성의 대상으로 상정하고 그 전제로서 인간의 육체적 존재와 영적 및 정신적 존재가 누려야 할 자유를 보호한다. 인간이 존엄성을 가진 가치 있는 존재라는 데에는 특별히 이의를 제기할 것이 없다. 그러나 헌법상 인간의 존엄성이 대체 무엇이며 어떤 보호영역을 포함하는지에 대해 그간 다양한 견해가 제시되어왔기 때문에, 신경과학기술이 인간의 존엄성을 훼손할지도 모른다는 문제를 다루기 위해서는 이에 대해 간단히 살펴볼 필요가 있다.

(2) 헌법상 인간의 의미: 육체-영혼-정신의 일체

헌법이 전제하는 인간은 단지 육체적인 존재에 그치지 않으며, 육체와 영혼 및 정신을 분리하여 이해하는 것이 아니라 일체를 이루는 존재로 본다. 이를 소위 "육체－영혼－정신의 일체(Leib－Seele－Geist－Einheit)"라고 한다.[32] 따라서 정신적 체험능력이 낮은 미성년자라도 당연히 인간의 존엄성의 주체가 되나 법인은 그 주체가 되지 못하며, 신체의 건강은 육체적 건강뿐만 아니라 정신적 건강의 보호가 당연히 요구되어야 하는 것이다. 영적 측면에서 볼 때 형성 중의 생명인 태아나 수정란을 생명권의 주체로 보게 되며 초기 배아의 경우 적어도 국가의 보호필요성을 인정하게 되고 사자(死者)의 안식을 위하여도 예외적으로 존엄성이 인정하자는 논의가 있

31) 이에 대해 해벌레(P. Häberle)는 "인간이 인격자가 되도록, 인격자이도록 또한 인격자로 머물도록 함을 가능하게 하는 것"이라고 표현하였다. P. Häberle, Menschenwürde und Verfassung am Beispiel von Art.2 Abs.1 Verfassung Griechenland 1975, in: Rechtstheorie, 1980, S. 389 (404); 계희열, 앞의 책, 2004, 197면.

32) "Die Einheit von Leib, Seele und Geist", 계희열, 앞의 책, 2004, 283면; 한수웅, 앞의 책, 2021, 626면; Jarass/Pieroth, Kommentar GG, Art. 2, Rn. 83; Kingreen/Poscher, Grundrechte: Staatsrecht II, Rn. 472; V. Epping, Grundrechte, Rn. 107.; G. Manssen, Staatsrecht II, Rn. 291; 독일 연방헌법재판소 역시 육체－영혼－정신의 일체성을 인정하고 있다. 대표적으로 BVerfGE 52, 131 (174); 56, 54 (75).

다.[33] 인간의 존엄성과 이를 정점으로 하는 헌법상의 개별 기본권을 보장하기 위하여 현대 헌법국가는 인간을 "육체－영혼－정신의 일체"로 보고 인간과 인간의 육체 및 인지적 영역, 정신생활 영역의 자유 등을 온전히 위의 전제에서 이끌어내고 있음을 알 수 있다.

신경과학기술에 의한 치료는 정신질환의 진단기준을 확대하고 진단의 정확성을 향상시키며, 뇌 자극 등 다양한 수단에 의한 치료가능성을 높이게 된다. 또한 외상 후 스트레스 장애나 집착증세 등을 진단하고 이를 교정할 수도 있다. 부분적 뇌사나 손상으로 인해 의사소통이 확립되지 않는 등 혼수상태나 최소 의식수준에 있는 환자의 인식을 결정하고 의사를 확인할 수도 있다. 그런데 이와 같은 신경과학 시술 및 치료가 인간 정신의 변형을 야기하는 것인지, 이러한 변형이 신체 일부나 기관에 대한 치료를 위해 가해지는 변형과 동일한 것인지, 이를 넘어서는 것인지 문제된다. 그리고 그 결과에 따라 신경과학 연구와 기술은 육체－영혼－정신의 일체성을 약화 또는 해체할 수도 있고, 반대로 재입증하거나 강화시킬 수도 있는 것이다.[34] 뇌 중심적 관점에서 볼 때에는 인간의 존엄성으로서의 인격과 인지적 과정은 뇌를 중심으로 보아야 하기 때문에 신경과학기술에 의한 시술은 인간의 존엄성에 대한 직접적인 침해가 될 수 있고, 뇌 또는 신체 이식의 경우 뇌를 중심으로 인격권이 이동하게 되므로 정체성을 유지한다고 볼 수도 있게 된다. 한편 뇌와 신체를 일체로 보아 인격체로서 인간을 보는 관점에서는 신경과학기술 시술에 의한 변형이 신체의 변형과 어떤 차이점을 가지는지가 문제될 것이며, 이식의 문제에서는 정체성 변화를 뇌와 신체 양쪽에서 고려하게 될 것이다. 어떤

---

33) 태아의 생명권에 대한 헌법재판소의 판례로는 특히 헌재 2008.7.31. 2004헌바81; 수정란의 생명권 주체성에 대해서는 헌재 2012.8.23. 2010헌바402; 초기 배아의 국가적 보호필요성에 대해서는 헌재 2010.5.27. 2005헌마346. 사자의 존엄과 관련하여서는 법률 차원에서 주로 이를 보호하고 있는 바, 「장기등 이식에 관한 법률」이나 「형법」제308조 사자의 명예훼손 규정 등의 예를 들 수 있다.

34) 이에 대하여는 특히, 김효은/설선혜, 앞의 논문, 2018, 69면.

경우에서든 인간의 존엄성과 그 개념 요소로서 인격권에 대한 새로운 도전 상황이 되는 것은 분명하다. 다만 종래 다수의 견해에 따라 인간을 육체-영혼-정신의 일체로 보는 입장을 견지하는 경우 이하에서 언급하게 될 신체를 훼손당하지 않을 권리가 우선적으로 논의될 것이다.

2. 신체를 훼손당하지 않을 권리

(1) 의의

헌법은 인간의 신체가 훼손당하지 않을 권리를 명문의 규정 또는 해석상 인정하고 있다.[35] 인간을 육체-영혼-정신의 일체로 보는 경우 신체를 훼손당하지 않을 권리는 생물학적, 육체적 건강 이외에 영적, 정신적 건강의 보호에 이르게 된다. 반면 신체를 단지 생물학적 육체로 이해거나 인격의 중심을 뇌로 볼 경우 영적 및 정신적인 권리가 신체를 훼손당하지 않을 권리로부터 이탈할 가능성이 발생한다.

일단 헌법상 신체를 훼손당하지 않을 권리의 출발점은 생물학적인, 다시 말해 육체적 존재로서의 신체를 보호하는 것이다. 그러나 신체를 훼손당하지 않을 권리는 생물학적·육체적 존재의 보호를 넘어 소음으로 인한 침해, 심리적 테러, 정신적 학대 및 고문, 세뇌 등 영적·정신적 의미까지 포함하는 신체를 보호한다[36]고 이해되어 왔다.[37] 헌법학이 이와

---

35) 예를 들어 독일은 연방기본법 제2조 제2항을 두고 있으며 현행 헌법의 경우 명문의 규정이 없음에도 당연한 헌법상 기본권으로 인정하고 있다. 헌법 외에도 1948년 세계인권선언 제5조, 1960년 유럽인권규약 제3조 등에도 명문의 규정이 존재한다.

36) 실제로 신체를 훼손당하지 않을 권리를 명문의 규정으로 두기 시작한 계기는 제2차 세계대전 당시 자행된 각종 정신적 고문이나 세뇌 등의 경험에 의한 것이기도 하다. 계희열, 앞의 책, 2014, 283면.

37) 해석의 명확성 등의 이유로 정신적 영향이 신체에 미치는 경우에만 신체를 훼손당하지 않을 권리의 보호대상이 된다고 보는 견해도 있다. Ch. Starck, in: Mangoldt/Klein/ders. (Hrsg.), Kommentar Grundgesetz, Bd. I. Art. 2 Abs. 2, Rn. 193; 장영수, 앞의 책, 2021, 608면. 그러나 이는 "신체를 훼손당하지 않을 권리"의 보호영

같이 생물학적·육체적 존재의 보호를 출발점으로 하면서도 신체를 훼손당하지 않을 권리의 보호대상을 정신적·영적 존재까지 확대하는 이유는 다름 아닌 인간의 존엄성과 관련성에 놓여있다. 인간의 존엄성을 보전하는 것은 육체적 정체성과 완전성에 국한되지 않기 때문이다.[38]

이러한 이론적 논의에 따라 헌법재판소의 판례 역시 "헌법 제12조 제1항의 신체의 자유는,[39] 신체의 안정성이 외부로부터의 물리적인 힘이나 정신적인 위험으로부터 침해당하지 아니할 자유와 신체활동을 임의적이고 자율적으로 할 수 있는 자유"라고 하여 그 출발점은 생물학적·육체적 존재의 보호로 보았으나, "성충동 약물치료명령에 의하여 약물투여 … 피치료자의 정신적 욕구와 신체기능에 대한 통제를 그 내용으로 하는 것으로서, 신체의 완전성이 훼손당하지 아니할 자유를 포함하는 헌법 제12조의 신체의 자유를 제한"한다고 하여 정신적 존재로서의 신체를 확인하고 있다.

이상의 논의에 의하면 신경과학기술에 의한 시술, 변형 등의 문제는 그것이 침습적이든 비침습적이든 신체를 훼손당하지 않을 권리의 보호영역으로 다룰 수 있게 된다. 신체를 훼손당하지 않을 권리의 보호영역을 육체적, 영적, 정신적 상태로 보는 경우 생물학적 의미의 건강은 물론 건강을 해치지 않는 육체적 침해나 영적, 정신적 침해 역시 보호대상이 된다. 그러므로 신경과학기술에 의한 시술로 인격의 변형이 발생하는 문제를 넘어 시술 또는 향상을 위한 투입 역시 신체를 훼손당하지 않을 권리의 보호영역을 동요시킬 수 있게 된다. 예를 들어 의사에 반하는 뇌기능

역에 대한 논란일 뿐 헌법상 인간의 "신체"적 건강이 육체에만 한정되지 않고 정신적 건강을 포함한다는 데에는 차이가 없다.

38) 계희열, 앞의 책, 2004, 283면; Kingreen/Poscher, Grundrechte: Staatsrecht II, Rn. 417, 472.; V. Epping, Grundrechte, Rn. 107.

39) 다만, 여기에서 보듯 헌법재판소는 신체의 자유와 신체를 훼손당하지 않을 자유의 내용 및 근거조항에 있어 일관되지 못하다는 비판을 받고 있다. 이에 대해서는 한수웅, 앞의 책, 2021, 630면.

에 대한 일시적·지속적 장애나 교란, 조작이나 조종, 기능적 변형 등은 신체를 훼손당하지 않을 권리를 동요시키게 된다.

(2) 문제상황: 적극적 자기결정과 자초위험

반면 명확하지 않은 부분은 신체를 훼손당하지 않을 권리가 신경과학 시술 등의 의료적 조치에 대한 환자의 결정권을 근거 짓는가의 문제이다. 이는 기존 법해석에 있어서 개인의 신체적 건강과 안전에 대한 모종의 조치를 결정하는 권리가 그 근거를 통일적으로 두지 않고 있음에 기인한다. 다시 말해, 각종 신경과학 시술 등의 사용여부나 방식을 환자가 결정하는 자기결정권이 신체를 훼손당하지 않을 권리에서 도출되는지의 문제이다. 기존의 이론 및 판례는 개인이 자신의 신체에 대한 자기결정권을 신체를 훼손당하지 않을 권리에서 도출하기도 하나, 경우에 따라 일반적 행동의 자유로부터 도출[40]하기 때문이다. 결국 개인의 의사에 반하거나 의사 없이 행해지는 신경과학 시술은 정신적 침해이며 육체－영혼－정신의 일체성을 전제하여 신체를 훼손당하지 않을 권리에 의해 보호된다고 보겠으나, 개인의 적극적 의사에 의한 경우 어떤 기본권에 의해 보호될 것인가 문제될 수 있다.

이러한 적극적 자기결정의 일환으로 신경과학적 시술이나 투약이 가지는 위험이 인식되지 않은 경우 또는 인식되었으나 실현되지 않을 것으로 믿는 경우는 자초위험(Selbstgefährdungen)으로 볼 수 있으며, 이러한 위험이 분명함을 알고 있거나 심지어 의도하는 경우에는 자초위해(Selbstschädigung)가 된다.[41] 이들은 일단 개인의 기본권 행사라는 점에서 위험의 현실화

---

40) 예를 들어 안전헬멧이나 안전벨트를 착용하지 않고 운전을 하는 것은 신체를 훼손할 수 있으나 일반적 행동의 자유의 내용으로 본다. 이와 관련하여 헌재 2003.10.30. 2002헌마518; 독일연방헌법재판소의 판결로는 BVerfG 59, 275 (278).

41) 자초위험과 자초위해는 달리 번역되거나 혼용되기도 하므로 결과발생에 대한 기본권주체의 의사 여부에 따라 판단해야 한다. 각 개념 및 다른 개념과의 차이에 대해서는 특히 강태수, 자기위해행위의 제한에 관한 헌법적 고찰, 경희법학 제43권 제1

또는 위해상황에 대한 국가의 개입의무가 오히려 제한되고 자기책임의 원칙이 적용될 수 있다. 그러나 신체를 훼손당하지 않을 권리와 같이 인간의 존엄성과 밀접하게 관련되는 기본권의 경우 보호법익에 대한 처분권이 기본권 주체에게 온전히 주어지지 않으며, 이에 대한 스스로의 제약에 대해 국가의 보호의무는 여전히 인정된다고 보아야 한다. 그러므로 기본권 주체의 신체에 대한 모종의 위험이 현실화되는 경우 비록 이는 기본권행사와 관련되어 있음에도 국가의 기본권보호를 위한 개입이 기본권보호를 위해 불가피하며, 그 개입가능성은 자초위해에 비해 자초위험이 상대적으로 크다고 볼 것이다.[42] 어떤 신경과학적 시술이나 투약이 부작용을 갖는 경우 대부분의 당사자들은 부작용이 현실화되지 않을 것이라고 기대할 것이며 따라서 자초위험으로 이해될 것이다. 이러한 자초위험에 있어 국가의 보호의무가 도출되는 기본권은 신체를 훼손당하지 않을 권리로부터라는 견해[43]와 일반적 행동의 자유로부터라는 견해[44]가 나뉘고 있다. 다만 어느 경우에든 자초위험에도 불구하고 국가의 보호의무로 인한 개입가능성이 있다는 것 자체에는 크게 차이를 보이지 않는다.

3. 정신생활 영역의 자유

신경과학 규제를 위한 논의의 헌법적 출발점이 인간의 근원 내지 기초를 규명하는 인간의 존엄성과 신체를 훼손당하지 않을 권리에 있다고 한다면, 뇌의 인지적 활동을 헌법적으로 보호하는 것은 바로 정신생활 영역의 자유라고 할 것이다.

호, 경희대 법학연구소, 2008, 17면 이하; 허완중, 자초위해와 기본권보호, 공법연구 제40집 제4호, 한국공법학회, 133면 이하.

42) 이상의 논의는 허완중, 앞의 논문, 2012, 136면, 142면 이하.

43) K. Suhr, Der medizinisch nicht indizierte Eingriff zur kognitiven Leistungssteigerung aus rechtlicher Sicht, S. 214 (Fn. 73.).

44) 허완중, 앞의 논문, 2012, 147면.

(1) 양심의 자유

앞서 언급한 바와 같이 헌법상 인간을 육체-영혼-정신의 일체로 본다면 인간은 내면의 자유 없이 진정한 자유를 누린다고 볼 수 없다. 그렇기에 우리 헌법 역시 정신생활 영역의 자유로 양심의 자유, 종교의 자유, 표현의 자유, 학문의 자유, 예술의 자유를 규정하고 있다.[45] 그중에서도 특히 정신생활 영역의 자유의 근원을 이루는 기본권은 현행 헌법 제19조가 규정하고 있는 양심의 자유이다.

양심이 무엇인가에 대해 다양한 개념 정의가 가능하다. 양심은 내심의 영역(forum internum)과 외부영역(forum externum)에서의 자신의 행태의 윤리적 가치와 비가치에 대한 주관적 자각(의식)이라 할 수 있다.[46] 독일 연방헌법재판소는 "양심상의 결정이란 모든 진지한 윤리적 판단, 즉 '선'과 '악'에 대한 판단을 말하며, 개인은 특정상황에서 이 판단에 절대적으로 따를 의무를 진다고 내적으로 체험하기 때문에 심각한 양심상의 갈등 없이 이 판단에 반하는 행동을 할 수 없는 것을 말한다"[47]고 하였고, 독일 연방행정법원은 "허용된 것과 금지된 것에 대한 자각과 이 자각에 따라 행동할 의무가 있다고 생각(간주)함으로써 인간의 내면에 본래적으로 존재하는 옳고 그름에 대한 확신과 이로부터 나오는 의무의 부과, 즉 특정의 행동을 하거나 하지 못하도록 하는 것을 말한다"고 하였다.[48] 헌법재판소 역시 소위 사죄광고 사건에서 "양심이란 세계관·인생관·주의·신

---

45) 계희열, 앞의 책, 2004, 325면.

46) 계희열, 앞의 책, 2004, 327면, 330면; Jarass/Pieroth, Kommentar GG, Art. 4, Rn. 44.; Ch. Starck, in: Mangoldt/Klein/ders. (Hrsg.), Kommentar Grundgesetz, Bd. I. Art. 4 Abs. 1, 2, Rn. 67 ff.; Kingreen/Poscher, Grundrechte: Staatsrecht II, Rn. 623.; G. Manssen, Staatsrecht II, Rn. 350.; V. Epping, Grundrechte, Rn. 328; BVerwGE 7, 242 (246).

47) BVerfGE 12, 45(55).

48) BVerwGE 7, 242(246).

조 등은 물론, 이에 이르지 아니하여도 보다 널리 개인의 인격형성에 관계되는 내심에 있어서의 가치적·윤리적 판단도 포함된다"고 판시한 바 있다.[49)]

양심의 자유는 양심의 형성이나 활동뿐만 아니라 양심 활동의 소극적 자유 역시 보장한다.[50)] 즉 내심의 영역에 형성되어 있는 양심을 표명하도록 강제당하거나 노출되지 않을 자유가 보장된다. 양심 활동의 소극적 자유는 형성된 양심을 언어나 행동으로 표명하도록 강제당하지 않을 자유를 말한다.[51)] 그러한 예로는 침묵의 자유를 들 수 있으며, 충성선서 같은 것도 경우에 따라 양심을 표명하도록 강제당하지 않을 자유를 침해할 수 있다. 헌법재판소는 위 사죄 광고 판결에서 "양심의 자유에는 널리 사물의 시시비비나 선악과 같은 윤리적 판단에 국가가 개입해서는 안 되는 내심적 자유는 물론, 이와 같은 윤리적 판단을 국가권력에 의하여 외부에 표명하도록 강제받지 않는 자유, 즉 윤리적 판단사항에 관한 침묵의 자유까지 포괄한다 … 개인의 내심의 자유, 가치판단에는 간섭하지 않겠다는 원리의 명확한 확인인 동시에 민주주의의 정신적 기초가 되고 인간의 내심의 영역에 국가권력의 불가침으로 인류의 진보와 발전에 불가결한 것이 되어 왔던 정신활동의 자유를 보다 완전히 보장하려는 취지 …"라고 보았다.

그런데 신경과학기술의 투입은 외부로 전혀 표현되지 않은 내심의 영역의 양심이나 표명되지 않은 의사를 강제적으로 또는 시술이나 이용 도중에 노출시킬 위험이 있다. 특히 증거조사나 자백의 경우 신경과학기술이 이용되는 경우 표명되지 않은 양심이나 의사를 통해 일정한 법적 효

---

49) 헌재 1991.4.1. 89헌마160.

50) 만약 양심의 자유가 내심의 영역에만 국한된다면 양심의 자유란 단지 세뇌에 대한 법적 보호가 될 뿐이다. Ch. Starck, in: Mangoldt/Klein/ders. (Hrsg.), Kommentar Grundgesetz, Bd. I. Art. 4 Abs. 1, 2, Rn. 68.

51) 계희열, 앞의 책, 2004, 331면 이하; 한수웅, 앞의 책, 2021, 730면; Kingreen/Poscher, Grundrechte: Staatsrecht II, Rn. 625.

과에 이르는 문제가 발생한다.[52] 실제로 아이오와주 법원에서는 EEG를 사용한 뇌기반 기억 재인식 기술을 통해 얻어낸 자료를 기억탐지 증거로 제출한 것에 대해 증거능력을 부인한 바 있다.[53] 현 단계에서 뇌기반 기억재인식이 어느 정도 실제적 효과가 있는지 충분히 검증되지 않고 있지만 이로 인한 정신생활 영역의 자유에 대한 침해가능성을 미리 상기할 필요는 있다.

(2) 사생활영역의 자유와 개인의 정보자기결정권

신경과학기술의 이용에 있어서 강제적 또는 의사에 반하거나 예상치 못하게 내심의 양심, 의사가 표출되는 문제는 정신생활 영역의 자유는 물론 사생활영역의 자유와 개인의 정보자기결정권을 침해할 수 있다. 이 경우 문제되는 것은 먼저 아직 외부로 표명되거나 전달되지 않은 의사로 내심의 영역에만 머물러 있는 인간의 인지적 행위결과를 보호하는 문제, 다음으로는 심지어 개인 스스로도 부분적으로 또는 전면적으로 파악하지 못한 본인의 인지과정이 노출되는 문제를 보호하는 것 그리고 뇌연구 데이터를 둘러싼 개인정보보호의 문제이다.

먼저 사생활영역의 자유는 미국의 프라이버시권에서 유래되는데, 프라이버시는 본래 "홀로 있을 권리"라는 소극적 개념에서 시작하였으나 특유의 개방성과 탄력성으로 인해 이제는 정보의 자기결정권을 넘어 오늘날은 더욱 포괄적인 내용을 담고 있다.[54] 반면 개인의 정보자기결정권은

52) J. Peter Rosenfeld et al., Review of Recent Studies and Issues Regarding the P300-Based Complex Trial Protocolfor Detection of Concealed Information, 90 INT'L J. PSYCHOPHYSIOLOGY 118, 2013, 118-119면; Shen, F. X., Law and neuroscience 2.0, Vol. 48 No. 4, Ariz. St. L.J., 2016, 1043면, 1065면.

53) Harrington v. State, 659 N.W.2d 509 (Iowa 2003); Shen, F. X., Law and neuroscience 2.0, Vol. 48 No. 4, Ariz. St. L.J., 2016, 1043면, 1066면.

54) 계인국, 인터넷 검색엔진과 개인정보보호-인적관련 정보의 처리와 정보자기결정권 및 'IT-기본권'-, 법제연구 제46호, 한국법제연구원, 2013, 161면.

인격의 자유로운 발현권의 내용으로서 일반적 인격권에서 출발한다. 일반적 인격권은 자기유지, 자기표현, 자기결정의 권리로 나눠지며, 자기결정의 권리로부터 개인의 정보자기결정권을 도출해낸다. 양자를 배타적으로 구별할 실익은 크지 않으나, 프라이버시권이 각종 행위대상이나 영역으로 확대되어갔다면 개인의 정보자기결정권은 사안별로 권리 실체를 보다 규명한 차이가 있다.

치료나 향상 목적으로 신경과학기술이 이용되고 이로 인해 정보주체와 관련되어 있는, 즉 인적관련성이 있는 정보가 처리되는 경우에는 각종 개인정보보호법제에 의해 규율될 수 있다. 그러나 신경과학기술에 의해 뇌의 인지적 과정에 개입하는 경우에는 "특정된 또는 특정될 수 있는 개인"이라는 이른바 인적 관련성의 문제를 넘어서는 상황이 발생할 수 있다. 이러한 문제는 신경과학 외에도 이른바 빅데이터 기술에서 이미 발생한 바 있다. 즉 인적 관련성을 지닌 데이터로 볼 수 없고 이를 결합하는 것도 용이하지 않았던 전자적 흔적이나 조각 정보가 데이터 처리기술의 발전으로 인해 이용자의 인격을 추론하고 개인의 프로필을 형성할 수 있게 된 것이다.[55] 결국 빅데이터 시대에 개인의 정보자기결정권은 개별적인 인적 관련 정보의 문제를 넘어 정보기술시스템이라는 영역 자체를 어떻게 보호할 것인가의 문제로 나아가게 된 것이다.[56] 이에 따라 독일 연방헌법재판소는 정보기술시스템으로 비밀리에 접근할 권한을 주고 있는 노르트라인-베스트팔렌 주 헌법보호법의 수권근거에 대한 사건, 즉 온라인 수색에 대한 사건에 대한 판결에서 이른바 "정보기술시스템의 기밀성과 완전성의 보장에 대한 기본권(Grundrecht auf Gewährleistung der Vertraulichkeit und Integrität informationstechnischer Systeme)을 창안하게 된다.[57] 이로써 개인정보보호는 개별 사례에서의 정보수집이나 처리만이

55) 계인국, 앞의 논문, 2013, 164면.

56) BVerfGE 120, 274, (313).

57) 계인국, 앞의 논문, 2013, 166면 이하; 박희영, 독일 연방헌법재판소의 '정보기술 시

아니라 기본권적으로 보호되는 시스템, 즉 영역에 대한 접근, 침입, 개입을 문제시하는 것으로 확대된다.

연방헌법재판소가 창안한 소위 IT－기본권 또는 컴퓨터 기본권이 과연 새로운 기본권인지 아니면 종전 기본권의 적용 및 확장으로 가능한 것인지에 대해서는 논란의 여지가 있지만,[58] 중요한 것은 개인정보보호가 보다 실효적으로 이뤄지기 위하여 이제 영역의 보호 그 자체를 다루고 있다는 점이다. 영역적 보호를 구상하고 있는 IT－기본권의 문제는 결국 "새로운 인격권 위협상황에 대한 법학의 반응"이라고 볼 수 있는 것이고,[59] 인공의 정보기술시스템은 물론 근원적이고 직접적으로 인지적 과정이 전개되는 인간의 뇌에 대해서도 영역적 보호를 꾀해볼 수 있다. 특히 이 점은 아래에서 다루게 될 소위 새로운 기본권으로서 신경권의 인정 여부와도 연결된다.

4. 기타 영역의 기본권

지금까지는 보건의료 영역에서 신경과학기술이 치료 목적이나 향상 목적으로 이용되고 이로 인해 동요될 수 있는 기본권의 문제를 선별하여 살펴보았다. 그 외에는 향상 목적으로 이용된 신경과학기술이 이후에 외부세계와의 관계, 특히 제3자의 기본권과 관련하여 문제될 수 있는 경우를 생각해 볼 수 있다. 그 예로 평등권의 문제나 취약계층 보호의 문제, 절차적 기본권상의 문제 등을 들어볼 수 있으나, 아직까지는 신경과학기

스템의 기밀성 및 무결성 보장에 관한 기본권', 선진상사법률연구 제45호, 법무부, 2009, 92쪽 이하.

58) 예를 들어, G. Manssen, Das "Grundrecht auf Vertraulichkeit und Integrität informationstechnischer Systeme"－Ein gelungener Beitrag zur Findung unbenannter Freiheitsrecht?, in: Uerpmann－Wittzack (Hrsg.), Das neue Computergrundrecht, S. 61 ff.

59) 계인국, 앞의 논문, 2013, 173면.

술의 성과와 영향력을 충분히 가늠하기 어려운 점이 있으므로 다소간은 가상적 수준에 머무를 수도 있다.

반면 연구 목적에 있어서는 이미 진행 중이거나 매우 가까운 장래에 나타날 문제로 나타난다. 뇌과학기술 연구는 헌법상 학문의 자유와 관련된다. 진리탐구의 자유로서 연구과제의 자유로운 선택, 연구의 방법, 기간, 장소 등을 자유롭게 선택하고 결정할 수 있는 자유는 (학문)연구의 자유(wissenschaftliche Forschungsfreiheit)로 보호되며,[60] 이는 성격상 제한되기가 힘든 (절대적) 자유이다.[61] 그러나 학문의 자유는 헌법상 보호되는 법익으로서 인간의 존엄, 생명, 신체를 훼손당하지 않을 권리 등이 준수되는지 판단되며, 특히 인격권의 보호와 관련하여 내재적인 한계를 가지게 된다.[62] 예를 들어 인간의 존엄성과 관련하여서 인간은 어떠한 경우에도 객체화될 수 없으므로 인간을 대상으로 하여 학문의 자유를 주장할 수는 없게 된다. 이러한 학문의 자유의 보호영역과 내재적 한계를 감안할 때 "연구 목적"이라는 표현이 "연구"를 단지 순수한 진리탐구에 국한하려는 시도인지 아니면 헌법상 보호되는 법익과의 문제인지를 구별하여 판단할 필요가 있다. 뇌과학기술 연구의 경우에는 전형적으로 헌법상 보호되는 법익, 특히 인간의 존엄성이나 신체를 훼손당하지 않을 권리, 개인의 정보자기결정권 등과의 충돌이 문제된다.

---

60) W. K. Geck, Die Stellung der Studenten in der Universität, VVDStRL 27 (1969), S. 162. Starck/Paulus, in: Mangoldt/Klein/Starck. (Hrsg.), Kommentar Grundgesetz, Bd. I. Art. 5 Abs. 3, Rn. 488.

61) 헌재 1992.11.12. 89헌마88; 대법 1983.2.8. 82도2894; BVerfGE 35, 79(112).

62) Starck/Paulus, in: Mangoldt/Klein/Starck. (Hrsg.), Kommentar Grundgesetz, Bd. I. Art. 5 Abs. 3, Rn. 539 f.

III. 새로운 기본권 창설의 문제: 이른바 신경자기결정권의 논의

1. 새로운 기본권으로서 신경자기결정권

신경과학 연구나 기술 이용이 표명되지 않은 양심이나 의사를 노출시키거나 수집하는 등 개인의 정보자기결정권이나 사생활의 자유와 비밀과 다른 새로운 위험상황이 발생할 수 있다. 이러한 새로운 위험상황에 대응하여 새로운 기본권으로서 소위 신경자기결정권을 제안하는 견해가 있다.[63] 신경자기결정권은 인지적 자유, 정신적 프라이버시권, 정신적 완전성 및 심리적 연속성에 대한 권리 또는 개인이 새로운 신경과학기술을 사용할 권리[64]와 그러한 기술의 사용이 강요되지 않을 권리, 즉 동의를 받지 않은 채 강제로 사용되는 것으로부터 보호받을 권리를 의미한다.

새로운 기본권의 창설을 제안하는 견해를 소개해보면, 먼저 Bublitz는 인간의 이성뿐만 아니라 감정과 비합리적인 과정도 보호대상으로 보고 이를 변경하거나 포기하는 자유를 정신적 자기결정권으로 본다. Bublitz가 말하는 정신적 자기결정권은 국가나 제3자의 개입으로부터 자유로울 소극적인 자유와 자신의 내면을 스스로 결정할 수 있는 적극적인 자유로 구성되는데, 특히 소극적 자유는 국가나 제3자에 의해 개인의 정신적 상태가 간섭받거나 부정적인 제재를 받지 않을 자유 및 개인의 생각이나 감정을 공개하지 않을 권리라고 본다.[65] 다른 견해로 Ienca · Adnorno는 신경기술을 규제하는 법적 원칙이며, 새로운 기본권으로 인지적 자유권(cognitive liberty)을 주장하고 추가로 정신적 사생활에 대한 권리(the right

---

63) 엄주희, 앞의 논문, 2019; Marcello Ienca/Roberto Andorono, 앞의 논문, 2017; UN Human Rights Council (Session828), Assessing the human rights impact of neurotechnology: towards the recognition of 'neurorights', 2022.

64) 특히 향상 및 증강에 있어서는 D. Borbón and L. Borbón, 'A critical perspective on Neurorights: Comments regarding Ethics and Law', Frontiers in Human Neuroscience Vol. 15, 2021.

65) Jan Christoph Bublitz, 앞의 논문, 2020, 395면 이하.

to mental privacy), 정신적 완전성에 대한 권리(the right to mental integrity), 심리적 연속성에 대한 권리(the right to psychological continuity)의 필요성을 강변한다. Ienca · Adnorno가 말하는 인지적 자유권은 Bublitz가 말하는 정신적 자기결정권과 유사한 맥락이며,[66] 정신적 사생활은 사적이고 민감한 마음에 대한 정보보호에 중점을 둔 신경에 특수한 사생활을 말하고, 정신적 완전성은 정신건강을 보호해야 할 권리로서 신경기술의 사용을 통해 정신적 행복을 침해하지 않을 권리까지 포함하며, 심리적 연속성은 타인이 신경기술을 사용하여 개인 정체성의 정신적 측면을 무의식적으로 동의받지 않고 변경시키지 않도록 이를 보호할 권리를 말한다.[67]

신경자기결정권을 새로운 기본권으로 제안하려는 배경은 신경과학기술이 뇌와 뇌의 인지적 과정에 직접적으로 영향을 미치고 변형을 일으킬 수 있다는 데에 있다. 그러나 새로운 기본권이 필요하다는 것은 인지적 자유나 정신적 프라이버시 등이 기존의 기본권 보호영역을 통해 충분히 보호되지 못한다는 근거를 제시하여야 설득력을 얻게 된다. 제시되는 근거로는 ⅰ) 기존의 정신생활 영역의 자유나 사생활영역의 자유가 대개 외적 정보를 통해 보호되는 것이지만 신경과학기술에 의해 침해될 수 있는 새로운 위험 상황은 아직 표명되지 않은 양심과 의사, 뇌 속의 정보나 뇌에 대한 기록 자체, 내면의 정신적 영역 그 자체에 대한 것이라는 것이다. 따라서 인지적 사고과정의 결과가 아니라 그 과정 및 과정에서 나타나는 각종 뇌 신호나 정보가 개인을 식별할 수 있는 인자로 된다는 점에서 종전의 개인의 정보자기결정권이나 프라이버시로 보호할 수 없다는 논거를 제시하고 있다.[68] ⅱ) 다음으로 신경과학기술이 개인의 정신적 완전성을 침해할 수 있는 가능성과 위험성을 경고하고 있다. 앞서 언급한 마인드 리딩(마음읽기) 이후 뇌 해킹이나 파괴적 공격에 이를 위험이 있다는 것이

66) Marcello Ienca/Roberto Andorono, 앞의 논문, 2017, 7면 이하.
67) Marcello Ienca/Roberto Andorono, 앞의 논문, 2017, 11면 이하.
68) 엄주희, 앞의 논문, 2019, 130면.

다. 끝으로 인지적 자유권은 정보침해로 인한 개인의 정보자기결정권이나 사생활을 넘어 인격 자체, 다시 말해 개인의 정체성을 보호한다는 것이다.[69] 신경자기결정권 중 특히 심리적 연속성에 대한 권리(The right to psychological continuity)는 강제적이거나 의도하지 않은 또는 예상치 못한 방식으로 개인의 정체성이 불연속성을 겪게 되는 문제를 기본권적으로 보호할 것을 주문하기도 한다.[70]

2. 신경자기결정권의 규율 현황

유럽연합 평의회(Council of Europe)는 2021년 생물학 및 의학의 적용과 관련하여 인간의 존엄성, 인권 및 개인의 자유를 보호하기 위한 "인권과 생물의학기술에 대한 전략 계획(2020-2025)"[71]에서 먼저 심부 뇌 자극, 뇌-기계 인터페이스, 인공 신경망과 같은 신경기술의 발전이 인간의 뇌를 통제할 가능성을 높이게 됨에 따라 사생활 보호, 개성 및 차별 문제가 제기될 것으로 진단하고 있다. 특히 유럽평의회는 이러한 문제를 단지 사후적으로 제한하는 것의 한계를 언급하였다. 즉, 기술적 적용이 이미 확립되고 기술적 경로가 비가역적인 과정에 이르렀을 때 규제가 비로소 작동하는 것은 의미가 없다고 하며 처음부터 기술 발전이 인권 보호를 지향해야 함을 주장하고 있다. 이를 위해 혁신과 기술을 사회적 목표 및 가치와 연결하는 방식으로 혁신 프로세스를 조정하려는 거버넌스 장

69) Wrye Sententia, 앞의 논문, 2004, 225면; Jan Christoph Bublitz, My Mind is Mine!? Cognitive Liberty as a Legal Concept. In: Hildt E, Franke AG, eds. Cognitive Enhancement. An Interdisciplinary Perspective. Dordrecht: Springer, 2013, 234면.

70) 엄주희, 앞의 논문, 2019, 132면; Marcello Ienca/Roberto Andorono, 앞의 논문, 2017, 26면.

71) Counsil of Europe, Strategic action plan on human rights and technologies in biomedicine (2020-2025).

치를 고려할 것을 제안하였다.[72)]

한편 유엔 인권이사회(United Nations Human Rights Council)는 결의안 51/3을 통해 자문위원회(The Human Rights Council Advisory Committee)에 모든 인권의 증진 및 보호와 관련하여 신경과학기술의 영향, 기회 및 과제에 대한 연구를 요청하였는데, 여기에서는 신경과학기술로 인해 발생하는 인권 관련 문제들을 인권이사회와 산하 보조 기구가 일관되고 총체적이며 포용적이고 행동 지향적인 방식으로 해결할 수 있는 방법에 대한 권장 사항이 포함하고 있다. 실무그룹의 준비서면[73)]에서는 오늘날의 신경기술이 신경 과정에 대한 훨씬 더 높은 수준의 접근과 조작을 허용하고 있으며, 이로 인해 규제되지 않은 상업화와 사용은 개인이 자신의 행동을 자유롭게 통제할 수 있는 능력에 전례 없는 위협이 될 수 있다고 보았다. 이 문서에서 특히 위협의 예로 들고 있는 것은 의료분야를 지향하고 있는, 그러므로 일반적으로 침습적이며 환자의 뇌 활동을 자극하거나 조절하는 전극 이식을 포함하는 기술보다는 의료 분야 외부에서 개발되어 향상 목적으로 제공되는 기술이라고 지적하고 있다. 이러한 비침습적이고 비의료적인 기술의 활용으로 인해 민감한 신경학적 데이터가 생성될 때 누가 어떤 목적으로 그러한 정보에 액세스할 수 있는지 문제되며, 여기에서 특히 개인의 정신적 프라이버시, 인지적 자유 및 개인 자율성과 같은 인간 개념의 핵심에 있는 특정 측면의 침해를 우려하고 있다.[74)] 이러한 논의들은 최근의 새로운 기본권으로서 신경자기결정권 논의와 맞닿아 있음이 확인된다.

---

72) Counsil of Europe, 앞의 문헌, 8-9면.

73) Milena Costas Trascasas, Assessing the human rights impact of neurotechnology: towards the recognition of ‘neurorights’, OHCHR The Human Rights Council Advisory Committee, 2022 (https://www.ohchr.org/sites/default/files/documents/hrbodies/hrcouncil/advisorycommittee/session28/2022-08-09/AC28-Human-rights-impact-of-neurotechnology.docx, 2023.10.30. 최종방문).

74) Milena Costas Trascasas, 앞의 문헌, 2022 참조.

그러나 신경자기결정권을 성문헌법상 명시적인 기본권으로 두는 경우를 찾아보기는 쉽지 않다. 주목할 만한 예는 칠레의 개헌안이다. 칠레는 1980년 헌법의 전면적인 개헌 과정에서 다수의 파격적인 규정을 신설하는 개헌안을 마련하였는데, 개헌안 제26조는 신경다양성에 대한 권리규정을 다음과 같이 두고 있었다: "국가는 신경다양성을 인정하고 신경다양성을 가진 사람들이 자율적 삶에 대한 권리를 보장하고, 개성과 정체성을 자유롭게 개발하며, 본 헌법과 칠레에서 비준되고 시행 중인 국제인권 조약 및 기구에서 인정하는 법적 능력과 권리를 행사할 수 있도록 한다".[75] 비록 칠레의 개헌안이 국민투표에서 부결됨에 따라 신경자기결정권이 성문헌법에 수록되지는 않았으나 신경자기결정권에 대한 입법적 논의 및 해석상 구현 논의는 계속될 것으로 보인다.

신경과학 연구가 진행되면서 그에 관한 데이터가 집적되고 있는데, 이 데이터를 연구와 직접 관련되지 않은 제3자가 활용함으로써 신경자기결정권이 침해될 가능성은 보건 빅데이터의 활용에 관해 일반적으로 제기되는 문제이기도 하다. 보건 빅데이터는 의료, 특히 디지털 헬스케어의 승패를 좌우한다 해도 과언이 아니며, 또한 의료기술의 발전이 국민보건의 수준을 전반적으로 향상시킨다는 점에서 정부와 학계, 의료산업계는 보건 빅데이터를 수집하여 보유하고 있는 자 외의 제3자가 활용하도록 할 것인지에 큰 관심을 가지고 있다.

보건 빅데이터 활용에 관심을 가지고 법제화하려는 경향은 외국에서도 발견할 수 있다. 예를 들어 2021년 스페인의 디지털 권리 헌장(CHARTER OF DIGITAL RIGHTS)에서는 제24절에 신경과학기술에 대한 디지털 권리를 명시하고 있다. 여기에서는 인체에 대한 신경과학기술의 적용에 있어 법적 규제의 필요성을 전제하며, 그 근거로서 개인의 정체성 통제권과 의사결정에 있어 자기결정권, 신경과학기술의 프로세스 중에 획득된 데

75) https://www.constituteproject.org/constitution/Chile_2022D?lang=en, 2023.10. 30. 최종방문.

이터의 기밀성과 보안 및 소유권 등을 인정하고 있다.

다른 한편으로 보건 빅데이터의 활용을 용이하게 하는 제도도 추진되고 있다. EU 집행위원회(European Commission, EC)는 보건 빅데이터의 활용을 위해 유럽보건연합(European Health Union)의 핵심 프로젝트 중 하나인 '유럽보건데이터공간'(European Health Data Space, 이하 EHDS)을 2023년 5월에 개시하였다.[76] EHDS는 EU 시민들에게 자국이나 국경 간 이동되는 자신의 보건 데이터를 통제하고 활용할 수 있도록 권한을 부여하는 한편, 연구, 혁신, 정책 결정 및 규제 활동에 보건 데이터를 사용할 수 있는 일관되고 신뢰할 수 있으며 효율적인 프레임 워크를 제공하는 것을 목표로 한다. 후자의 목적은 보건 데이터의 2차적 사용(secondary use of data)[77]을 염두에 둔 것이다.[78] WTO 역시 기존의 보건 데이터를 재사용하게 되면 보건제도의 운영과 개선, 연구에 큰 도움이 될 것이라고 인정하며, EHDS가 보건정보의 교환과 데이터 공유에 중추적인 역할을 할 것으로 기대하고 있다. 다만 여러 데이터 보유자들이 수집하고 사용하는 보건데이터의 복잡성과 다양성을 고려했을 때 국제적으로 승인된 원칙이나 가이드라인이 필요할 것으로 본다.[79]

EHDS의 Chapter IV[80]는 전자보건정보의 2차적 사용이라는 표제하에 전자보건정보의 2차 사용을 위한 일반 요건(Section 1), 2차적 사용의 관리 및 메커니즘(Section 2), 2차적 사용을 위한 허가(Section 3), 2차 사용

76) https://www.medicalkorea.or.kr/ghip/news/957, 2023.10.30. 최종방문.

77) 데이터가 수집된 주된 목적 외의 목적으로 보건 데이터를 사용하는 것을 말한다. (https://tehdas.eu/app/uploads/2022/03/tehdas-leaflet-2022.pdf, 2023.10.30. 최종방문).

78) https://health.ec.europa.eu/ehealth-digital-health-and-care/european-health-data-space_en, 2023.10.30. 최종방문.

79) https://www.who.int/europe/news-room/events/item/2022/12/13/default-calendar/meeting-on-secondary-use-of-health-data, 2023.10.30. 최종방문.

80) https://eur-lex.europa.eu/legal-content/EN/TXT/HTML/?uri=CELEX:52022PC0197, 2023.10.30. 최종방문.

을 위한 국가 간 접근(Section 4), 2차적 사용을 위한 데이터 품질과 유용성(Section 5)을 규정하고 있다. 이 규정에 따르면 전자보건정보의 2차적 사용을 위해 EU 회원국들은 health data access body를 지정해 데이터 보유자(data holder)들이 데이터 사용자(data user)로 하여금 전자보건정보를 사용할 수 있도록 보장하게 한다. health data access body를 새로 설립할 수도 있고, 기존 공공기관을 health data access body로 지정할 수도 있다(Article 36). 자연인이나 법인은 데이터 접근 신청을 할 수 있으며, 이 신청에 어떤 내용이 포함되어야 하는지도 규칙에 포함되어 있다(Article 45). 이 신청이 동 규칙이 규정한 목적을 충족하고 신청된 데이터가 그 목적을 실현하는 데 필요한지 여부를 health data access body가 심사하고 데이터 접근을 허가(data permit)한다(Article 46).

그렇지만 보건 빅데이터의 2차적 사용은 여전히 우리나라에서 그 범위와 한계, 절차를 놓고 논의가 진행되고 있는 분야일 뿐만 아니라,[81] 신경과학의 활용 시 발생하는 보건 데이터는 특히 민감한 영역에 깊숙이 관여하고 있어 그 데이터를 제3자에게 공개하는 데 특히 환자 본인의 이해관계가 크다고 할 수 있다.[82] 이런 점을 고려할 때 신경 데이터의 2차적 사용 문제는 특히 조심스럽게 접근해야 할 것이다.

3. 전망

신경자기결정권의 창설 제안은 신경과학 연구나 기술 이용으로 인한 새로운 위험 상황과 이로 인해 침해될 수 있는 영역을 조망하고 보호필요성을 역설한다는 데에서 중요한 의미를 가진다. 또한 인지적 자유권의

81) 이에 대해서는 계인국/이성엽, 보건의료 데이터 활용의 법적 쟁점과 과제, 공법연구 제50집 제2호, 2021, 145면 이하.

82) 뇌신경 데이터는 재식별화, 해킹, 허가받지 않은 재사용, 디지털 감시의 위험에 특히 취약하다. UNESCO, Ethical Issues of Neurotechnology, December 2021, 46－125면.

내용은 각종 국제규범이나 비교 법제에서도 유사한 내용을 담고 있기도 하다. 그러나 이를 새로운 기본권으로 창설하는 것에 대해서는 이를 주장하는 측에서도 신중한 반응을 보이고 있다. 인간의 존엄성이나 신체를 훼손당하지 않을 권리에서 인간을 육체－영혼－정신의 통일체로 보는 견해는 정신적 영역의 침해에 대한 보호를 의욕하고 있으며, 양심이 공표됨은 물론 추단되지 않을 자유가 보장되고 있다. 정보보호와 관련된 기존의 프라이버시나 정보자기결정권의 문제 이외에 새로운 유형의 인격권 침해에 대응하여 － 소위 “컴퓨터 기본권”의 논의와 같이 － 영역적 보호를 해석상 도출해낼 수도 있다. 그러나 새로운 기본권의 인정 여부는 기존의 기본권 도그마틱과 보호영역의 해석을 통해 해결이 가능한 것인가를 충분히 타진하고 기본권 보호영역의 중첩이나 해석상의 도출 및 열거되지 않은 기본권의 논의 등을 거쳐 접근함이 보다 타당하다고 여겨진다.

Ⅳ. 결어: 헌법적 문제의식의 강화

이미 현실화된 측면과 다소 시기상조이고 가상적인 측면이 공존하긴 하더라도 신경과학기술의 사용으로 인한 기본권 침해 가능성을 전적으로 부정하기는 힘들다. 신경과학기술이 일으킬 수 있는 문제는 인간이 인간으로서 존엄하게 대우받는 인격성에 대하여 직접적으로 영향을 미칠 수 있기 때문이다. 그러므로 위험의 현실화 가능성에 대한 논란이 남아있더라도 일단 신경과학기술이 인간 중심적 또는 인권을 주의하며 사용되어야 한다는 최소한의 방향성 내지 기조라도 사전에 요청될 필요는 있다. 이를 경성규범에 의하여 규제할 것인지 연성규범을 통해 유도해 내든지 그 근거에는 결국 헌법상 기본권이 자리하고 있다. 이를 새로운 기본권으로서 신경자기결정권을 창설할 것인지 아니면 기존의 기본권 보호영역으로 포섭하여 보호할 것인지에 대한 논의도 계속되고 있다. 다만 논의의 전개 양상은 명시적인 기본권으로서 신경자기결정권을 성문화하지 않더라도 이 권리의 내용 자체는 헌법적으로 주시해야 한다는 데 의견이 모아지고 있다. 성문화된 권리 또는 해석상 적절한 권리의 내용 요소를 추출하고 이를 관철시킬 수 있는 체계를 정비하려는 기획은 현시점에서 법학에 주어진 중요한 과제일 것이다.

제3절 | 신경기술의 침해와 형법적 보호

I. 새로운 법익으로서 신경자기결정권의 구체화

만약 신경자기결정권이 새로운 헌법상 권리로서 창설된다면, 개인의 신경과 마음 혹은 정신에 대한 침해에 대응하여 새로운 형법적 법익으로서 신경자기결정권도 좀 더 구체화될 필요가 있다. 이 경우, 정신적 현상이 얼마만큼 개인의 의식적 통제하에 놓일 수 있는지가 중요한 기준이 된다. 즉, 외부적 개입을 통해 변화된 개인의 정신적 속성이 얼마만큼 당사자의 인격성 혹은 진정성에 상응하는지를 살펴볼 수 있어야 한다. 이를 위해서는 다양한 요소를 복합적으로 형량하여 허용되는 외부적 영향과 허용되지 않는 개입행위를 구분하고 이를 세분화시키는 작업이 선행되어야 할 것이다.[83] 물론, 개인의 신경과 마음을 보호하기 위해 새로운 법익과 범죄구성요건을 창설하는 것은 결코 단순한 문제는 아니다. 신경자기결정권의 형법적 해석에 있어서는 무엇보다도 해당 행위를 행하는 행위자의 목적에 대한 고려가 중요해질 수 있다. 즉, 범죄구성요건의 차원에서 치료 목적의 개입행위는 허용하고, 그 외의 변경이나 조작 목적의 개입행위는 금지하는 것으로 한계를 정할 수 있는데, 이때 기존의 법익보다는 신경자기결정권이란 새로운 법익이 이 같은 해석에 더 설득력 있게 다가올 수 있다.[84]

---

83) Marion Albers, 앞의 문헌, 2016, 82면 이하.

84) Susanne Beck, Die neuronale Selbstbestimmung als Thema des materiellen Strafrechts, in: Josef Franz Lindner (Hrsg.), Die neuronale Selbstbestimmung des Menschen, Nomos, 2016, 117면 이하.

II. 마음 조작에 대응하는 새로운 범죄구성요건의 신설 여부

그렇다면, 과연 형법상 마음을 보호하기 위한 목적으로 새로운 범죄구성요건을 신설할 필요가 있을까? 새로운 법익과 범죄구성요건을 논하기 전에 기존의 법익과 범죄구성요건을 통해 신경기술의 침해에 대응할 수 있는지를 먼저 검토할 필요가 있다. 위에서 언급한 마음 조작의 사례들은 우리 형법의 상해 및 폭행, 강요 및 사기 등의 구성요건과 중첩될 여지가 있기 때문이다.

1. 상해와 폭행의 판단기준 및 범위

우선, 상해나 폭행과 관련된 형법상 규정과 관련 판례를 살펴보기로 하자. 우리 형법은 "사람의 신체를 상해한 자(제257조)"나 "사람의 신체에 대하여 폭행을 가한 자(제260조)"를 처벌한다. 상해죄와 폭행죄는 신체적 완전성을 보호법익으로 한다는 점에서 동일하다.[85] 그러나 상해죄는 침해의 결과가 발생하여야 성립하는 범죄인 반면, 폭행죄는 결과와 무관하게 행위 자체가 범죄를 성립시킨다는 점에서 다르다.[86] 그래서 상해죄의 행위 양태인 상해는 "피해자의 신체의 완전성을 훼손하거나 생리적 기능에 장애를 초래하는 것을 의미"하고,[87] 폭행죄의 행위 양태인 폭행은 상해의 정도에 이르지는 않은 신체에 대한 직접적 유형력의 행사를 의미한다.

우리 형법의 해석에 있어 신체적 완전성을 해하기만 한다면, 상해 혹은 폭행의 수단이나 방법에는 제한이 없다. 즉, 유형적 방법뿐만 아니라

85) 반면, 상해죄와 폭행죄의 보호법익을 달리 보아 전자는 신체의 건강(Gesundheit)을, 후자는 신체의 건재(Wohlbefinden)를 법익으로 한다는 견해도 있다.

86) 배종대, 형법각론, 홍문사, 2023, 47면 이하.

87) 대법 2000.3.23. 99도3099; 대법 2017.6.29. 2017도3196.

무형적 방법으로도 범죄가 성립할 수 있다. 우리 판례도 이러한 입장을 따르고 있는데, 상해나 폭행의 인정 범위는 넓은 편이라고 할 수 있다. 즉, 상해는 반드시 외부적인 상처가 있어야만 성립되는 것은 아니라 보고, 훼손되는 생리기능에는 육체적 기능뿐만 아니라 정신적 기능도 포함되는 것으로 본다.[88] 폭행 역시 "사람의 신체에 대하여 육체적·정신적으로 고통을 주는 유형력을 행사"하는 것으로, 반드시 피해자의 신체에 접촉하는 것을 필요로 하지 않고, "그 불법성은 행위의 목적과 의도, 행위 당시의 정황, 행위의 태양과 종류, 피해자에게 주는 고통의 유무와 정도 등을 종합하여 판단"하도록 하고 있다.[89] 특히, 성범죄에 있어 상해의 인정 범위와 판단 기준은 다음과 같이 상당히 유연하고 넓다.

> "수면제와 같은 약물을 투약하여 피해자를 일시적으로 수면 또는 의식불명 상태에 이르게 한 경우에도 약물로 인하여 피해자의 건강상태가 불량하게 변경되고 생활기능에 장애가 초래되었다면 자연적으로 의식을 회복하거나 외부적으로 드러난 상처가 없더라도 이는 강간치상죄나 강제추행치상죄에서 말하는 상해에 해당한다. 그리고 피해자에게 이러한 상해가 발생하였는지는 객관적, 일률적으로 판단할 것이 아니라 피해자의 연령, 성별, 체격 등 신체·정신상의 구체적인 상태, 약물의 종류와 용량, 투약방법, 음주 여부 등 약물의 작용에 미칠 수 있는 여러 요소를 기초로 하여 약물 투약으로 인하여 피해자에게 발생한 의식장애나 기억장애 등 신체, 정신상의 변화와 내용 및 정도를 종합적으로 고려하여 판단하여야 한다."[90]

88) 대법 1999.1.26. 98도3732.

89) 대법 2003.1.10. 2000도5716; 대법 2008.7.24. 2008도4126; 대법 2009.9.24. 2009도6800; 대법 2016.10.27. 2016도9302.

90) 대법 2017.6.29. 2017도3196.

2. 강요와 사기의 판단기준

다음으로, 우리 형법은 “폭행 또는 협박으로 사람의 권리행사를 방해하거나 의무 없는 일을 하게 한” 강요 행위(제324조)와 “사람을 기망하여 재물의 교부를 받거나 재산상의 이익을 취득한” 사기행위(제347조)를 처벌한다.

강요죄는 강도·공갈에 이르지 않은 전 단계 행위를 처벌하기 위한 범죄로서 “의사결정·의사활동의 자유”를 보호법익으로 한다. 이때의 폭행은 사람에 대한 직·간접인 유형력의 행사를 의미하는데, 이것은 폭행죄의 폭행보다 그 범위가 넓다.[91]

다른 한편, 사기죄는 “재산권”을 보호법익으로 하는 범죄로, 상대방을 기망하여 침해하는 행위만을 규율하기 때문에 의사결정·의사활동의 자유, 거래의 진실성, 신의성실 등도 부차적인 보호법익으로 본다.[92] 사기죄가 성립하려면, 재물 또는 재산상 이익을 행위객체로 상대방을 “기망”하여 “착오”에 빠뜨리고, 그 결과 기망당한 자가 재산을 처분하여야 한다. 이때, 기망당한 자의 재산처분행위로 재산상 손해가 발생해야 하는지에 대하여는 학설과 판례가 대립한다.[93] 우리 논의에서 주목할 만한 것은 과장·허위광고를 사기죄로 볼 수 있느냐의 문제이다. 원칙적으로 거래의 본질적 내용에 대한 과장 및 허위는 사기의 기망에 속할 여지가 있으나,[94] 대부분의 과장·허위광고는 사기의 기망을 충족시키기는 어렵고,

---

91) 배종대, 앞의 책, 2023, 134면 이하.

92) 배종대, 앞의 책, 2023, 343면 이하.

93) 학설은 재산권을 보호법익으로 하기 때문에 재산상 손해가 발생해야 사기죄가 성립한다고 보고, 판례는 거래의 진실성을 동일한 보호법익으로 보아 전체재산에 손해가 없는 경우의 기망도 사기죄가 성립한다고 본다.

94) “… 일반적으로 상품의 선전, 광고에 있어 다소의 과장, 허위가 수반되는 것은 그것이 일반 상거래의 관행과 신의칙에 비추어 시인될 수 있는 한 기망성이 결여된다 할 것이나 거래에 있어서 중요한 사항에 관하여 구체적 사실을 거래상의 신의성실의 의무에 비추어 비난받을 정도의 방법으로 허위로 고지한 경우에는 과장, 허위광고의

형법 이외의 행정법이나 민법으로 이를 규율하는 방안을 모색하는 것이 바람직해 보인다. 형법은 가장 강력한 제재 수단으로 보충적 수단으로서만 투입되어야 하기 때문이다. 만약 모든 과장·허위광고를 형법으로 통제하려고 한다면, 사기죄는 재산권이 아니라 경제생활윤리나 유통체계기능을 보호하고자 하는 위험범 규정으로 확대될 수밖에 없을 것이다.[95)]

3. 마음조작 행위에의 적용

우리 형법은 상해죄나 폭행죄를 통하여 신체에 대한 침해의 범위를 단지 신체로만 국한시키지 않고, 정신으로까지 다소 넓게 인정하고 있다. 하지만 이것은 어디까지나 신체에 대한 침해를 일차적인 결과로 하여 파생되는 보호영역으로 지금 논의하고 있는 마음개입이나 조작에 적용하기에는 무리가 있을 것으로 보인다. 상해죄와 폭행죄 모두 신체적 완전성을 보호법익으로 하고 있는데, 여기서 신체는 육체로서의 신체를 우선적으로 고려한다.

반면에 강요죄의 수단인 폭행은 폭행죄의 폭행보다 넓은 개념으로 개인의 의사결정 및 활동의 자유를 보호법익으로 하고 있다는 점에서 마음조작 행위에 적용될 가능성이 있다. 다만, 강요죄의 폭행과 무관한 일상의 행위와 강요죄의 폭행에 해당하는 행위의 유형을 어떻게 구별할 수 있을지는 더 논의해 볼 문제이다. 그리고 특정 행위가 타인의 의사결정 및 활동의 자유에 영향을 미치더라도, 어떠한 기준에 의해 형법에서 보호하고 있는 의사결정 및 활동의 자유를 침해한 것으로 볼 수 있을지도 명확해져야 한다. 무엇보다도 강요죄의 폭행에 해당하는 행위로 인하여 권리행사를 방해하거나 의무 없는 일을 하게 하였다는 인과관계가 명확하게 입증되지 않으면 섣불리 형사책임을 귀속시키기는 어렵다. 덧붙여

한계를 넘어 사기죄의 기망행위에 해당한다(대법 2002.2.5. 2001도5789)."

95) 배종대, 앞의 책, 2023, 352면.

서 강요죄의 범죄구성요건은 마음 자체를 침해하는 행위의 유형을 모두 포섭하기는 어렵다.[96)]

이것은 사기죄의 경우에도 크게 다르지 않다. 우선, 사기죄는 본질적으로 재산권을 보호법익으로 하기 때문에 모든 형태의 기망을 처벌할 수는 없다. 설혹, 당사자도 모르는 마음개입 행위가 사기죄의 기망에 해당한다고 하더라도, 과장·허위광고의 경우와 같이 대부분은 형법이 아닌 다른 법적 수단을 통하여 규율될 가능성이 높다. 이 모든 경우의 수를 거쳐 형법으로 규율될 수 있더라도, 특정한 마음개입 행위가 어떻게 당사자를 기망하여 착오에 빠뜨리고, 그 결과 재산처분 행위를 하였는지 인과관계를 입증하는 것도 쉬운 일은 아닐 것이다.

4. 새로운 범죄구성요건의 신설 가능성

결론적으로, 마음조작이나 개입행위는 우리 형법상의 강요죄나 사기죄로 규율될 여지는 있으나, 관련 행위의 범위가 이보다 더 폭넓다는 점에서 새로운 범죄구성요건이 신설될 여지가 있고,[97)] 이때 새로운 보호법익

---

96) 만약, 약물 등으로 타인에게 비밀스럽게 영향을 미친 경우-예를 들어, 무의식의 차원에서 고객의 구매 결정에 영향을 미친 경우-는 상해나 폭행은 물론이고, 강요에 포섭되기도 어렵다. 그러나 입법론적으로 형법을 통한 보호가 요구되는지 논할 필요는 있을 것이다. 이때 어떠한 종류의 법적제재가 필요한지도 함께 논할 수 있다. 인과관계의 입증을 완화할 수 있는 민사 규제나 이와 같은 행위를 미리 예방할 수 있는 행정규제가 우선 고려되어야 한다.

97) 실제로 Bublitz/Merkel은 "마음에 대한 범죄"라고 하여 다음과 같은 입법안을 제시하기도 하였다. "(1) 약물적, 외과 수술적, 신경 자극술적, 유전공학적 혹은 다른 전자-자기적, 생리학적 혹은 화학적 수단을 이용하여 직접 뇌에 작용하는 자극을 통해 타인의 마음에 직접 개입하고, 이렇게 하여 의도적으로 그 수신인의 정신적 통제능력을 우회하여, 심각한 부정적 정신적 결과들을 야기하는 행위는 형벌에 처한다. (2) 정신적 통제능력을 피하기 위해 의도적으로 고안된 자극을 통해서 간접적으로 타인의 마음에 간섭하고, 심각한 부정적 정신적 결과를 야기하는 행위는, 그러한 자극이 타인의 정신적 자기결정권을 존중한 상태에서의 자유로운 언어표현과 같은 허용되는 행위의 실행이 아니라면, 형벌에 처한다." 이에 대해서는 Jan Christoph

으로서 신경자기결정권을 논할 실익이 있다고 본다. 물론, 새로운 형법적 법익으로서 신경자기결정권이 등장하고 이에 따라 새로운 범죄구성요건이 신설되지 않더라도, 기존 권리를 통하여 일부 마음조작 행위는 보호될 수 있고 이를 보호해야 할 법적 이익도 비교적 명확한 편이다. 다만, 어느 경우이든 형사제재를 고려하기 전에 형법 외의 다른 법적 수단을 통하여 해당 행위를 규율할 여지가 있는지 검토할 필요가 있다. 또한 형사제재를 고려한다면, 관련 조치를 부과하기 위하여 문제시되는 불법의 기준과 행위의 유형을 사전에 명확히 설정해야 할 것이다.98)

III. 열린 결말

그동안 법은 마음에 대한 보호에 큰 관심이 없었다. 법이 마음에 대한 보호에 관심을 기울일 이유가 없었을 뿐만 아니라, 개인을 구속할 수 있는 법의 속성상 마음에 관심을 기울이지 않는 편이 더 바람직했기 때문이다. 하지만 신경과학의 발달은 마음에 대한 법적 보호가 필요하다는 것을 여러 가지 사례를 통하여 보여준다. 이러한 배경에서 본 글은 신경과학의 발달에 따라 새로운 권리로서 등장하고 있는 신경자기결정권이 정말 필요한 기본권인지를 논하고, 이를 보호법익으로 하는 새로운 범죄의 신설이 필요한지를 간략하게 논하였다.

결론적으로, 본 글은 마음조작 행위의 문제는 새로운 권리의 도입보다는 현존하는 권리에 대한 법해석을 통하여 해결할 수 있다고 보았다. 그러나 동시에 기술의 발전 속도와 구현 정도에 따라 문제될 수 있는 마음조작의 기준과 한계는 얼마든지 달라질 수 있음을 인정하고, 이에 대해 열린 결말을 제안한다. 여기서 가장 중요한 것은 신경과학의 발달에 따

Bublitz/Reinhard Merkel, 앞의 논문, 2014, 73면 이하.

98) 더 자세히는 김성룡, 앞의 논문, 2017, 160면 이하.

라 현재의 법규범이 새롭게 조명될 필요가 있다는 것이다. 나날이 발전하고 있는 신경과학기술은 마음에 대한 권리의 범주와 한계에 대한 논의를 촉구하고 있다.

Chapter

03

신경과학기술의 법정책과 규제

Chapter

03 신경과학기술의 법정책과 규제

제1절 | 논의의 방향

앞서 2장에서 신경과학기술이 인간의 존엄성을 필두로 한 헌법상 기본권을 동요시킬 수 있다는 것과 기존의 기본권 보호영역의 해석에 따라서 또는 새로운 기본권을 창설하여 신경과학기술을 규율할 필요가 있음을 살펴보았다. 사실 이러한 문제는 신경과학기술이나 의료기기 영역뿐만 아니라 과학기술 규제에서 동일하게 나타나고 있다. 과학기술 규제의 어려움은 과학기술이 매우 신속하게 발전하므로 이를 적시에 합리적으로 규제하기 어렵고 기술혁신을 오히려 방해할 수 있다는 데에 있다. 반면에 규제의 필요성으로 인정되는 가치나 목적은 어느 정도 영속성을 지닌 것들이 많다. 예를 들어 인간의 존엄성이나 생명권 등은 과학기술의 변화나 발전, 신기술 요청에도 불구하고 쉽게 포기될 수 있는 것이 아니다. 보다 합리적인 규제를 어떻게 설계하고 집행할 것인가 문제에는 정해진 왕도가 없으며 어느 한두 가지의 수단으로 해소되지도 않는다. 합리적인 규제제도의 설계는 일반론에서부터 영역적 특수성에 기초한 해결책에 이르기까지 다양한 차원의 논의가 이뤄져야 비로소 첫걸음을 내딛을 수 있는 것이다. 이하에서도 세부적인 신경과학기술 규제의 내용을 다루기에 앞서, 신경과학기술과 같이 새로운 과학기술이면서 인간의 신체와 정신에 직간접적으로 영향을 미치는 기술에 대한 규제를 어떻게 설계할 것인지를 먼저 살펴보도록 한다.

제2절 | 규제와 규제전략

I. 규제 일반론

1. 규제개념의 다의성

규제(regulation)라는 단어는 일상에서 널리 사용됨에도 불구하고 학문적으로, 특히 법학에서는 일반적으로 승인된 개념을 두고 있지 않다. 역사적 기원이나 법체계에 따라 규제개념은 그 의미나 범위가 전혀 다르게 정해지기도 한다. 예를 들어 미국법에서 규제는 국가의 사회에 대한 개입적 활동, 규칙과 작용을 총칭하면서 사실상 공법(public law)과 동일시되기도 한다. 반면에 유럽, 특히 독일에서 규제는 최근 현대적 법치국가 형상에서의 특수한 작용형식으로 이해되는 것[1] 외에는 대체로 특별한 규범적 의미를 가지지 않는, 법정책적 의미로 이해되어 왔다.

국내에서도 규제는 법학보다 경제학이나 정책학 등 사회과학에서 주로 논의되어 오다가, 「행정규제기본법」에 법적 정의를 두게 되었다. 그런데 동법 제2조의 정의규정에서는 규제를 "국가나 지방자치단체가 특정한 행정 목적을 실현하기 위하여 국민(국내법을 적용받는 외국인을 포함한다)의 권리를 제한하거나 의무를 부과하는 것으로서 법령등이나 조례·규칙에 규정되는 사항"으로 정하고 있다. 이어서 행정규제기본법 시행령 제2조에서는 일정한 요건과 기준을 정하여 놓고 행정기관이 국민으로부터 신청을 받아 처리하는 행정처분 또는 이와 유사한 사항, 행정의무의 이행을 확보하기 위하여 행정기관이 행하는 행정처분 또는 감독에 관한 사항, 영업등과 관련하여 일정한 작위의무 또는 부작위의무를 부과하는 사항, 그 밖

1) 이에 대해서는, 계인국, 보장행정의 작용형식으로서 규제, 공법연구 제41집 제4호, 2013, 155면 이하.

에 국민의 권리를 제한하거나 의무를 부과하는 행위로 설명하고 있다.

행정현실에서 나타나는 행정작용의 다양성을 감안할 때 전형적인 법적 형식을 사전에 파악한다는 것은 법치국가원리에서 매우 중요한 의미를 가진다.[2) 그러나 「행정규제기본법」은 특정한 법적 형식과 효력을 연결시키기 어려운 나열적이고 포괄적인 규제개념을 두고 있을 뿐이다. 그렇다면 이러한 규제의 법적 정의는 특정한 법형식을 의도한 것이라기보다는 "국가의 사회에 대한 영향력 행사"라는 의미로 새길 수밖에 없고, 동시에 미국법 체계와의 차이를 감안할 때[3) 「행정규제기본법」상의 규제는 규제개혁 및 규제정책의 합리화라는 차원의 법정책적인 의미를 가지는 것으로 보아야 한다.[4)

2. 규제의 성격: 제한, 진흥 및 창설

(1) 제한적 성격

현행법상 규제를 법정책적 의미로 이해한다면, 어떤 콘셉트를 통해 그 내용을 채워나갈 것인지에 따라 규제정책의 방향성이 정해진다. 대표적인 것은 규제의 제한적 성격으로, 일상적 어법은 물론 규제제도의 기원으로 여겨지는 미국의 economic regulation, 사회과학에서의 정부규제

---

2) W. Hoffmann-Riem, Rechtsformen, Handlungsformen, Bewirkungsformen, in: ders./Schmidt-Aßmann/Voßkuhle (Hrsg.), Grundlagen des Verwaltungsrechts, Bd. II., § 33, Rn. 3 ff.

3) 한국법은 대륙법 체계의 영향하에서 비교적 엄격한 행정의 행위형식체계를 세워두고 있으며 이에 따라 권리구제방식도 구별된다. 「행정규제기본법」이 행정법의 근간을 이루는 행위형식 체계를 넘어서는 포괄적 형식을 의도한다고 볼 근거는 없다.

4) 실제로 「행정규제기본법」의 내용들은 규제의 전략적 원칙이나 규제영향분석, 심사, 특례조항, 규제개혁위원회 근거규정 등 규제정책에 대한 논의를 담고 있을 뿐, 행정작용법이나 행위형식에 대한 논의는 다루고 있지 않다. 이에 대해 보다 자세한 내용은 계인국, 규제행정법의 관념과 개요에 대한 소고-「행정규제기본법」상 규제의 관념과 규제법상 규제관념의 비교-, 안암법학, 2013, 645면 이하.

론 등은 모두 규제를 제한적 성격으로 이해한다. 제한적 성격으로서 규제는 법학에서도 통용될 수 있다. 국가는 공익에 기초한 행정목적을 달성하기 위하여 헌법과 법률에 의하여 국민의 권리를 제한하거나 의무를 부과하기 때문이다. 그러나 법학은 이에 대해 규제라는 비정형적인 용어를 사용하는 대신 기본권의 제한이라든지 행정유형상 질서행정(=침해행정)과 같이 보다 구체화된 개념을 사용해왔다.

(2) 진흥 및 창설적 성격

법치국가 원리에 의하면 국가의 모든 행위는 법에 근거하여야 하며 법에 구속된다. 그러므로 공적 영역은 물론 사회 영역에서 일어나는 대부분의 사안들 역시 직간접적으로 법적 조종[5] 아래 놓이게 된다. 특히 현대 사회국가(Sozialstaat)에서는 국가가 사회에 개입하여 국민이 스스로의 생활을 일정 수준 이상으로 책임질 수 있도록 보호하는데, 사회국가의 법적 조종, 즉 규제는 단지 제한적 성격만이 아니라 일정한 부분 진흥적 성격을 가지며 사회적 안전 등의 임무를 위해 국가와 사회 간의 협력을 내재하고 있음을 알 수 있다.[6] 더 나아가 현대 법치국가 형상으로 지칭되는 이른바 보장국가 이론에서는 국가와 사회가 공동선의 실현을 위한 분업적이고 협력적인 관계를 표방한다. 이에 따라 각종 공공임무를 사회가 이행할 수 있도록 새로운 시장을 창설하고 시장원리에 따라 이행되도록 하되, 국가가 그 수행의 적정 수준을 보장하는 이른바 창설적 규제가 나타난다. 보장국가 이론은 현대 사회의 다양한 규제정책과 전략, 즉 자율규제와 규제적 자율규제, 인센티브 규제 등을 적절하게 설명하는 동시

---

5) 이러한 법적 조종을 법정책적 의미에서 규제라고 보게 된다. 이에 대해서는 계인국, 규제개혁과 행정법－규제완화와 혁신, 규제전력－, 공법연구 제44집 제1호, 2015, 645면, 650면 이하; 계인국 외, 규제개혁과 사법심사에 관한 연구, 사법정책연구원, 2016, 46면 이하.

6) 계인국, 사회적 안전보장에 대한 국가론의 역할－제도적 국가이념을 중심으로－, 공법연구 제51집 제3호, 2023, 143면, 147면.

에 공익적 목표에 대한 국가의 책임을 강조하므로 인프라 산업 등 필수 설비 분야는 물론 신산업분야나 과학기술 규제정책에도 매우 적합한 것으로 평가되고 있다.7)

II. 규제제도의 설계

일단 규제의 의미를 가장 전형적이면서 현행법과 국내 제도적 현황에 따라 제한적 성격을 중심으로 한정한다고 하여도 어떻게 규제를 설계할 것인가는 추가적인 그리고 다양한 관점에서의 논의가 필요하다. 법학에서 규제제도의 설계는 일차적으로 기본권 제한의 법리에서 출발하게 된다.

1. 기본권 제한의 법리

규제가 제한적 성격을 가진다는 것을 기본권 법리로 설명한다면 규제는 국가가 개인의 기본권 생활관계에 관여하는 기본권의 제한을 의미하게 된다. 그런데 기본권의 제한은 결코 그 자체가 목적이 아니라 기본권에 의해 보장된 생활 관계들 사이에 그리고 법적으로 보호되고 있거나 보호되어야 할 다른 법익과 정서하는 중에 나타나는 것뿐이다. 또한 기본권의 제한은 비교되는 기본권 및 법익과의 관계에서 단순히 양자택일적인 결과를 지양하고 양자 모두 개별적인 경우마다 가능한 최적의 효력을 얻기 위해 형량되는 이른바 "실제적 조화의 원리(Prinzip praktischer Konkordanz)"를 준수하여야 한다. 헌법은 입법자가 제정한 법률에 의해서만 기본권을 제한할 수 있도록 하였으며 제한하는 경우에도 실제적 조

7) 다만 국내에서 보장국가 이론은 이론적 차원에서 논의되다가 점차 부분적으로 수용되기 시작하는 단계이다. 그 예로 개인정보 이동권에 관련된 마이데이터 사업을 들 수 있다. 이에 대해서는 계인국, 마이데이터 사업에서의 시장창설적 규제-규제법 모델에 의한 개인정보 이동권의 실현-, 고려법학 제106호, 2022, 361면 이하.

화의 원리에 입각하여 비례성 원칙을 준수하여야 한다. 이에 따라 규제 입법은 어떤 목적을 위해 어떤 수단을 어느 정도로 투입할지 섬세하게 고려하여야 한다. 특정 규제 목적은 제한되는 기본권이나 법익에 대해 절대적인 우위를 가질 수 없으며, 반대로 개인의 자유나 권리가 규제에 대해 무조건 절대적 우위에 놓이지도 않음을 유의해야 한다.

2. 영역특수성과 영역포괄성

규제입법을 위해 관련된 기본권과 법익을 살펴보는 과정은 당연하게도 규제 대상 영역의 특성을 반영한다. 이러한 영역특수성(Sektorspezität)은 해당 영역에서의 규제필요성과 규제가능성을 파악하는 요건이므로 규제 정책 설계와 입법을 위한 중요한 고려사항이다. 규제 대상이 되는 영역을 구분하고 다시 그 안에서 발견되는 공통점 또는 유사점을 통해 적절한 규제의 내용을 정하는 이른바 영역특수규제(sektorspezifische Regulierung; 전문규제)는 가장 전형적인 규제의 모습이기도 하다. 한편 영역특수성에 기초한 규제는 다른 영역이나 인근 영역과 관련성 가운데 타 규제로 편입되거나 여러 영역을 포괄하는 영역포괄적 규제로 전환되기도 하고 경우에 따라 하나의 규제정책 기조를 형성하기도 한다. 이 경우에도 영역특수성은 여전히 영역포괄의 근거가 되며 개별적 하위영역이나 예외사항으로 남게 되기도 한다.

3. 규제의 필요성과 가능성

(1) 규제필요성

규제는 그 필요성과 가능성이 사전적으로는 물론 사후적으로도 계속 점검되어야 한다. 특히 과학기술 규제의 경우 과학기술로 인한 새로운 문제 상황을 극복하기 위한 교정적 수단이 투입되는 동시에, 사회적 혁신요청을 반영하고 진흥하며 지속가능하도록 하여야 한다. 어떤 과학기술이 헌법상 기본권이나 법익에 대한 잠재적 위협이 될 수 있다는 우려만으로 규제필요성을 곧바로 인정해버리는 경우 과학기술에 의한 혁신과 편익이 상실되며, 규제에 대한 반발로 인해 본래 규제목적을 달성하기도 어렵게 된다. 앞서 기본권 제한의 법리에서 살펴본 바와 같이 양자 간에는 최적의 조화를 위한 형량을 요청하는 실제적 조화의 원리가 작동하므로 각 법익에게 사전에 이미 확정된 우위나 열위가 주어지는 것이 아니라 그때그때 형량을 거쳐야 한다.

신경과학기술의 경우 인간의 신체나 정신에 영향을 준다는 것으로 인해 규제필요성이 곧바로 나타날 수도 있다. 특히 침습적 기술의 경우는 신체에 대한 직접적인 영향을 의미하기에 다양한 규제필요성이 인정될 것이며, 비침습적 기술의 경우에도 개인의 인격권과 여기에서 파생되는 각종 자기결정권을 침해한다거나 정신적 완전성을 침해할 수 있다는 등의 우려로 인해 규제필요성을 주장할 수 있을 것이다. 반면에 신경과학기술이 어느 순간 인격을 지배하는 기술로 전용된다거나 하는 가상적 문제를 들어 현시점에서 곧장 규제필요성을 인정하는 것은 문제가 있다. 인간의 신체나 정신에 대한 모종의 영향력으로부터 보호필요성이라는 이익에 무조건적인 우위를 두어 강력한 규제필요성을 인정하는 것이나, 반대로 치료효과나 향상효과 등 혁신목적에 절대적 우위를 두는 것 역시 적절한 규제정책이 될 수 없기 때문이다.

(2) 규제가능성

규제가능성은 현재 가용한 수단으로 규제목적을 달성할 수 있을 것인가의 문제이다. 규제가능성은 규제필요성이 인정되는 경우는 물론 규제필요성을 확인하는 단계에서 함께 고려되기도 한다. 먼저 규제필요성이 있음에도 불구하고 규제기관에게 가용한 수단이 없는 경우 다양한 규제전략을 모색하게 되는데, 예를 들어 규제기관의 일방적·하향적인 행정규제 대신 자율규제나 규제적 자율규제 등의 규제전략을 투입할 수 있다. 한편 규제필요성 확인 단계에서 규제가능성이 낮게 예상되는 경우에는 규제필요성 자체를 재검토하여 규제를 하지 않거나, 반대로 해당 영역이나 산업 자체를 아예 금지하게 될 수도 있다.

규제가능성의 판단은 시간적 한계도 감안한다. 과학기술의 빠른 발전속도는 기존 기술과 신기술 사이의 시간적 간극을 좁히고 있다. 이로 인해 기존의 지식이나 정보에 기초한 규제로 새로운 기술에 대응하는 것이 더욱더 어려워지고 적시에 새로운 규제를 형성하기 어렵게 되는 이른바 "규제지체(regulatory lag)" 문제가 발생하는 것이다. 규제지체를 해소하기 위해서는 해당 분야의 전문지식을 폭넓게 수용하고 데이터에 기반한 규제정책을 입안하거나 연성규제나 자율규제를 통해 학습적 효과를 강구하는 등의 다양한 시도가 이뤄져야 한다. 무엇보다도 규제기관은 새로운 기술이 등장할 때마다 규제필요성과 가능성을 충분히 검토하지도 않은 채 무조건 신속하고 선제적으로 대응하려는 "규제욕구"나, 매우 가상적인 문제 상황까지도 완벽하게 통제하겠다는 "규제욕구"를 극복할 필요가 있다. 규제의 필요성과 가능성을 충분히 살피지 않은 채 실시하는 규제는 대개 획일규제나 장식적 규제로 이어져 규제실패 가능성을 더욱 크게 만든다.[8)]

---

8) 계인국, 지능정보기술 규제의 현황과 법학적 도전, 경제규제와 법 제14권 제1호, 2021, 65면 이하.

4. 규제전략 및 수단의 선택

규제의 목적과 영역, 대상, 필요성 및 가능성이 파악되고 난 후, 어떤 규제전략과 수단을 투입할 것인지 논의된다. 규제전략은 고권적 규제에서 출발하여 규제적 자율규제, 자율규제, 무규제에 이르는 다양한 전략 스펙트럼을 가진다.[9] 이들 간에 엄정한 경계선이 있지는 않으며, 하나의 영역 안에서도 규제전략은 다양하게 나타나고 상호 중첩되기도 한다. 정책적으로 선택된 규제는 법적 근거에 따라 형성, 투입 및 집행된다. 특히 규제라는 작용형식하에 다양한 행정의 행위형식들이 패키지로 나타나며,[10] 이들은 질서행정, 급부행정, 계획행정, 리스크 행정 등 다양한 행정유형으로부터 기인하여 하나의 규제의 구조하에 병존할 수 있다.

9) 각 규제전략에 대해서는 계인국, 앞의 논문, 2015, 664면 이하.

10) I. Kay, Regulierung als Erscheinungsform der Gewährleistungsverwaltung, S. 224.

제3절 | 규제정책의 분석

I. 논의의 대상

신경과학기술이 집중적으로 이용되는 분야는 치료 목적의 기기로, 이 경우에는 – 새로운 기본권의 논의를 차치하고서라도 – 대부분 현행 헌법상 기본권과 이에 근거한 법률의 규율하에 놓인다. 이러한 치료 목적의 기기는 의료기기법상 의료기기에 해당하게 되며, 이에 따른 사전적, 사후적 그리고 지속적인 감독 아래에 놓이게 된다. 그러나 기존의 경험이나 기준에 입각한 의료기기 규제가 새로운 의료기술의 발전을 저해할 수 있다는 비판은 신경과학 의료기기의 경우에도 마찬가지로 제기될 수 있다. 의료기기 규제가 신경질환의 치료를 위한 신경과학기술 발전을 저해할 우려뿐만 아니라, 기존 의료기기와 신경과학기술이 적용된 기기와의 차이점, 나아가 새로운 편익이나 반대로 새로운 위해요인이 발견될 수도 있다.

한편 치료 목적 외에도 연구 목적의 신경과학기술 이용이나 향상 목적이 문제될 수 있다. 이미 다양한 tDCS 기기들은 치료 목적이 아닌 개인용 건강관리 제품으로 출시되고 있는데, 이 경우 해당 기기의 사용 목적이 의료 목적인지의 판단과 위해도 수준에 따라 의료기기 여부가 판단된다. 그런데 특히 향상 목적의 경우 각종 정신적 질환의 치료를 위한 기술은 아니지만, 뇌의 정상상태(normality)에 대한 변화를 일으킨다는 점[11]에서 의료목적과 구별하기 어려운 경계영역을 만들어낼 수 있다. 뿐만 아니라, 의료 목적이 아닌 향상 목적으로 보더라도 이는 단지 의료목적이 아니므로 개인용 건강관리로 널리 허용할 수 있을 것인지는 별개의

11) IBC(UNESCO), Ethical Issues of Neurotechnology, 2021, 34면.

문제이다. 예를 들어, 아직은 다소 가상적인 사례일 수 있으나 운동선수나 음악가, 무용수의 감각운동 정상성을 신경과학기술을 통해 달리하는 것[12]이 허용될 수 있을 것인지는 의료목적 여부나 위해도 수준으로만 판단할 수 없을 것이다.

지금까지의 논의는 3가지 문제로 나눠진다. ⅰ) 신경과학기술이 적용된 의료목적의 기기에 대해 의료기기법상의 규제를 어떻게 설계할 것인가, ⅱ) 의료목적과 그 외의 목적으로 신경과학기술을 적용시킨 기기의 구별과 그에 따른 규제의 차이, ⅲ) 의료목적이 아닌 기기에 대한 규제. 각각의 논의는 다시 장기적－단기적 관점으로 나누어진다. 즉, 현재의 신경과학기술의 동향과 응용 수준에서 볼 때에 현시점에서 구체적인 규제필요성과 가능성이 인정되는 경우가 있고 반대로 장기적인 차원에서, 다시 말해 미래에 등장하리라고 여겨지는 신경과학기술과 이를 적용시킨 기기 등에 의해 발생할 수 있는 가상적 문제를 사전적으로 규제할 것인지 여부와 방법이다.

이하에서는 각각의 세부적인 내용을 다루기보다는, 경계영역이나 별도의 공익목적이 등장하는 ⅱ)와 ⅲ)과 같이 기존의 규제체계나 법이 곧바로 대응하기 어려운 새로운 기술이나 산업구조에 있어 적용할 수 있는 규제정책 내지 규제전략으로 네거티브 규제 그리고 규제 샌드박스 제도를 소개하도록 한다. 이어서 장기적－단기적 문제상황에 있어 대응방안으로 연성규제의 의미를 조명한다. 의료기기법상의 규제인 ⅰ)에 대해서는 4장에서 다루도록 한다.

12) IBC(UNESCO), Ethical Issues of Neurotechnology, 2021, 34면.

II. 네거티브 규제

1. 의의

네거티브 규제는 포지티브－네거티브 규제의 내용으로 이들은 “원칙금지－예외허용”과 “원칙허용－예외금지”라는 규제방식을 지칭한다. 이 표현은 보호무역주의와 자유무역주의 정책에서 유래된 것으로 여겨지나,[13] 그 유래만으로는 명확한 개념 정의에 큰 도움이 되지는 않는다. 그럼에도 불구하고 네거티브 규제라는 표현은 오늘날 규제개선을 위한 정치적 레토릭으로 널리 활용되며, 더 나아가 금지사항을 열거하고 여기에 열거되지 않은 사항을 원칙적으로 허용하는 법령 서술 방식으로도 통용되고 있다. 행정규제기본법 제5조의2는 이른바 신기술 서비스·제품과 관련된 규제를 규율할 때에 “규제로 인하여 제한되는 권리나 부과되는 의무는 한정적으로 열거하고 그 밖의 사항은 원칙적으로 허용하는 규정방식” 등을 우선적으로 고려하도록 하여 네거티브 규제입법의 내용을 성문화하였다.

2. 규제전략으로서의 의미와 한계

신기술 서비스나 제품의 경우 위험성이나 권리침해와 같은 규제필요성이 가상적이거나 막연한 차원에 머무르는 경우가 많다. 이러한 경우 행정규제기본법이 규정하는 바와 같이 소위 네거티브 규제입법을 통해 금지하지 않은 것에 대해 규제하지 않도록 하는 전략을 채택하는 것은 적절한 대응책이 될 수 있다. 하지만 이는 입법자나 규제 당국에 대한 정책적 요구 내지 선언에 그치는 것일 뿐, 네거티브 규제라는 개념에 대해 어

13) 계인국 외, 앞의 책, 2016, 93면.; 원소연, 네거티브 규제의 성과와 개선방안, 한국행정연구원, 2015, 13면 이하.

떤 규범적 의미를 인정하기 어렵고 네거티브 입법방식에 입법자를 구속시킬 실효적 방안도 존재하지 않는다.14)

특히 신경과학기술의 경우 인간의 정신영역에 영향을 미친다는 것이 규제기관은 물론 일반 대중들에게 경계심이나 불안감을 야기할 수 있기 때문에 아무리 편익을 가져다주는 신기술이라고 하여도 또는 그 위해도가 높지 않다고 하여도 네거티브 규제를 적용시키기는 쉽지 않을 수 있다. 뿐만 아니라 신기술 및 서비스의 연구와 출시를 위해서는 다수의 규제 해소와 해당 규제의 근거가 되는 법령의 정비가 필요하다. 이는 하나의 모법과 그 이하의 하위법령을 넘어 관련 법제 전반에 대한 변화를 가져오게 되는데, 특히 의료기기의 출시에 있어서는 여러 부처에서의 심사와 허가, 확인 등의 절차가 단계적으로 추진된 후 보험등재과정으로 이어지므로 어느 하나의 단계에서 네거티브 규제전략에 따라 허용 범위가 넓어진다고 하여도 전체적으로 해당 기기의 출시와 사용이 가능해지는 것은 아니다.

III. 한국형 규제 샌드박스 제도

1. 개요

규제 샌드박스(regulatory sandboxes)는 잠정적으로 규제를 완화 또는 면제시키면서 신기술, 신산업 육성과 함께 국민의 생명, 안전 등 공익 가치를 균형적으로 고려하려는 규제정책을 말한다. 대개 규제 샌드박스는 정책적으로는 규제대상에 대한 규제기관의 정책기조나 규제전략으로 여겨지며, 제도적으로는 신기술 등에 대해 일정한 기간 동안 잠정적·시범적으로 운영하게 하되, 그 기간 중 규제필요성과 가능성을 검토하여 규제 여부나 수단 등을 정하는 것으로 이해된다.

14) 이상의 내용에 대해 자세한 것은, 계인국, 앞의 논문, 2021, 70면 이하.

규제 샌드박스의 관념을 수용하고 일부 내용을 추가하여 행정규제기본법과 관련 개별법에 규정된 것[15]이 소위 '한국형 규제 샌드박스 제도'로 불리는 일련의 규제제도이다. 특히 '한국형 규제 샌드박스 제도'는 포괄적 네거티브 규제로도 표현되는데, 여기에서 '포괄적 규제'란 일종의 사후 규제 체계로, 신제품과 신서비스 출시를 우선 허용하고, 필요 시 사후 규제하는 체계를 위한 다양한 입법 방식과 혁신제도를 포괄한다는 의미이다. 즉 '한국형 규제 샌드박스'는 네거티브 규제와 함께 다양한 규제개혁 제도들을 포괄하겠다는 의미이다.

이에 따라 행정규제기본법 및 관련 법률에서는 크게 3가지 제도를 두고 있다. 먼저 신기술·신산업 관련 규제의 존부와 허가의 필요 여부를 신속하게 회신하는 신속처리제도, 관련 법령이 모호하고 불합리하거나 금지규정으로 인해 새로운 제품·서비스 등에 대한 시험, 검증이 필요한 경우 제한적 조건하에서 신기술이나 서비스의 테스트를 허용하는 실증특례 그리고 안전성과 혁신성이 검증된 신제품·서비스에 대한 관련 규정의 모호성·불합리성이 존재하는 경우 일정 조건하에 기존 규제의 적용 없이 이를 출시할 수 있도록 한 임시허가가 그것이다.

2. 바이오헬스 분야의 규제 샌드박스

한국형 규제 샌드박스 제도는 기존 규정의 모호성이나 불합리성으로 인해 지연되거나 불가능했던 각종 사업들의 시행을 가능하게 해주는 등 규제개혁 방안으로서 어느 정도 긍정적인 성과를 내어왔다고 볼 수 있다. 바이오헬스 분야에서도 규제 샌드박스의 활용도는 비교적 높은 편이다.

15) 「행정규제기본법」을 필두로 하여 「산업융합 촉진법」,「정보통신 진흥 및 융합 활성화 등에 관한 특별법(이하 "정보통신융합법")」, 「금융혁신지원 특별법(이하 "금융혁신법")」, 「규제자유특구 및 지역특화발전특구에 관한 규제특례법(이하 "지역특구법")」, 「스마트도시 조성 및 산업진흥 등에 관한 법률(이하 "스마트도시법")」, 「연구개발특구의 육성에 관한 특별법(이하 "연구개발특구법")」 등

2021년 기준으로 바이오헬스 분야에서 각 부처별 규제 샌드박스 승인과제는 55건으로 파악되고 있다. 산업부 규제 샌드박스 과제가 34건, 중소벤처기업부의 규제자유특구 과제가 18건으로 대부분을 차지하고 있었으며, 이외 과기정통부에 2건, 국토교통부 1건으로 바이오헬스 분야의 규제 샌드박스는 주로 산업융합규제샌드박스에서 승인된 것으로 파악된다.[16) 세부분야별로 살펴보면 연구 및 제품개발이 8건, 의약(화장)품 제조·판매 3건, 의료기기 7건, 건강모니터링(비침습) 2건, 특정 질환케어 2건, 진단/진료 10건, 치료 1건, 정보제공(플랫폼) 4건으로[17) 각각 나타난다.[18)]

현재까지 신경과학기술과 관련할 때 전형적인 유형은 의료기기로 볼 수 있다. 의료기기에 대한 규제 샌드박스의 활용례를 살펴볼 때 규제 샌드박스 제도의 활용은 의료기기 관련 산업의 혁신성장에 장애가 되는 불필요한 규제개선을 통하여 해당 산업의 발전을 위한 기본적인 토대를 구축해 나가고 있다는 점에서 향후 긍정적인 부분이 기대해 볼 수도 있다. 또한 신경과학기술이 적용된 의료기기나 향상 목적 기기 등에 관련 규정의 모호성·불합리성이 존재하는 경우 일정 조건하에 기존 규제의 적용 없이 이를 출시할 수 있도록 임시허가 역시 의미를 가질 수 있다.

3. 한계

그러나 규제 샌드박스 제도는 그 본질이 잠정적, 임시적 성격을 가진다는 점 그리고 혁신의 내용과 이에 따른 허용 여부를 결국 규제기관이 정해준다는 점에서 명확한 한계를 지니고 있다. 제도의 출발점을 네거티브 규제에 두고 있는 규제 샌드박스는 네거티브 규제와 마찬가지로 기존 규제의 적용 내지 존속 여부, 적용기간에 대한 결정 등 양적 변화에 중점을

16) 한국보건산업진흥원, 바이오헬스분야 규제샌드박스 연구, 2021, 129면.
17) 한국보건산업진흥원, 바이오헬스분야 규제샌드박스 연구, 2021, 131면 이하.
18) 동일 유형으로 의료기기에 4건, 의약(화장)품 제조·판매에 17건이 포함된다.

둔다. 즉, 신산업 등 규제 정책에 대한 질적인 변화를 가져오는 데에는 한계가 있다. 양적 변화 자체가 무의미한 것은 결코 아니지만 질적 변화가 전제되지 않은 양적 변화란 결국 양적 변화를 가져오는 기술 발전이나 혁신 등의 문제를 규제기관이 정하게 된다는 점에서 문제가 된다.[19)]

혁신, 신기술, 신산업을 국가가 정해주고 이에 따른 특례를 허용한다는 국가후견적 성격을 지니게 되면, 국가가 정해준 영역 안에서 이뤄지는 자유와 혁신이라는 점에서 사회적 수요 반영은 제한적일 수밖에 없고 특례부여의 재량권을 획일적 기준에 따라 행사할 우려가 있다. 재량권 행사 기준의 획일화라는 것은 결국 기존의 경험이나 기준을 이용하는 것일 뿐만 아니라 견해차가 극명하거나 이해관계가 첨예하게 대립하는 경우 획일적 기준을 통해 소극적으로 집행할 가능성이 높으므로 신산업 진흥과는 멀어질 수밖에 없다. 특히 현재 시장성이나 사업성을 특례 조건으로 고려하므로 장래적 신기술이나 신산업의 경우 오히려 규제 샌드박스 심사과정에서 배제될 가능성이 높다. 게다가 실증특례의 목적달성에도 불구하고 규제 샌드박스의 기간 제한(2년+2년)으로 인한 규제지체가 발생할 가능성은 높다. 피규제자는 실증특례의 적용에도 불구하고 여전히 특례기간에 불안정한 지위에 놓이게 되어 본래 사업계획을 추진하거나 투자를 유치하기 어려울 수 있고 향후 변경되는 규제정책의 향방을 가늠하기 어렵다.[20)]

한편 규제 샌드박스의 법적 근거는 단일한 일반법에 의하여 규율되는 방식이 아니라 분야별로 산재된 다수의 법률에 의하여 규율되는 방식을 채택하고 있다. 규제 샌드박스를 규정하는 개별 법령들은 개별 목표, 핵

---

19) 획일규제에 대한 설명에 대해서는 박균성, 획일규제에서 형평규제로의 변화 모색, 공법연구 제43집 제4호, 2015, 135면 이하; 이원우, 규제형평제도의 구상－좋은 규제 시스템 구축을 위한 제언－, 행정법연구 제27호, 2010, 1면 이하.

20) 송시강/김상태/계인국/정인영, 혁신을 위한 규제개혁을 위한 법적 연구, 한국법제연구원, 2020, 377면.

심적 요소의 구비 여부, 제반 조치의 대상 및 수범자, 소관 부처의 임무와 역할 등을 각기 다른 규율구조로 설계하고 있다. 그렇다고 이들이 전체 산업의 영역특수성을 모두 반영할 정도로 세분화되어 있는 것은 아니다. 특히 의료기기를 포함한 바이오헬스의 예를 들어 본다면, 관련 규제의 주무 부처인 식약처·보건복지부가 명확한 역할을 부여받지 못하고 있는 점, 의료기기의 전문 부처가 아닌 다른 부처가 주축이 되어 의료기기에 대한 실증특례·임시허가 등의 규제특례를 부여하는 구조가 타당한 것인지에 대한 의문이 발생하는 점, 개별 부처별로 제각각 규제 샌드박스를 시행함에 따라 규제 샌드박스 소관 부처 간 및 의료기기 규율의 소관 부처인 식약처 간에 유사·중복적 규율의 문제가 발생할 소지가 적지 않은 점 등의 우려가 나타난다. 신경과학기술의 경우 특히 비침습적 기술을 이용한 향상 목적의 기기의 경우 이를 의료기기로 볼 것인지 웰니스 제품으로 볼 것인지가 지속적으로 문제되고 있는데, 규제대상의 회색지대 문제를 해결하기 위해 한국형 규제 샌드박스 제도를 이용하는 경우 위와 같은 관할의 불명확성이나 중복은 오히려 경계영역의 문제를 더욱 심화시킬 수도 있다.

의료기기와 관련하여 규제 샌드박스는 또 다른 한계에 봉착한다. 의료기기의 출시에 있어서는 여러 부처에서의 심사와 허가, 확인 등의 절차가 단계적으로 추진된 후 보험등재과정으로 이어지므로 어느 하나의 단계에서 규제개선이 이뤄진다고 하여도 결과적으로 의료기기 산업의 혁신에 도움이 되지 않을 수 있다.[21] 그러므로 의료신기술 및 서비스의 연구와 출시를 위해서는 다수의 규제가 동시에 해소되어야 하고 해당 규제의 근거가 되는 법령의 정비 역시 적시에 이뤄질 필요가 있다. 그러나 규제 샌드박스 제도가 모법과 그 이하의 하위법령을 넘어 관련 법제 전반에

---

21) 김교수/류구하/김연희, 의료기기 신제품의 인허가정책 규제강도에 연계한 규제대응 프레임워크 수립 및 운영에 관한 연구－FMEA 적용을 중심으로－, 기술혁신연구 제28권 제4호, 2020, 7면.

대한 변화를 가져올 수 있는 것인지에 대해서는 실효성의 측면에서 의문이 남게 된다. 만약 장기적 관점에서 법령의 개정으로 이어진다고 보더라도 이 경우 규제지체 현상을 피할 수 없다.

VI. 연성규범에 의한 규제

1. 장기적-단기적 관점

신경과학기술의 규제필요성은 장기적 관점과 단기적 관점으로 나누어 볼 수 있다. 먼저 단기적 관점은 이미 현실화 및 상용화된 신경과학기술 및 그에 의한 시술이나 제품 등이 야기할 수 있는 문제이다. 예를 들어 침습적 기술을 사용하는 경우 감염이나 출혈 위험을 미리 방지하거나 이식된 전극이 일으킬 수 있는 위험 등을 판단할 수 있다. 비침습적 기기의 사용에 있어서도 권장 안전 한계를 설정한다거나 기기 사용에 있어 일반인에 비해 보다 취약한 대상자의 안전문제, 소아 사용의 제한 등이 지적된다. 이런 내용은 이미 사용되고 있거나 곧 실현될 신경과학기술이 야기할 수 있는 부작용이나 위해를 어느 정도 가시적으로 판단할 수 있는 단기적 관점이다. 단기적 관점에서 파악되는 규제필요성과 가능성은 이미 존재하거나 곧 발생할 위험이나 공익적 목적의 보호를 위한 것으로 보다 세분화된, 즉 영역특수성을 고려하는 규제가 되며 그 내용이나 형식 역시 어느 정도 공식화·정형화된다.

반면 장기적 관점은 신경과학기술이 현재 수준보다 훨씬 더 발전했을 때 비로소 발생하거나 더 크게 문제가 되는 부분을 다룬다. 앞서 언급한 예와 같이 신경과학기술을 통해 향상된 신체기능이 운동이나 예술 등에서 분명한 격차를 가져온다거나 동일인임에도 완전히 다른 인격의 사람으로 조작한다는 등의 사례는 현재 내지 임박한 장래에 즉시 나타나거나 이를 곧장 법적으로 규제할 필요성이나 가능성이 있는 것이 아니다. 그렇게 본다면 장기적 관점에서 신경과학기술의 규제는 법적 규제라기보다는 윤리적 또는 철학적 문제로 볼 수 있다. 장기적 관점의 경우 현재 규제필요성을 인정하기는 어렵지만 그렇다고 불필요한 것이 아니라 미래적 전망을 제시하는 것으로 보아야 한다.

장기적－단기적 관점의 구분은 단지 현재의 규제필요성과 가능성만을 결정하는 데에 그치지 않는다. 이 관점의 차이와 그에 따른 규제필요성과 가능성은 다시 규제수단의 차이로 이어진다. 장기적 관점에 따른 규제논의, 즉 윤리적·철학적 문제제기는 대개 공식적인 법적 규제에 곧바로 이어지지 않고 이른바 연성규범에 의한 규제를 향하게 된다.

2. 연성규범

이른바 연성규범(soft law)은 본래 국제법에서 유래된 것으로 과거에는 공식적인 절차나 권한 없이 국제관계에서의 강약 관계에 의해 형성된 규범으로 비구속적인 협약, 협정 등의 형식으로 체결한 뒤 상대방에게는 실질적으로 법적 효력을 미치도록 하는 수단으로 활용되었다.[22] 이후 연성규범은 국제적인 통일사법조약인 경성규범(hard law)에 대비되는 개념으로서 정당한 입법권한 없이 형성되어 규범적인 성격을 가지지 않으나 당사자들이 자발적으로 수용함으로써 적용되는 규범,[23] 경성규범 또는 공식적 법에 대비되는 것으로 국가권력 등에 의해 주어지는 공식적 또는 법적 구속력이 없으나 실질적 또는 사실적인 효력을 가지는 행위규범으로 이해되고 있다.[24]

---

22) 신호은, 신흥기술규제를 위한 연성규범의 역할, 환경법연구 제44권 제3호, 2022, 384면; T. C. Squef, Overcoming the "Coloniality of Doing" in International Law: Soft Law as a Decolonial Tool, Rev. direito GV Vol. 17 No. 2, 2021, 25면.

23) 오석웅, 국제거래에 있어서 'Soft Law'의 의의와 역할, 법학연구 제18권 제4호, 2018, 467면 이하.

24) 최난설헌, 연성규범(Soft Law)의 기능과 법적 효력－EU 경쟁법상의 논의를 중심으

국내법적 의미에서 연성규범에 공식적인 구속력이 없다는 것은 입법의 개념과도 관련된다. 과거 군주국가나 신정국가와 달리 국민주권이 확립된 오늘날의 민주적 헌법질서에서는 국민의 대표기관인 의회가 입법권을 가진다. 헌법이 정한 입법절차에 따라 입법자가 제정하는 법률과 법률의 위임으로 제정되는 하위법령에 이르기까지 국민의 대표기관인 의회의 입법권이 영향을 미치므로 여기에 인정되는 법적 구속력은 공식적으로 승인된다. 반면에 연성규범은 헌법과 법률이 정하는 입법절차에 의하지 않고 그 주체나 절차, 형식 등도 정형화되지 않는다. 따라서 입법권을 가지는 의회라도 입법절차에 의하지 않은 연성규범을 형성할 수 있으며, 반대로 입법권이 없는 행정부나 사법부는 물론 비국가적 수행자 역시 연성규범을 형성할 수 있다.

3. 신경과학기술에서 연성규범의 의미

(1) 합의과정으로서의 의미

현재 단기적 관점에서 신경과학기술의 규제는 대개 의료기기법에 의한 의료기기 규제나 연구 목적에 있어 「생명윤리 및 안전에 관한 법률(이하, "생명윤리법")」상의 규제에 집중되며, 그 외의 문제 상황에 대해서는 – 장기적 관점을 차치하고서라도 – 아직 일반적으로 합의된 수준의 규범을 도출해내기는 어려운 상황이다. 앞서 살펴본 바와 같이 신경과학기술에 대한 권리로서 신경권을 성문화하려는 시도들은 좌절되거나 부분적인 내용만을 담고 있을 뿐이며, 대개 가이드라인이나 윤리규범, 다시 말해 연성규범을 통해 규율되고 있는 형국이다. 법적 구속력이 없는 연성규범을 형성하는 이유는 아직 일반적으로 확인되거나 합의되지 않은 문제 상황에 대해

로–, 법학연구 제16집 제2호, 2013, 93면 이하; L. Senden, Soft law in European Community Law, Hart Publishing, 2004, 112면.

중장기적으로 다양한 관점과 견해를 수용하고 대강의 방향을 제시하려는 데에 있다.

(2) 테스트베드로서의 기능

이러한 연성규범은 대개 유사한 내용과 원칙을 담은 규범들이 다수 제안되곤 한다. 여기에는 다양한 연성규범의 제안을 통해 점차 공통의 문제의식, 내용, 원칙들을 도출하게 되고 이들이 결합·발전되면서 점차 일반적인 승인으로 나아갈 것이라는 믿음이 전제되어 있다. 장래의 어느 시점에는 이렇게 승인된 내용이나 원칙들이 공식적이고 법적 구속력을 지는 규범으로 발전될 수도 있다. 그 이전에 연성규범은 다양한 관점과 내용의 수용, 일반적인 합의 과정 그리고 비구속적 메커니즘 가운데에 다양한 수단들이 테스트베드로 기능하며, 향후 법적 구속력이 주어지는 경우를 대비하게 된다.

(3) 자율규제로서의 기능

또한 연성규범은 그 자체로 법적 구속력을 갖지 않으며, 당사자들이 이를 준수할 것을 자발적으로 승인하는 경우에만 사실적인 효력을 가진다는 점에서 자율규제의 성격을 가진다. 자율규제(self-regulation)는 보다 정확한 표현으로 스스로를 규제하는 자기규제로, 사회영역의 자발적, 자치적 규제를 의미한다. 그러므로 자율규제는 법적 의무가 아니라 어디까지나 기본권적으로 보호되는 자유권의 행사이고,[25] 그 대상영역은 공식적 법의 목표설정으로부터 원칙적으로 자유로운, 사적자치가 지배하는 영역이라고 할 수 있다. 바로 이러한 점에서 연성규범과 밀접한 관련성을 가진다. 한편 자율규제는 기본적으로 자기 이익의 추구와 달성을 위해 자신의 행위영역을 스스로 통제하는 것이지만, 그 기저에는 국가의

25) 계인국 외, 앞의 책, 2016, 167면 이하.

강제적 개입이 없더라도 해당 영역이나 집단 전체의 조화로운 공생 또는 기술발전을 위한 연대성이 자리하고 있다.

신경과학기술이 현재 또는 임박한 미래에 어떤 문제를 가져올 것이며 이를 어떻게 규제할 것인지에 대해서는 일반적인 합의를 기대하긴 아직 힘들지만, 신경과학기술의 발전이 가져올 다양한 편익과 함께 적어도 이 기술의 부작용이나 오용에 대한 염려 자체는 어느 정도 보편적이라 할 것이므로 비구속적인 연성규범의 형성은 학계와 산업계에서 자발적인 규제의 효과를 가져올 수 있다. 정리하자면, 신경과학기술에 대한 규제 중 특히 현행 법령으로 규율하기에 아직 일반적 합의가 이뤄지지 않았거나, 규제가능성을 타진하기에 충분한 지식과 정보 및 과학적 검증이 이뤄지지 않은 부분에서 가이드라인이나 윤리규범 등의 연성규범은 충분한 의미를 가진다.

제4절 | 정리 및 제언

신경과학기술의 발전은 각종 신경질환의 치료나 완화 등 치료 목적에서 큰 기대가 모아지고 있으며, 특히 비침습적 뇌자극기술은 절개나 기기의 삽입이 없이도 전류를 통해 뇌신경에 영향을 미쳐 일정한 기대효과를 가져온다는 데에서 기존의 식에 비해 안전성과 편리성을 인정할 수 있다. 해외에서는 물론 국내에서도 각종 신경질환에 있어서 신경과학기술을 적용한 의료기기의 효과가 지속적으로 발표되고 있으며, 이에 따라 그 수요 역시 증가할 것으로 보인다. 또한 의료기기산업 진흥의 관점에서 볼 때 신경과학기술은 향후 중요한 의료기기 산업정책의 대상이 될 것으로 보이고 실제 여러 나라의 의료규제 개선입법에서 신경과학기술의 지원과 촉진에 대한 언급이 발견되는 것은 더 이상 새로운 일이 아니다. 나아가 신경과학기술은 의료목적 이외에도 인간의 인지적 능력을 향상시키는 목적으로도 활용되며, 이러한 기술은 인간이 스스로를 더 잘 이해하고 향상시킬 것으로 기대된다.

반면 관련 기술이나 기기가 아직 실험단계에 있기 때문에 미처 발견되지 못한 부작용이 있을 수 있고 이러한 점을 고려하여 안전성을 강화시킬수록 치료 등의 효과가 약화될 수도 있다. 아직까지는 이러한 문제 상황은 가상적인 단계에 머무르는 것부터 이미 임박한 위험에까지 다양하게 생각해 볼 수 있다. 그러나 이를 포괄하여 규제필요성과 가능성을 단정해버리는 것은 오히려 문제에 대한 정확한 이해를 흐리고 적절한 해결책을 제시하기 어렵게 만든다. 그렇다고 장기적 관점에서 문제되는 요인들을 그저 무의미한 것으로 볼 수도 없다.

그러므로 불확실성이 높은 신기술의 규제에 있어 원칙적으로 기술의 이용을 허용하고 지속적인 관리 가운데 규제필요성과 가능성을 모색해가는 방법이나 연성규범에 의한 규제와 경성규범에 의한 규제를 각각 나누어 대응하는 것은 유용한 규제전략이 될 수 있다. 특히 연성규범에 의한 규제는 아직 구속적인 법적 효과를 강구하기 어렵거나 부적합하면서도 동시에 미래 기술의 발전에 대한 일정한 방향성과 유의점을 선언하고 학계 및 산업계에 자발적인 이행을 권장하며 사실상 강제하는 자율규제의 성격을 아울러 가진다. 다양한 규제전략을 추구함은 그 자체의 효력은 물론 사회영역의 자율적 문제해결능력을 신장시킬 뿐만 아니라 장래 규제필요성이 인정되는 경우에도 일방적이고 하향적인 규제만이 아닌 보다 합리적인 규제를 설계하는 데 기여할 수 있다.

Chapter

04

의료기기로서 신경자극기 규제

Chapter

04 의료기기로서 신경자극기 규제

제1절 | 개관

4장에서는 신경과학기술에 사용되는 장치에 대한 의료기기 규제 이슈를 다룬다.[1] 신경과학기술을 이용하여 신경을 자극 또는 조절하는 침습적·비침습적 방식의 장치를 포괄하는 확립된 용어는 없다. 따라서 이 장에서는 전기·자기 등을 이용해 침습적 또는 비침습적으로 신경을 자극·조절하여 기능 변화를 유도하는 기기를 '신경자극기'라고 부르되, 말초신경에 자극을 주는 장치는 논의의 범주에서 제외하기로 한다.

1) 이 장은 본서의 공저자인 박정연이 2023년 7월 생명윤리정책연구 제16권 제3호에 게재한 "뇌자극기에 대한 FDA 규제와 시사점-국내 의료기기 규제와의 비교법적 고찰-"이라는 논문을 기초로 하되, 본서의 취지와 목적에 맞게 전체적으로 수정·보완하였다.

신경과학기술이 의료 목적으로 활용되기 위해서는 신경자극기에 대한 「의료기기법」상 인허가 절차를 거쳐야 한다. 그런데 새로운 기술이 적용되는 경우 관련 규정이 명확하지 않고 절차가 까다로워 제품 출시에 어려움이 발생하기도 한다. 더구나 위해도가 낮은 비침습적 기기로서 집중력 향상 등을 목적으로 하는 경우 의료 목적을 표시하지 않았더라도 의료기기로 규제되는지 모호하다.

한편, 신경자극기는 비교적 부작용이 적고 안전하다고 알려져 있으나, 여전히 안전성과 유효성이 불확실하여 지속적인 위험관리와 연구가 필요하다. 또한 신경자극기는 다른 치료방법이 없거나 효과가 없는 경우 추가 또는 병행하여 사용되면서 점차 적응증이 확대되거나 효과성이 입증되는 과정을 거치게 된다. 이와 같이 신경과학기술은 치료와 연구의 접점에 있다는 점에서 신경자극기의 연구 목적 사용 또는 허가 외 사용에 관한 규제도 함께 논의되어야 한다.

신경자극기 규제 문제에 현실적·적극적으로 대응하기 위해서는 국내 외에도 미국의 관련 정책과 법령을 살펴볼 필요가 있다. 미국의 의료기기 규제는 우리나라의 해당 정책과 입법에 강한 영향을 미치기 때문에 다양한 시사점을 제시해준다. 따라서 이 장에서는 먼저 국내 신경자극기에 대한 「의료기기법」상 규제 및 미국 FDA의 신경자극기 규제를 각각 분석한다. 이를 바탕으로, 비교법적 시각에서 저위해도의 비침습적 기기에 대한 규제 문제를 검토하고, 신경자극기의 사용 확대를 위한 규제 개선과 함께 위험관리에 대하여 살펴보도록 한다.

제2절 | 한국의 신경자극기 규제

Ⅰ. 의료기기 규제 일반

1. 규제기관 및 의료기기 정의 · 등급분류

의료기기 안전관리는 「의료기기법」과 그 하위법령에서 규정하고 있으며, 식약처는 의료기기의 안전성과 유효성을 확보하기 위하여 인허가 절차는 물론 사후관리 업무를 수행하고 있다. 이와 같이 의료기기법상 규제가 적용되기 위해서는 해당 기기가 의료기기의 정의 규정에 부합해야 하며 등급분류가 선행되어야 한다.

「의료기기법」상 의료기기란 “사람이나 동물에게 단독 또는 조합하여 사용되는 기구 · 기계 · 장치 · 재료 · 소프트웨어 또는 이와 유사한 제품”으로서 ⅰ) 질병을 진단 · 치료 · 경감 · 처치 또는 예방할 목적으로 사용되는 제품, ⅱ) 상해 또는 장애를 진단 · 치료 · 경감 또는 보정할 목적으로 사용되는 제품, ⅲ) 구조 또는 기능을 검사 · 대체 또는 변형할 목적으로 사용되는 제품 또는 ⅳ) 임신 조절 목적으로 사용되는 제품을 말한다(「의료기기법」 제2조 제2항, 「의료기기법 시행규칙」 제2조 및 별표 1 제1호). 이 정의 규정에 부합하는 기기는 사용 목적과 사용 시 인체에 미치는 잠재적 위해도 등에 따라 1등급에서부터 4등급까지 분류된다(「의료기기법」 제3조 제1항). 이때 잠재적 위해도는 인체와 접촉하고 있는 기간, 침습의 정도, 약품이나 에너지를 환자에게 전달하는지 여부, 환자에게 생물학적 영향을 미치는지 여부를 기준으로 판단한다. 그밖에 사용 목적과 잠재적 위해도에 관한 세부적인 기준은 식약처장이 정하여 고시한다.

의료기기는 사용 목적 및 제품의 기능·형태에 따라 품목 분류된다. 먼저 기구·기계, 장치 및 재료별로 대분류되고, 원자재, 제조공정 및 품질관리체계가 비슷한 품목군으로 중분류되며, 중분류군은 기능이 독립적으로 발휘되는 품목별로 소분류된다. 품목별로 소분류된 의료기기는 등급을 정하여 식약처장이 고시한다(「의료기기법」 제3조 제2항, 「의료기기법 시행규칙」 제2조 및 별표 1 제2호). 한편, 「의료기기 허가·신고·심사 등에 관한 규정(식약처 고시 제2023-39호)」 제3조 제8항에 따라 신개발 의료기기 등과 같이 기존의 소분류에 해당하지 않아 분류결정 등에 긴 시간이 소요되는 의료기기는 중분류명 또는 한시적으로 정한 소분류명과 분류번호를 사용하여 품목허가·인증을 하거나 신고를 수리할 수 있다. 이 경우 「의료기기법 시행규칙」 제2조에 따른 등급분류기준을 적용하여 등급을 분류하게 된다.

2. 사전관리로서 인허가 규제

(1) 등급별 신고·인증·허가

의료기기는 등급에 따라 요구되는 인허가 절차가 개괄적으로 정해진다. 1등급 의료기기는 대개 신고 대상이며, 2등급 의료기기는 임상시험이 필요한 경우가 아닌 한 의료기기안전정보원에 인증 신청을 해야 한다. 3·4등급 의료기기 및 일부 1·2등급 의료기기는 식약처의 허가를 받아야 한다. 일반적으로 품목별로 제조(수입) 허가·인증을 받거나 신고를 하여야 하지만, 인체에 미치는 잠재적 위해성이 낮아 고장이나 이상이 발생하더라도 생명이나 건강에 위해를 줄 우려가 거의 없는 의료기기로서 식약처장이 정하여 고시하는 의료기기는 품목류별 제조(수입) 허가·인증·신고의 대상이 된다(「의료기기법」 제6조 제2항).

등급에 따라 사전관리절차도 달라지며, 안전관리 필요성이 높은 일부 품목은 낮은 등급이라도 허가 대상이 되어 더 엄격한 기준이 적용되기도 한다.

(2) 기술문서 심사

의료기기 제조(수입)업자는 의료기기가 환자 또는 사용자에게 안전하게 사용될 수 있도록 지정된 기술문서심사관으로부터 기술문서 심사를 받아야 한다.[2] 기술문서 심사는 GMP 제도와 함께 제품의 출시 전에 제조시설 및 제품 자체의 안전성과 유효성을 담보하는 기능을 한다. '기술문서(technical file)'란 해당 품목의 원재료, 구조, 사용 목적, 사용방법, 작용원리, 사용 시 주의사항, 시험규격 등이 포함된 문서를 의미한다. 원칙적으로 2~4등급 의료기기는 기술문서 심사 대상이 된다. 그러나 2등급 의료기기 중 동일제품 및 동등공고제품에 해당하는 경우[3]에는 기술문서 심사가 면제되며, 1등급 의료기기 중 이미 신고한 의료기기와 구조·원리·성능·사용 목적·사용방법 등이 본질적으로 동등하지 않은 의료기기는 기술문서 심사를 받아야 한다. 한편, 의료기기의 국제 표준화의 필요성이 커지면서 4등급 의료기기 허가 신청을 할 때는 국제표준화기술문서 작성이 요구된다. 제출자료의 범위는 등급 및 같은 등급 내에서도 법령에서 정한 기준에 따라 달라진다.[4]

---

2) 유규하, 의료기기 글로벌 허가인증제도, 북랩, 2016, 28면.

3) ① 동등공고제품: 2등급 의료기기 중 식약처 홈페이지를 통해 공고한 제품과 '사용 목적, 작용원리, 원재료, 성능, 시험규격 및 사용방법 등'이 동등한 제품
② 동일제품: 이미 허가받은 제품과 동일한 제품(제조원 동일)

4) 2등급 의료기기는 「의료기기 허가·신고·심사 등에 관한 규정」 별표 5에 따라 동등, 개량, 새로운 제품으로 구분·판단하여 제출자료의 범위가 정해진다. 반면, 3·4등급 의료기기는 기허가제품과 비교하여 차이점이 무엇인지 판단 후 제출자료가 일부를 면제받게 된다. 식약처, 의료기기 기술문서 심사 이해하기 가이드라인(민원인 안내서), 2020.9.

(3) 제조품질관리 적합성 인정 심사

제조업자 등은 의료기기 제조품질 시스템을 확인하는 제조품질관리 적합성 인정(Good Manufacturing Practice, 이하 "GMP") 심사를 받아 적합인정서를 취득한 후 그 인증서를 제출하여야 기술문서 검토 결과와 함께 최종적으로 품목허가 등을 받을 수 있다. GMP 심사란 「의료기기 제조 및 품질관리기준」에 따른 위험관리 기반의 심사로서, 제조소·품목군·등급 및 심사종류에 따라 심사주체와 방법이 다르다. 최초심사, 추가심사, 정기심사, 변경심사로 구분되며, 1등급 의료기기 및 수출용 의료기기, 임상시험용 의료기기는 정기심사에서 제외된다.[5] 의료기기의 설계·개발, 제조, 시판 후 관리 등 전 과정에 대한 품질시스템의 확보를 통해 안전하고, 유효하며, 의도된 용도에 적합한 품질의 제품을 일관성 있게 생산하도록 하는 것을 목적으로 한다.[6] GMP 심사기준은 의료기기의 품질경영시스템에 관한 ISO 13485, 의료기기의 연구개발과정의 위험관리 적용에 관한 ISO 14971, 임상시험을 위한 ISO 14155 등 국제표준에 기반한다.

(4) 임상시험계획 승인

의료기기 중 3·4등급 의료기기의 경우 임상시험 자료 제출이 요구되는 경우가 많으며, 2등급 의료기기 중에서도 유헬스케어 의료기기나 콘텍트렌즈 등은 임상시험이 필요하다. 이와 같이 허가를 받기 위해 임상시험 자료 제출이 필수적으로 요구되거나,[7] 그 밖의 목적으로 의료기기로 임상시험을 하려는 제조업자 등은 임상시험계획서를 작성하여 식약처의 승인을 받아야 한다.

---

5) 식약처, 의료기기 GMP 종합 해설서(민원인 안내서), 2021.8., 12면 이하.

6) 식약처, 앞의 자료, 2021.8., 3면.

7) 품목허가를 위한 확증 임상시험은 의료기기 허가를 위해서 제출해야 하는 안전성 및 유효성에 대한 확증적 근거를 수집하기 위한 것으로서 통계적으로 유의한 수의 피험자를 대상으로 설계·실시된다.

임상시험은 식약처로부터 지정받은 임상시험기관에서 실시해야 하며, 임상시험 결과의 정확성과 신뢰성을 확보하고 피험자의 권익보호와 비밀보장을 위하여 '의료기기 임상시험 관리기준(「의료기기법상 시행규칙」 별표 3)'을 준수해야 한다.

3. 사후관리

새로운 기술에 기반한 신경자극기는 허가 당시의 제한된 자료만으로는 안전성과 유효성에 관한 모든 정보를 얻을 수가 없기 때문에 허가 이후에도 광범위한 환자를 대상으로 안전성과 유효성에 영향을 미치는 요인을 조사하여 확인하는 것이 필요하다. 식약처장은 신개발 의료기기 및 희소의료기기에 대하여 허가를 하면서 시판 후 4년 이상 7년 이하의 범위에서 식약처장이 정하는 기간에 그 안전성과 유효성에 대한 시판 후 조사를 실시하게 할 수 있다. 그러나 인체에 미치는 잠재적 위해성이 낮은 경우라면 법령에서 정한 바에 따라 시판 후 조사를 면제받을 수 있다.[8)]

시판 후 조사 대상 의료기기의 제조업자는 시판 후 조사에서 수집된 자료 및 실시사항 등을 식약처에 정기적으로 보고해야 한다. 보고된 내용을 검토한 결과 해당 의료기기 사용으로 국민 보건에 중대한 위해를 끼치거나 끼칠 우려가 있는 경우에는 조사 계획서 변경 등 필요한 조치를 명하거나 위원회 심의를 거쳐 해당 허가를 취소해야 한다. 또한 자료

8) 「의료기기법」 제8조. 식약처 고시인 「의료기기 시판 후 조사에 관한 규정」에 따라 시판 후 조사 기간은 신개발 의료기기 및 신개발 의료기기와 동등한 의료기기의 경우 4년, 희소의료기기의 경우 6년이다. 제조업자 등은 ① 시판 후에 조사대상 의료기기를 사용한 환자들의 자료를 지속적으로 수집하여 활용하는 조사·연구, ② 의무기록, 보험청구자료 등 이미 수집된 환자의 의료데이터를 활용한 조사·연구, ③ 시판 전 임상시험에 참여한 피험자에 대한 추가 조사·연구, ④ 새로운 시판 후 임상시험 중 하나를 선택하여 조사계획서에 포함시키고 식약처로부터 조사계획 승인을 받아야 한다.

를 검토한 결과 해당 의료기기가 안전성 또는 유효성을 갖추지 못한 것으로 판단되는 경우에는 판매중지·회수·폐기 등 필요한 조치를 명할 수 있다(「의료기기법」 제8조 및 제8조의2).

한편, 「의료기기법」에서는 의료기기의 부작용 사례 및 안전성 정보 등을 수집·분석하여 기허가된 제품의 안전성 및 유효성을 최신의 과학 수준에서 재평가할 수 있도록 규정하고 있다(「의료기기법」 제9조). 또한 식약처는 위해성 있는 의료기기를 회수하도록 명령하거나, 인체에 1년 이상 삽입되는 신경자극기 중에서 부작용 또는 결함으로 인체에 치명적인 위해를 줄 수 있는 경우 이를 '추적관리대상 의료기기'로 정하여 관리할 수 있다(「의료기기법」 제29조).

그 밖에 부작용 보고와 리콜의 효율성을 증대시키고자 제조(수입)업자로 하여금 제품 라벨에 생산식별코드(UDI)를 표기하도록 하고 있으며, UDI와 제품관련 정보를 의료기기통합정보시스템에 등록·관리하고 있다.

4. 신속한 인허가를 위한 제도

의료기기는 식약처의 허가를 받기 위해 많은 자료를 제출해야 하는 등 복잡한 과정을 거치게 된다. 특히 신개발 의료기기의 경우 의료기기 해당 여부 및 등급·품목분류가 명확하지 않고 임상자료 제출 등으로 인해 시장 진입에 어려움이 발생하기도 한다. 신경자극기는 신경과학기술에 기반한 일종의 신개발 의료기기로 볼 수 있으며,[9] 이러한 의료기기는 의료기기 사전검토, 단계별 심사, 맞춤형 신속 분류 및 혁신의료기기 지정 등을 통해 시장 진입을 서두를 수 있다. 관련 제도를 살펴보도록 한다.

---

9) 실제로 식약처가 발간한 '2020년 신개발 의료기기 전망 분석 보고서'에서는 신경재활분야 신경조절 자극장치가 신개발 의료기기로 소개된 바 있다. 식약처, 같은 보고서, 79면.

(1) 사전검토

사전검토제도란 품목허가 · 인증 · 신고 또는 임상시험 등에 필요한 자료에 대하여 미리 식약처의 검토를 받을 수 있는 제도이다. 등급 및 품목 분류 등이 모호한 경우 인허가 과정에서 필요 서류 등에 대한 정보가 부족하여 제품 출시 기간이 길어진다는 지적에 따라 2011년 「의료기기법」 전부개정 당시 도입되었다. 신개발 의료기기 및 희소의료기기를 대상으로 하며, 「의료제품 사전 검토 운영에 관한 규정(식약처 고시 제2022-85호)」에 따라 임상시험 또는 임상적 성능시험에 관한 자료 제출이 필요한 의료기기 및 혁신의료기기도 사전검토의 대상이 된다.

(2) 단계별 심사 및 맞춤형 신속 분류

식약처는 2016년 8월 「의료기기 허가 · 신고 · 심사 등에 관한 규정」을 개정하면서 첨단 의료기기 등에 대한 단계별 허가심사제도를 도입하였다. 단계별 허가심사제도는 제조허가 신청 전에 허가에 필요한 기술문서 등의 심사 자료에 대하여 미리 제품 개발 단계별로 나누어 심사하는 제도를 말한다(「의료기기 허가 · 신고 · 심사 등에 관한 규정」 제2조 제17호). 업체의 제품 개발과 동시에 자료를 미리 심사하기 때문에, 허가 신청 후 각 단계가 완료되면 별도의 보완 없이 즉시 허가가 가능하게 된다. 이를 통해 인허가 소요기간을 단축하고 비용을 절감할 수 있는 한편, 제품 개발의 시행착오 등을 줄일 수 있어 신속한 제품화에 도움이 된다.[10] 한편, 식약처는 최근 「의료기기 허가 · 신고 · 심사 등에 관한 규정(식약처 고시 제2023-39호)」을 개정하여 신개발 의료기기에 대한 맞춤형 신속분류 절차를 도입했다.[11]

---

10) 식약처, 첨단 의료기기 단계별 허가 · 심사 가이드라인(민원인 안내서), 2020.3., 6면.

11) 독립형 소프트웨어 의료기기, 의료기기가 주된 융 · 복합 제품, 신개발 의료기기로 지정된 제품의 신속한 제품화를 위한 지원제도이다. 의료기기 해당 여부에 대한 신청서를 작성하여 제출하면 제품의 위해성, 유사제품의 사용 목적, 성능 등을 고려해

(3) 조건부 허가·인증·신고

식약처장은 제조업허가, 제조허가 또는 제조인증을 하거나 제조신고를 받을 때에는 관련 법령에 따른 요건을 모두 갖추지 않은 경우에도 ‘일정한 기간 이내에 갖출 것을 조건으로’ 허가 또는 인증하거나 신고를 받을 수 있다(「의료기기법」 제7조). 조건부 허가 등은 법령상 엄격한 요건으로 인해 적시에 허가 등을 받지 못함으로써 의료기기 제조업자 등의 제품출시 지연 등으로 인해 발생할 수 있는 손해를 방지하는 기능을 한다.[12)]

만약 조건부 허가 등을 받은 제조업자 등이 그 조건을 이행하지 않으면, 식약처장은 허가 또는 인증을 취소하거나 영업소를 폐쇄할 수 있으며 품목류 또는 품목의 제조·수입·판매를 금지하거나 그 업무의 전부 또는 일부의 정지를 명할 수 있다.

(4) 혁신의료기기 지정

2020년 5월 1일 시행된 「의료기기산업 육성 및 혁신의료기기 지원법」에서는 정보통신기술, 생명공학기술, 로봇기술 등 기술집약도가 높고 혁신 속도가 빠른 분야의 첨단 기술의 적용이나 사용방법의 개선 등을 통하여 기존의 의료기기나 치료법에 비하여 안전성·유효성을 현저히 개선하였거나 개선할 것으로 예상되는 의료기기를 식약처장이 ‘혁신의료기기’로 지정할 수 있도록 하고 있다. 혁신의료기기로 지정될 경우 단계별 심사나 우선 심사를 받을 수 있으며, 일정한 경우 자료 제출을 일부 면제받을 수 있다. TMS 기기나 tDCS 기기 등이 혁신의료기기로 지정된 예는 없지만, 식약처는 2021년 8월 뇌 좌측 전두엽을 저강도 집속 초음파로

‘한시품목’으로 분류·지정되고 한시품목에 대한 허가 신청과 동시에 품목 신설 절차가 진행된다. 식약처 보도자료, 첨단 기술 적용 3개 소프트웨어 의료기기, 맞춤형 신속 분류 품목 첫 지정, 2022.11.7.

12) 이원복 외, 의료기기 시행재량권 도입방안 연구, 이화여대 산학협력단(식약처 연구보고서), 2016, 26면.

자극해 주요 우울장애 치료에 사용하는 '집속형 초음파자극시스템'을 혁신의료기기로 지정한 바 있다.13)

II. 신경자극기의 법적 취급

신경자극기는 「의료기기 품목 및 품목별 등급에 관한 규정(식약처 고시 제2023-41호)」에 따라 대체로 A16000 이학 진료용 기구(Physical devices for medical use)에 해당한다. 주로 통증을 완화하거나 발작을 유도·방지하거나 정신질환 치료를 위하여 뇌에 전기자극을 주는 것은 3등급으로, 유사 목적이라도 뇌심부를 자극하는 것은 4등급으로 분류된다. 또한 개인용 전기자극기는 2등급에 해당하며, A83000 개인용전기자극기(Electric stimulator for medical use by personal)로 분류된다.

1. 비침습적 기기

정신질환 치료 목적의 tDCS 기기나 TMS 기기는 '심리요법용뇌용전기자극장치(A16180.02)'로서 3등급으로 품목분류된다. 심리요법용뇌용전기자극장치는 환자 뇌의 특정 영역을 자극하여 조울병, 불안, 불면 등과 같은 정신질환 치료에 사용하는 의료기기로서 경두개직류전기자극장치를 말한다. 식약처는 가이드라인을 통해 미국 FDA의 TMS 또는 rTMS에 대한 특별규제 가이던스를 심리요법용뇌용전기자극장치의 허가기준으로 제시하고 있으며, 안전성 평가 항목 중 '성능'에 관한 대부분의 시험 항목에

13) 이 제품은 뇌 전체영역 중 국소 부위 또는 뇌심부까지 정밀한 접근이 가능하고, 외과적 수술이 필요 없어 감염·합병증 등 부작용을 줄일 수 있는 장점이 있으며, 초음파 조사 부위의 확인이 쉽도록 실시간 3차원 좌표로 시각화해 의료진의 편의를 개선했다는 점에서 혁신적 기술과 임상적 개선 가능성 등을 인정받았다. 식약처 보도참고자료, 제13호 혁신의료기기로 집속형초음파자극시스템 지정, 2021.8.27.

510(k) FDA 가이던스를 참고 규격으로 포함시키고 있다.[14)]

한국보건의료연구원의 의료기술재평가보고서에 따르면, TMS 기기는 성인환자의 우울증 치료를 목적으로 2013년부터 약 7개의 제품이 제조 또는 수입품목허가를 받은 바 있으며,[15)] 건강보험 행위비급여로 적용되고 있다.[16)]

tDCS의 경우 2014년 수입허가로 품목분류된 경우는 있었으나, 국내 제조허가는 전무하였다. 그러나 2017년 이후 국내에서도 제조 품목허가가 이루어졌으며, 비급여 대상이다.[17)]

2. 침습적 기기

DBS 기기와 같은 침습적 기기는 국내에서 모두 4등급 의료기기로서 A16000 이학 진료용 기구로 분류되어 있다. DBS 기기는 진동용뇌전기자극장치(A16180.14)나 발작방지용뇌전기자극장치(A16180.21) 등에 해당한다. 파킨슨, 진전, 근긴장이상증, 뇌전증, 통증치료, 난치성 강박장애, 뚜렛증후군에서 요양급여를 인정받고 있다.[18)]

---

14) 식약처, 심리요법용뇌용 전기자극장치 평가 가이드라인(민원인 안내서), 2015, 10-12면 및 29면.

15) 박은정 외, 반복 경두개자기자극술, 의료기술재평가보고서 2023, 한국보건의료연구원, 2023, 5-6면.

16) 박은정 외, 앞의 보고서, 2023, 5-6면. TMS는 2002년 10월에 행위비급여로 최초로 등재되었다(보건복지부 고시 제2002-68호). 적응증으로 우울증, 강박증 등 각종 정신질환의 치료로 기재되어 있다.

17) 2014년 11월 독일 NeuroConn에서 제조한 tDCS가 3등급 의료기기로 수입품목허가를 받은 바 있으며, 2017년에는 국내 의료기기 벤처기업 와이브레인(Ybrain)이 국내 최초로 우울증치료 보조기기로 제조품목허가를 받게 되었다. 이후 2021년에는 우울증 치료 단독 요법으로서 재택치료용으로 품목허가를 받았다. 또한 2021년 7월 국내 기업인 뉴로핏(NEUROPHET)도 tDCS 기기에 대해 식약처로부터 3등급 의료기기 허가를 받은 바 있다.

18) 건강보험심사평가원, 급여기준 및 심의사례집-신경외과 분야-, 2020.6., 198-199면.

또한 미주신경자극(Vagus Nerve Stimulation, VNS) 기기는 항발작용미주신경전기자극장치(A16180.01) 및 정신요법용미주신경전기자극장치(A16180.13)로 분류되며, 현재 요양급여가 적용된다.[19)]

Ⅲ. 관련 문제

살펴본 바와 같이 현재까지 국내에서 신경자극기는 비침습적인 경우라도 의료기기로서 인허가 대상이 되며, 일반 의료기기와 마찬가지로 시판 후 안전관리(사후관리)의 대상이 된다.

신경자극기와 관련된 기본적인 이슈는 집중력 향상 등의 용도로 사용하는 tDCS 기기와 같이 의료 목적이 아닌 비침습적 기기를 의료기기로 규제할 것인가이다. 이러한 기기는 위해도가 낮고 부작용이 거의 없어 일응 엄격한 규제가 필요 없어 보이지만, 장기사용의 효능과 안전성이 불확실하다는 점에서 안전관리가 필요하다. 그런데 식약처의 규제 대상에 포함되기 위해서는 우선 의료기기 정의 규정에 부합해야 한다. 우리나라와 달리 미국에서는 아직 tDCS 기기가 의료기기로서 FDA의 승인을 받은 바 없음을 고려할 때 의료기기 해당성 판단기준에 관한 양국의 법령과 지침을 살펴볼 필요가 있다.

또한 현재 식약처의 인허가를 받은 신경자극기는 대부분 3·4등급으로 분류되어 있으나, 의료기기법령에 따른 일반 규제기준 외에 신경자극기의 특성을 고려한 규제기준이 명확히 확인되지 않는다. 식약처 지침에서는 FDA의 가이던스를 주요한 평가기준으로 참고하도록 제시하고 있지만, 등급분류체계 및 규제 대상인 신경자극기 범위도 일치하지 않아 규제에서의 혼란이 발생할 수 있다. 현재 우리나라에서 정신질환용 tDCS 기기는 3등급 허가 대상이면서도 식약처의 별도 지침이 없는 것으로 보

---

19) 건강보험심사평가원, 앞의 자료, 2020, 200면.

이며, FDA가 tDCS 기기를 승인한 바 없기 때문에 참고할 만한 FDA의 가이던스조차 없다.

또한 새로운 기술을 적용한 신경자극기의 경우 필요한 인허가 절차를 미리 예측하기 어렵거나 위해도가 낮음에도 임상시험이 요구되는 등 엄격한 규제로 인해 시장진입이 지연되는 경우가 여전히 발생할 수 있다. 단순히 절차의 신속성을 넘어 위해도를 고려한 합리적인 규제 수단을 고민할 필요가 있다.

신경자극술은 비교적 부작용이 적다는 평가에도 불구하고 여전히 안전과 효능이 불확실한 분야로서 연구와 임상 적용을 통해 데이터를 축적해야 하며, 적응증을 확대하는 등 치료와 연구가 병행되어야 하는 영역이다. 이러한 특성이 신경자극기에 대한 규제 내용에 반영되고 있는지는 의문이다. 한편, 침습적인지 여부나 시판 전·후를 불문하고 신체에 직접적인 영향을 줄 수 있으며, 소비자가 직접 작동하는 경우 안전성 우려가 크다는 점에서 위험관리가 강화될 필요가 있다.

이러한 문제의식을 토대로, 이하에서는 신경자극기에 관한 비교적 구체적인 규제체계를 마련한 미국의 관련 입법과 이슈를 확인하여 그 시사점을 얻도록 하겠다.

제3절 | 미국의 신경자극기 규제

Ⅰ. 의료기기 규제 일반

1. 규제기관 및 의료기기 정의 · 등급분류

미국에서 의료기기 규제는 1938년 제정된 연방 식품·의약품 및 화장품법(Federal Food Drug & Cosmetic Act, 이하 "FDCA")에 따라 규율되고 있으며, 구체적인 내용은 연방규정집(Code of Federal Regulations, 이하 "CFR") 제21편에서 정하고 있다. 그 밖에 실질적이고 유연한 정책과 집행이 필요한 경우 FDA는 가이던스와 같은 지침들을 통해 중요한 규제정책을 안내하거나 법규를 해석하기도 하며, 업계에 규제 대응 가이드를 제시해주기도 한다. FDA 내 하부조직인 의료기기 및 방사능건강센터(Center for Devices and Radiological Health, 이하 "CDRH")에서 의료기기 규제 및 감독 기능을 수행하며, 관련 규정을 제·개정한다.

FDCA의 규제는 동법에서 정하는 해당 제품이 의료기기에 해당할 것을 전제하고 있다. FDCA 제201조 (h)항에서는 ⅰ) 공식 국가의약품집 또는 미국 약전 또는 그 부록에서 인정하는 것이나, ⅱ) 사람이나 동물의 질병이나 그 밖의 건강 상태 진단이나 질병의 치유·완화·치료·예방을 목적으로 하는 것 또는 ⅲ) 사람이나 동물의 신체 구조나 기능에 영향을 미치는 것을 목적으로 하는 것 중 어느 하나에 해당하는 도구, 기구, 수단, 기계, 장치, 주입물, 체외시약 또는 그 밖에 유사하거나 연관된 부품 및 부속물로서, 주사용 목적이 사람이나 동물의 신체 내외부에서의 화학작용을 통하여 달성되지 않으며, 주사용 목적의 달성을 위하여 대사 작용에 의존하지 않는 것을 의료기기로 정의하며, 제520조 (o)항에 따라 제외된 소프트웨어 기능은 의료기기에 포함되지 않음을 명시

하고 있다.[20)]

FDCA에 따른 의료기기는 안전성과 유효성을 확인하고 관리하기 위해 위험도에 따라 1등급(Class I), 2등급(Class II) 및 3등급(Class III)으로 분류된다. FDA는 의료기기를 약 1,700개의 종류로 분류해 놓고 있으며, 이를 패널(panel)이라 부르는 16개의 카테고리로 재구성하고 있다.[21)]

의료기기가 미국 내에서 판매·유통되기 위한 사전규제는 크게 일반규제[22)] 및 특별규제,[23)] 시판 전 승인으로 구분할 수 있다. 등급에 따라 그 규제내용이 다르고, 임상시험이 요구되거나 엄격한 품질관리기준을 준수해야 하는지 등이 달라진다.[24)] 가장 위험도가 낮은 1등급 의료기기라도 일반규제를 준수해야 하지만, 후술하는 바와 같이 대부분 시판 전 신고나 GMP 요구사항이 면제되고,[25)] 시설 및 기기 등록 정도만이 요구된다. 2등급 기기는 안전성과 유효성 확인을 전제로 일반규제만으로는 불충분

---

20) 이 부분은 2016년 12월 혁신의료기술에 대한 지원 및 새로운 의약품·의료기기에 대한 새로운 규제 내용을 담은 「21세기 치료법(The 21st Century Cures Act)」에 따라 새로 추가된 내용으로서, 일부 소프트웨어가 의료기기에서 제외됨을 밝히고 있다.

21) 한국보건산업진흥원, 한국기업 미국 의료기기 시장 진출을 위한 FDA 의료기기 인허가 가이드북, 보건산업브리프 제347호, 2022, 6면.

22) 일반규제(General Controls)에는 시설 등록(Establishment Registration), 의료기기 등록 및 목록화(Device Listing), 라벨링(Labeling), 부정상표(Misbranding), 불순품(Adulteration), 시판 전 신고서[510(k)] 제출, 품질시스템(QSR) 요건 준수, 기록과 보고(Records And Reports) 및 인간사용 목적 기기의 통제에 대한 일반 조항(General provisions respecting control of devices intended for human use) 등이 있다.

23) 특별규제(Special Controls)는 대개 2등급 의료기기에 적용되는 규제사항으로서, 일반규제에 더하여 추가적으로 요구된다. 특수라벨링(Special Labeling), 필수 성능기준(Mandatory Performance Standards)과 시판 후 조사(Postmarket Surveillance), 시판 전 데이터 요구사항(Premarket data requirements) 등이 이에 해당한다.

24) 21 CFR §812 및 21 CFR §820

25) 의료기기의 47%가 이 범주에 속하며 이들 중 95%는 이 절차에서 면제된다. FDA 홈페이지, (https://www.fda.gov/medical-devices/consumers-medical-devices/learn-if-medical-device-has-been-cleared-fda-marketing, 2023.10.30. 최종방문)

한 경우로서 시판 전 신고[26] 및 GMP 적용을 받는다. 가장 위험도가 높은 3등급 의료기기는 일반규제나 특별규제만으로 그 안전성과 효능을 담보하기에 불충분한 경우로서, 시판 전 승인 절차를 거칠 것이 요구된다. 삽입용·이식용 의료기기, 생명유지용 장치와 같이 생명과 건강에 중요한 질병이나 손상을 야기할 수 있는 의료기기들이 이에 해당한다.

2. 사전관리로서 인허가 규제

(1) 시판 전 신고(PMN)

미국에서 대부분의 의료기기는 2등급으로 분류되는데, 2등급 의료기기는 일반적으로 "510(k)"라고 알려진 시판 전 신고(Premarket Notification, 이하 "PMN") 절차를 거치게 된다. FDCA 제510조 (k)항에 따르면, FDA에 등록해야 하는 의료기기 제조업자 등은 의료기기를 시장에 출시하기 최소 90일 전에 FDA에 신고하여 심사를 받아야 한다. 이는 해당 의료기기가 '미국 내에서 합법적으로 판매되고 있으며, 시판 전 승인(PMA)을 요하지 않는 특정 의료기기'와 본질적 동등성(substantially equivalent, 이하 "SE")이 인정됨을 증명하는 절차에 해당한다. 따라서 510(k) 제출자는 510(k) 요약서 또는 510(k) 진술서와 같이 기기에 관한 정보 이외에도 기기가 시판 전 허가가 요구되지 않는 합법적으로 판매되고 있는 기존 기기와 본질적으로 동등함을 입증하는 정보를 포함해야 하며, 본질적 동등성이 인정되지 않으면 3등급으로 분류된다. 그런데 대부분의 1등급 및 2등급 의료기기는 510(k) 요구 사항에서 면제된다. 다만, 이러한 경우라도 해당 관련 규정에 의해 명시적으로 면제되지 않는 한 다른 요구사항(일반규제, 특별규제, 시판 전 승인)은 여전히 준수해야 한다.[27]

26) 2등급 중 일부 면제대상이 된 의료기기에 대해서는 시판 전 신고(PMN) 절차가 요구되지 않는다.

27) FDA 홈페이지, (https://www.fda.gov/medical-devices/classify-your-medical-

(2) 시판 전 승인(PMA)

3등급 기기는 FDCA 제515조 및 21 CFR 제814조에 따라 시판 전 승인(Premarket Approval, 이하 "PMA") 절차가 필요하다. 서류심사 외에도 제조시설과 임상시험 실시기관 감사, 안전성 및 유효성 심사, 임상시험 관련 적합성 심사 등 복잡한 과정을 거쳐야 하며, 비임상연구자료와 임상연구자료를 자료를 제출해야 한다. 비임상연구자료는 미생물, 면역, 독설 등의 생체적합성 자료와 내구성, 마모 등 성능자료를 말하며,[28] 임상연구 자료는 승인된 임상시험계획하에서 실시되었는지를 확인한다.[29]

(3) 제조품질관리(cGMP)

1등급을 제외한 모든 등급의 의료기기는 제조품질관리(Current Good Manufacturing Practice, 이하 "cGMP") 적합 인정을 받아야 한다. 제품이 요구사항 및 사양을 일관되게 충족하도록 보장하는 품질시스템 규정(Quality System Regulation, 이하 "QSR")이 그 기준으로 적용되며, FDCA 제520조 및 21 CFR 제820조에 근거를 두고 있다. 품질관리, 조직, 기계설계, 구조, 장비, 구매와 부품처리, 생산과 공정, 포장과 표시, 기기 심사, 배급, 설치, 불만사항 처리, 점검, 기록 등에 관한 기준 등을 포함한다.[30] 해당 의료기기가 현행 규정에 따라 의도된 사용 목적에 맞게 제조·관리되며 안전하고 유효함을 입증할 수 있도록 하는 기능을 한다.[31]

---

device/class-i-and-class-ii-device-exemptions, 2023.10.30. 최종방문)

28) 21 CFR §58(Good Laboratory Practice for Nonclinical Laboratory Studies)

29) 유규하, 앞의 책, 2016, 71-72면.

30) 박정연, 미국의 의료기기 법제에 관한 분석, 최신외국법제정보, 한국법제연구원, 2017, 56면.

31) 유규하, 앞의 책, 2016, 85-86면.

(4) 임상시험용 의료기기 면제(IDE)

등급에 따라서는 위해성에 대한 검증을 위해 임상시험 자료 제출이 요구되기도 한다. 인허가를 받지 않은 의료기기는 임상시험 목적으로 사용되기 위해 임상시험용 의료기기 면제(Investigational Device Exemption, 이하 "IDE") 규정을 따른다.[32] 이는 안전성 및 유효성 자료를 확보할 수 있도록 의료기기로서 허가를 받기 전에라도 임상시험 목적으로 의료기기 사용을 허용해주는 것이다. IDE가 허용되면, FDA 요구사항 외에도 의료기기에 대한 임상연구는 해당 연구가 수행되는 병원 또는 기타 시설에 위치한 IRB(Institutional Review Board)에서 모니터링한다. IDE 신청이 있으면, FDA는 승인(Approval), 조건부 승인(Approval with Conditions), 비승인(Disapproval) 중 어느 하나로 처리하게 된다.[33]

3. 사후관리

(1) 시판 후 조사(PMS)

미국은 사후관리를 위한 규제로 시판 후 조사(Post-market Surveillance, 이하 "PMS") 제도를 두고 있다. PMS는 제품의 안전성을 지속적으로 확보하여 사용자에 대한 위험을 최소화하는 데 기여한다. FDCA 제522조는 FDA에 2·3등급 의료기기에 대해 제품의 시판 후 조사를 수행하도록 요구할 권한을 부여하고 있다. PMS는 시장에 출시된 기기에 대한 데이터 또는 기타 정보를 능동적·체계적·과학적으로 수집·분석 및 해석하는 제도이다.[34] PMS를 통해서 FDA는 의료기기의 데이터를 수집·분석하여

32) 21 CFR §812
33) 한국보건산업진흥원, 앞의 자료, 2021, 7면.
34) FDA, Guidance for Industry and Food and Drug Administration Staff: Postmarket Surveillance Under Section 522 of the Federal Food, Drug, and Cosmetic Act, 2022, 4면.

이를 의료기기 관련 질병이환율과 사망률을 최소화하는 정책개발에 이용하고자 한다.[35)]

PMS는 ⅰ) 먼저, 인허가 후 의료기기 보고를 통해 부작용을 추적하고 새롭게 발생하는 안전성 문제를 식별한다. PMA, HDE, PDP로 허가받은 의료기기 요구되는 것으로 안전성과 유효성을 평가하는 것이 주목적이다. 장기간 실제 환경에서의 기기 성과를 평가하고 임상 또는 비임상자료를 수집하는 과정을 포함한다.[36)] ⅱ) 또한, 제조업자 등에 시판 후 조사 연구(522 post-market surveillance studies)를 수행할 것을 요청할 수 있다. PMA에 의해 조건부 허가를 받은 3등급 기기, HDE 기기, 신속 510(k)에 의해 승인된 2등급 기기 또는 3등급 중 ① 건강상의 악영향을 미칠 수 있는 의료기기의 결함이 있는 경우, ② 의료기기가 1년 이상 인체에 이식되도록 의도된 것, ③ 의료기기가 소아 집단에서 상당히 사용될 것으로 예상하는 경우, ④ 의료기기가 사용자 시설의 외부에서(outside a device user facility) 사용되는 생명유지장치인 경우에는 시판 후 조사 연구 수행을 요청할 수 있다.[37)]

한편, 시판 후 의료기기 안전성 감시시스템을 운영하기 위해서는 의료기기를 식별하고 체계적·효율적으로 관리하기 위한 UDI 제도가 정착되어야 한다. FDA는 2007년 의료기기 UDI 부착을 의무화하기로 최초로 결정한 이후, 2014년에는 고위해도의 3등급 기기에 대해, 2016년에는 2등급 기기

https://www.fda.gov/regulatory-information/search-fda-guidance-documents/postmarket-surveillance-under-section-522-federal-food-drug-and-cosmetic-act

35) 21 CFR §803, 21 CFR §821; 김동숙·송인명, 미국의 의료기기 시판 후 이상사례 감시체계 고찰과 시사점: 고유기기식별자를 이용한 실제사용자료 수집을 중심으로, HIRA RESEARCH 제3권 제1호, 2023, 24면.

36) 조용태 외, 미국, 유럽, 한국의 인체이식형 의료기기 시판 후 안전성 관리 제도 비교, 약물역학위해관리학회지 제13권 제2호, 2021, 46면.

37) 21 CFR §803, 21 CFR §821; 김동숙·송인명, 앞의 논문, 2023, 24면.

에 대해, 2020년에는 1등급 의료기기로 점차 확대 적용하였다.[38]

(2) 실사용증거에 기반한 사후관리체계 도입

의료기기의 안전성 정보는 다양한 데이터 요소 및 데이터 품질을 가진 자료원으로부터 수집해야 하며, 종종 위험인자 노출의 일부분만 수집하게 되는 기존의 감시체계로는 한계가 있다는 지적에 따라 FDA는 실사용증거(Real－world Evidence, 이하 "RWE")에 기반한 사후관리체계를 도입하였다. 2016년 21세기 치료법이 통과된 후 FDA는 기허가된 의약품에 대한 새로운 적응증 추가, 시판 후 안전성 강화 등을 위하여 실사용증거의 잠재적 사용을 평가하기 위한 프레임워크를 발표하였으며, 2017년 8월 실사용데이터(Real－World Data, 이하 "RWD")를 규제 의사결정에 활용하기 위한 가이던스를 발간하였다.[39] RWD는 실제 의료환경에서 의료기기 사용과 관련한 의료데이터를 말하며, 전자건강기록(EHRs), 청구데이터(Claim & Billing Data), 제품 및 질병 등 기록 데이터, 재택사용 환경에서 환자가 생성한 데이터, 모바일 기기와 같이 건강 상태를 알릴 수 있는 기타 자료원에서 수집된 데이터가 포함된다. RWE란 다양한 RWD의 분석을 통해 도출된 의약품 및 의료기기의 사용 및 잠재적 이익 또는 위험에 관한 임상적 증거를 말한다. RWD는 의료기기의 안전성 및 유효성을 확인할 수 있는 중요한 자료로서, 적응증을 확장하거나 FDCA 제522조에 따른 시판 후 조사 연구는 물론 조건부 허가된 의료기기의 허가 후 감시에도 활용될 수 있다. 그 밖에 정기적으로 FDA는 시판 전 임상시험에서는 발견되지 않았던 의료기기의 안전성과 관련된 문제를 확인하기 위한 보충 데이터로서 RWD를 활용할 수 있다.[40]

---

38) 김동숙·송인명, 앞의 논문, 2023, 30면.

39) FDA, 'Use of RWE to support regulatory decision－making for medical devices: Guidance for Industry and Food and Drug Administration Staff, 2017.8.

40) 양지영 외, 실사용증거(Real－World Evidence, RWE)의 의료기기 규제 결정 활용, 약물역학위해관리학회지 제11권 제2호, 2019, 128－130면.

4. 신속한 인허가를 위한 제도

미국에서 기허가 제품과 본질적 동등성이 인정되지 않는 새로운 의료기기는 3등급으로 분류되어 원칙적으로 PMA 절차를 거쳐야 하기 때문에 임상시험 자료 등 제출자료 준비로 제품 출시가 늦어지게 된다. 이 경우 미국에서는 De Novo 제도나 모듈식 PMA(Modular PMA), 인도적 의료기기 면제(HDE) 제도 또는 혁신의료기기 지정 등을 통해 보다 신속하게 승인을 받을 수 있다.

(1) De Novo 제도

De Novo 제도는 위험성이 크지 않은 새로운 제품들이 PMA보다 수월하게 시장에 진출할 수 있도록 돕기 위해 신설된 제도이다.[41] 3등급 지정이 타당하지 않은 새로운 의료기기에 대한 위험 기반 분류 절차로서,[42] 연방 규정에 근거를 두고 있다.[43] 미국에서는 새로운 의료기기 출시를 위한 인허가 절차에 있어서 낮은 위험에도 불구하고 비교할 만한 동등 의료기기가 없는 경우 주로 3등급으로 분류된다. 이와 같이 본질적 동등성을 가진 비교제품이 없어 3등급으로 분류될 의료기기는 De Novo 분류 요청을 통해 1등급 또는 2등급으로 분류될 수 있다.[44] De Novo 분류 요청

41) 한국보건산업진흥원, 앞의 자료, 2021, 10면.

42) 의료기기안전정보원, 미국 의료기기 제품 인증 절차－인허가절차－, 2019, 43면; FDA, De Novo Classification Process(Evaluation of Automatic Class III Designation): Guidance for Industry and Food and Drug Administration Staff, 2017.10.

43) 21 CFR §860.200~860.260

44) FDA 홈페이지, (https://www.fda.gov/medical－devices/premarket－submissions－selecting－and－preparing－correct－submission/de－novo－classification－request, 2023.10.30. 최종방문)
FDCA 제513조 (f)(2)는 제조자가 제513조 (f)(1)에 의해 “자동으로” 3등급으로 분류된 장치에 대한 De Novo 분류 요청을 FDA에 제출할 수 있도록 허용했다. 한편, FDAMA에 따라 먼저 510(k)를 통해 합법적으로 시판된 기기와 실질적으로 동등하지 않으면 자동으로 3등급으로 분류되었으나, 21세기 치료법은 NSE 결정을 받은 후

(De Novo Classification Request)은 먼저 510(k)을 제출하여 본질적 동등성이 인정되지 않는다는 결정(not substantially equivalent, 이하 "NSE")을 받은 후 가능하지만, 그 결정을 받지 않은 경우라도 본질적 동등성 결정을 위한 비교 대상 의료기기로서 합법적으로 시판되는 기기가 없다는 사전검토를 받으면(Pre De Novo Submission, 이하 "PDS") 510(k)을 제출하지 않고서도 가능하다. De Novo가 승인되고 새로운 분류 규정이 만들어지면, 해당 의료기기는 다른 후속 기기의 시장 진입에 있어서 비교제품으로 기능하기 때문에 510(k) 제출을 위한 전제로 사용될 수 있다.[45)]

(2) 모듈식 PMA

전통적인 PMA에서 신청자는 21 CFR §814.20에 명시된 모든 PMA 자료를 일괄 제출한다. 그러나 1998년 FDA는 심사의 효율성과 신속성을 위해 신청자가 모듈식 PMA 심사를 받을 수 있는 가이던스를 발표하였으며, 2003년 10월에는 이러한 모듈식 접근법을 성문화하기에 이르렀다.[46)] 모듈식 PMA는 PMA의 전체가 각 모듈로 분류되고 각 단계별로 신청자가 모듈을 완료하는 즉시 자료를 제출하여 FDA의 검토를 거친다. 이 방법은 임상연구 초기 단계에 있는 제품에 권장된다. FDA는 각 모듈 단계에서 제출서류 접수 즉시 개별적으로 검토하여 제조업체가 검토 과정에서 적시에 피드백을 받을 수 있도록 한다. 따라서 마지막 구성요소가 제출될 때는 이미 대부분의 검토 작업이 완료되었기 때문에 신속하게 심사

30일 이내에 De Novo 요청을 제출해야 하는 요건을 삭제했다. FDA, De Novo Classification Process(Evaluation of Automatic Class III Designation): Guidance for Industry and Food and Drug Administration Staff, 2017.10., 5－6면.

45) Leigh Anderson et al., FDA Regulation of Neurological and Pyhsical Medicine Devices: Access to Safe and Effective Neurotechnologies for All Americans, Neuron 92, 2016, 944면.

46) the Medical Device User Fee and Modernization Act of 2002 §209, FDCA §515(c)(1)(E)

를 종료할 수 있다.[47] 이 절차는 실제 우리나라의 단계별 심사제도의 모델이 되기도 하였다. 뇌심부자극과 같이 침습성이 있는 것이거나 융복합 기술의 활용으로 위험성이 높게 평가되는 제품 혹은 등급분류가 되어 있지 않아 PMA를 신청해야 하는 신경자극기는 임상연구 단계에서 모듈식 PMA 신청을 통해 신속한 승인을 받을 수 있을 것이다.

(3) 인도적 의료기기 면제(HDE)

그 밖에, 미국에서 의료기기는 인도적 의료기기 면제(Humanitarian Device Exemption, 이하 "HDE") 경로를 통해 출시될 수 있다. HDE는 매년 미국에서 8천명 미만의 환자에게 발생하거나 발현되는 질환이나 증상의 치료 또는 진단을 위해 환자에게 사용되는 의료기기에 대해 일정한 규제를 면제하여 승인해주는 것이다.[48] PMA 절차와 유사하지만, FDCA 제514조·제515조의 유효성 요건이 면제되고 제한된 상황을 제외하고는 판매 이익을 얻을 수 없으며, 특수한 응급상황이 아닌 한 IRB가 사용을 허가한 시설에서만 사용될 수 있다.[49] 실제로 긴장이상 및 강박장애 치료를 위한 뇌심부자극기(deep-brain stimulation for dystonia and obsessive

47) FDA, Guidance for Industry and FDA Staff: Premarket Approval Application-Modular Review, 2003.3.; FDA 홈페이지 "PMA Application Methods", (https://www.fda.gov/medical-devices/premarket-approval-pma/pma-application-methods, 2023.10.30. 최종방문).

48) 2016년 12월 혁신의료기술에 대한 지원 및 새로운 의약품·의료기기에 대한 새로운 규제 내용을 담은 「21세기 치료법(The 21st Century Cures Act)」이 공포됨에 따라 연간 최대 8천명에게 이익을 주는 의료기기에 대해서까지 HDE를 확대 적용하였으며, 인도적 사용 의료기기(humanitarian use device, 이하 "HUD")의 임상시험을 감독하거나 임상치료에서 HUD 사용을 승인하는 IRB가 지역에 있어야 한다는 요건을 제거했다. The 21st Century Cures Act §3052·3056.

49) 한국보건산업진흥원, 앞의 자료, 2022, 10면; FDA 홈페이지, (https://www. fda.gov/medical-devices/premarket-submissions-selecting-and-preparing-correct-submission/humanitarian-device-exemption, 2023.10.30. 최종방문)

compulsive disorder)가 HDE를 통해 출시된 바 있다.[50)]

(4) 혁신의료기기 지정(Breakthrough Device Designation)

FDA는 환자에게 효과적으로 최선의 이익을 제공하는 획기적 의료기술이 보다 신속하게 시장에 진입할 수 있도록 하기 위해 혁신의료기기(Breakthrough Device) 지정 프로그램을 운영하고 있다. PMA, 510(k) 또는 De Novo 요청 대상인 기기는 일정한 법적 기준을 모두 충족하는 경우 혁신의료기기 지정을 받을 수 있다. 혁신의료기기로 지정되면 FDA 승인 절차에서 우선순위를 확보하게 되며 유연한 임상연구 설계가 가능하거나 전문 심사팀이 배치되는 등 이점이 있다.[51)]

II. 신경자극기의 법적 취급

신경자극기는 미 연방규정집 21 CFR §882 및 21 CFR §890 등에 자세히 분류되어 있다. 21 CFR §882.5802, §882.5805 및 §882.5808에서는 각각 TMS에 기반한 의료기기로서 각각 신경학 및 정신장애·상태용 경두개 자기자극 시스템, 반복적 경두개 자기자극 시스템 및 두통용 경두개 자기자극기를 2등급 의료기기로 규정하고 있다. 21 CFR §882.5800에서는 두개전기자극기(Cranial Electrotherapy Stimulator, 이하 "CES")를 규정하고 있으며, 치료 목적에 따라 2등급 또는 3등급으로 각각 분류된다. 대표적인 침습형 기기인 DBS 기기는 신경학적·물리적 기기에 속하여 21 CFR §882 및 21 CFR §890이 적용된다.

---

50) Leigh Anderson et al., 앞의 논문, 2016, 944면.

51) FDA 홈페이지, "Breakthrough Devices Program" (https://www.fda.gov/medical-devices/how-study-and-market-your-device/breakthrough-devices-program#s3, 2023.10.30. 최종방문)

현재 2등급으로 분류되는 신경자극기에 대한 특별규제는 대체로 전자기 호환성, 전기 안전 및 열 안전성, 기기의 위험 분석, 생체적합성, 임상·비임상시험의 안전성·효과성 및 라벨링 등에 관한 것이다. 3등급에 해당하는 기기는 PMA 대상이 된다.

1. TMS

(1) 신경학 및 정신장애·상태용 경두개 자기자극 시스템

21 CFR §882.5802에서는 신경학 및 정신장애·상태용 경두개 자기자극 시스템(A transcranial magnetic stimulation system for neurological and psychiatric disorders and conditions)에 대해 '대뇌피질에서의 신경 활동을 유도하기 위해 짧은 지속 시간, 빠르게 교번 또는 펄스 자기장을 사용하는 처방된 비이식형 장치'로 정의하면서, 소뇌 등 대뇌피질 외부의 뇌 영역을 향해 자기장을 적용하거나 집중시키기 위한 것은 이에 해당하지 않음을 밝히고 있다.[52] 신경학 및 정신장애·상태용 경두개 자기자극 시스템은 2등급으로서 특별규제의 대상이 된다. 이에 따라 i) 성능 테스트로 전자기 호환성, 전기 안전 및 열 안전을 입증해야 하며, ii) 소프트웨어 확인(verification), 검증(validation) 및 위험 분석(hazard analysis)은 물론 iii) 기기의 환자 접촉 구성요소가 생체에 적합하다는 것을 입증해야 한다. 또한 iv) 비임상 성능 테스트는 기기가 예상되는 사용 조건에서 의도한 대로 작동함을 입증해야 하며, 자기 펄스 출력·자기장 및 전기장·기기에 내장된 안전 기능·기기 사용 중 환자가 노출되는 소음 수준에 대한 성능 특성을 테스트해야 한다.[53] v) 나아가, 장치 사용과 관련된 위험 및 이점 등을 포함한 라벨링(labeling)에 대한 규제가 적용된다.

---

52) 21 CFR §882.5802(a)

53) 21 CFR §882.5802(b)

(2) 반복적 경두개 자기자극 시스템

반복적 경두개 자기자극 시스템(Repetitive transcranial magnetic stimulation system, 이하 "rTMS")은 "하나 이상의 항우울제 투약에 실패한 환자에 대해 발작 유발 없이 주요 우울 장애 증상을 치료하기 위해 전두엽 피질에 신경 활동 전위를 유도하기에 충분한 크기의 경두개 펄스 자기장을 반복적으로 전달하는 외부 기기"로 규정되어 있다.54) 2등급으로서 특별규제가 적용된다.55) FDA 가이던스인 「Class II Special Controls Guidance Document: Repetitive Transcranial Magnetic Stimulation System」에서는 건강에 대한 위험, 장치 설명, 비임상 분석 및 테스트, 생체적합성, 전기 장비 안전, 전자파 적합성(EMC), 무선 기술, 소프트웨어 수명 주기 및 위험관리, 임상 테스트 및 라벨링에 대해 구체적인 지침을 제시하고 있다. 이 가이던스에서는 rTMS에 대한 위험 분석 결과를 510(k)에 포함할 것을 권장하고 기기와의 접촉 기간 및 특성에 적합한 생체적합성 테스트를 할 것을 요구하고 있으며, 그 밖에 기술적 안전 및 자극 용량 안전성에 관해 기술하고 있다.56)

(3) 두통용 경두개 자기자극기

21 CFR §882.5808에서는 '두통 치료를 위해 짧은 시간 동안 빠르게 뇌의 공간적으로 분리된 영역에 외부로 향하는 교번 또는 펄스 자기장을 전달하여 전류를 유도하는 장치'를 두통용 경두개 자기자극기(Transcranial magnetic stimulator for headache)로 정의하고 있다.57) 특별규제 대상인 2

---

54) 21 CFR §882.5805(a)

55) 21 CFR §882.5805(b)

56) FDA, Guidance for Industry and Food and Drug Administration Staff – Class II Special Controls Guidance Document: Repetitive Transcranial Magnetic Stimulation (rTMS) Systems, 2011.7.

57) 21 CFR §882.5808(a)

등급 의료기기로서, ⅰ) 적절한 분석과 테스트로 전자기 호환성, 전기 안전 및 열 안전을 입증해야 한다. 또한 ⅱ) 기기 소프트웨어 및 펌웨어에 대한 확인, 검증 및 위험 분석은 물론 ⅲ) 인체 접촉 요소의 생체적합성이 인정되어야 한다. ⅳ) 비임상시험 데이터는 기기가 예상되는 사용 조건에서 의도한 대로 작동함을, ⅴ) 임상시험은 기기가 표시된 환자 집단의 두통을 치료하는 데 안전하고 효과적임을 입증해야 한다. 나아가 ⅵ) 라벨링(labeling)에 대한 규제를 준수해야 한다.[58]

2. CES

21 CFR §882.5800에서는 두개전기자극기(Cranial Electrotherapy Stimulator, 이하 "CES")를 "정신질환(psychiatric coditions)을 치료하기 위해 환자의 머리에 발작을 유발하지 않는 전류를 적용하는 기기"로 정의하고 있다.[59] 종래 이러한 CES는 종래 우울증 치료 목적 외에 불안·불면증 치료 목적인 경우에도 3등급 기기로 분류하였다. 미국에서 의료용 비침습적 전기자극기는 대부분 2등급으로 분류됨에도 불구하고 CES가 3등급으로 분류되는 것에 대한 그동안 업계의 불만이 제기되었다. FDA는 2019년 개정 전 3등급이었던 불안·불면증 치료 목적 CES를 2등급으로 재분류하여 특별규제의 대상이 되도록 하였다.[60] 이에 따라 CES는 치료 목적에 따라 2등급 또는 3등급으로 각각 분류되고 규제에서도 차이가 발생하게 되었다.

---

58) 21 CFR §882.5808(b) https://www.ecfr.gov/current/title-21/chapter-I/subchapter-H/part-882/subpart-F/section-882.5808

59) 21 CFR §882.5800(a)

60) 불안 및/또는 불면증을 치료하기 위한 두개골 전기자극기기 재분류에 관한 규칙 개정에 관한 미국 연방관보의 게시문서, (https://www.federalregister.gov/documents/2019/12/20/2019-27295/neurological-devices-reclassification-of-cranial-electrotherapy-stimulator-devices-intended-to-treat, 2023.10.30. 최종방문)

먼저, ⅰ) 불면증·불안 치료 목적의 경우에는 2등급으로서 510(K) 대상으로 특별규제가 적용된다. 따라서 ① 효과 입증을 위해 기기 사용과 관련된 임상시험의 상세한 요약, ② 인체접촉 부분의 생체적합성 입증 및 ③ 의도된 사용 환경에서 전기 안전 및 전자파 적합성을 위해 설계되고 테스트될 것이 요구된다. 나아가 ④ 적절한 소프트웨어 확인, 검증 및 위험 분석이 이루어져야 하며, ⑤ 파형, 출력모드, 펄스 지속시간, 주파수 등을 포함한 기술적 요소를 특성화하고 검증해야 하고, ⑥ 기기의 라벨링에 대한 요구사항을 준수해야 한다.

반면, ⅱ) 우울증 치료 목적의 두개전기자극기는 3등급에 해당하여 일반규제 외에 여전히 PMA 절차와 기준을 준수해야 한다.

CES는 개인 휴대용 의료기기로 FDA 승인을 받은 유일한 신경자극기로서, 1979년 "불면, 우울 또는 불안" 치료용으로 FDA 승인을 받은 후 여러 회사를 통해 시판되고 있다.[61] 그러나 다양한 종류의 의료기기들의 안전성과 효과성을 확인하고 규제하기 위하여 1976년 FDCA 개정을 통해 등급분류체계를 수립하기 전 이미 시장에서 유통되었기 때문에 유효성·안전성 검증은 불충분하다고 보아야 한다. 의료 시장에 시판된 지 40년이 넘었기 때문에 안전성에 대한 어느 정도의 긍정적 평가도 가능하지만, 당시 임상시험 설계의 불충분성이나 편향된 보고 가능성 및 효과의 비일관성 등을 고려해야 하기 때문이다.[62]

---

61) Jamie D. Feusner et al., Effects of cranial electrotherapy stimulation on resting state brain activity, Brain Behav Vol.2 No.3, 2012, 211면.

62) 노대영 외, 정신질환에서 뇌자극술의 적용, Korean J Biol Psychiatry 제24권 제4호, 2017, 170면.

3. DBS

DBS 기기에 대해서는 21 CFR §882 및 21 CFR §890이 적용된다. 파킨슨 증상에 대한 이식형 전기자극장치(Stimulator, Electrical, Implanted, For Parkinsonian Symptoms), 파킨슨 떨림에 대한 이식형 전기자극장치(Stimulator, Electrical, Implanted, For Parkinsonian Tremor) 및 강박장애에 대한 뇌심부 자극장치(Deep Brain Stimulator For Obsessive Compulsive Disorder) 등이 현재 PMA를 통해 품목분류되어 있다.

DBS는 3등급에 해당하므로 시장에 출시되기 위해 대부분 PMA를 거쳐야 한다. 따라서 임상 및 비임상자료 제출 등 까다로운 절차를 거치게 되는데, 임상시험을 위한 IDE 승인을 받아야 한다.[63] 한편, HDE 요건을 충족하는 경우 유효성에 대한 심사가 면제되어 보다 신속히 승인을 받을 수 있다. 결국, FDCA에 따라 DBS 기기는 IDE → PMA/HDE의 과정을 거친다고 할 수 있다.[64]

뇌심부자극기는 적응증에 따라 점차 FDA 승인이 이루어졌다. 먼저 1997년 본태성 진전에 대해 승인이 이루어졌고, 이후 FDA는 2002년과 2003년에 각각 파킨슨병과 근긴장이상증에 대해, 2009년에는 강박증에 대하여 차례로 승인하였다.[65]

---

63) 21 CFR §812

64) 21 CFR §814; Leigh Anderson et al., “FDA Regulation of Neurological and Pyhsical Medicine Devices: Access to Safe and Effective Neurotechnologies for All Americans”, Neuron 92, 2016.

65) 식약처, 2020년 신개발 의료기기 전망 분석 보고서, 2020, 116면.

4. BMI

BMI 기기 중 의료기기로 품목분류된 것은 뇌파검사 기반 상지 동력운동기이다.[66] De Novo 절차에 따라 21 CFR §890.5420에서는 '뇌파검사(EEG) 기반 상지 동력운동기(Electroencephalography(EEG)-driven upper extremity powered exerciser)'가 새롭게 분류되었으며, "환자의 뇌에서 발생하는 목적 지향적인 전기적 활동을 감지하여 손상된 상지의 움직임 또는 운동을 유도하여 재활을 목적으로 하는 비침습 처방 장치"로 정의하고 있다.[67]

특별규제로서, i) 임상 성능 테스트는 장치가 예상되는 사용 조건에서 의도한 대로 작동함을 입증해야 하며, ii) 소프트웨어 검증, 확인 및 위험분석 및 iii) 인체 접촉 부분의 생체적합성 입증이 요구된다. 그 밖에 iv) 성능 데이터는 기기의 전자기 호환성·전기 안전·배터리 안전·무선 호환성 입증 및 재사용 가능 구성요소에 대한 재처리 지침을 검증해야 하며, v) 라벨링 요구사항을 준수해야 한다.[68]

66) Neurolutions사의 뇌졸중환자 재활치료용 BCI 제품(제품명: Neurolutions Upper Extremity Rehabilitation System). 다만, 이 제품은 기기를 통해 뇌파를 감지하여 재활에 적용하는 것이므로 엄격히 보면 이 장에서의 신경자극기 개념에는 부합하지 않으나, 그 규제 내용을 참고할 필요가 있다.

67) 21 CFR §890.5420(a)

68) 21 CFR §890.5420(b)

5. tDCS

신경자극술을 활용한 경우라도 의료기기 정의규정에 부합하지 않으면서 위험도가 낮다고 평가된다면 FDA의 규제 대상에 해당하지 않는다. 대표적인 예가 tDCS 기기이다. 아직까지 FDA는 tDCS 기기를 의료기기로서 규제대상으로 삼은 바가 없으며, 실제로 tDCS 제품은 온라인으로 쉽게 구매할 수 있다.

그런데 tDCS의 의료기기에 해당하는지에 대해서는 해석상 논란이 있다. FDCA 및 FDA 규정에 따르면 소비자에게 직접 판매되는 tDCS 기기를 제조업체 등이 이 기기가 질병 치료 또는 신체구조나 기능에 영향을 미치는 것을 표시하였는지에 따라 의료기기 해당 여부가 달라지기 때문이다. 한편, FDA 가이던스인 「General Wellness: Policy for Low Risk Devices」에 기술된 내용에 비추어 볼 때, 규제당국의 태도에 따라 의료기기에 해당한다고 선언될 여지가 있다. 이 경우 다른 비침습적 기기나 피부를 통한 전기자극기가 2등급으로 분류되어 왔음에 비추어, 규제대상이 될 경우 2등급에 분류되는 것이 타당할 것이다.[69] tDCS 기기에 대한 규제 문제는 의료기기 정의 규정의 해석 및 저위해도 제품의 규제 문제와 직결되므로 4절에서 다시 소개하기로 한다.

69) F. Fregni et al., “Regulatory Considerations for the Clinical and Research Use of Transcranial Direct Current Stimulation (tDCS): review and recommendations from an expert panel”, Clin Res Regul Aff. Vol. 32 No. 1, 2015, 31면.

제4절 | 저위해도의 비침습적 기기에 대한 규제 문제

Ⅰ. 의료기기로 규제되는가?

1. 의료기기에 대한 법적 정의와 판단기준

신경자극기와 관련해서는 의료 목적을 명시적으로 표명하지 않은 저위해도의 비침습적 기기, 특히 tDCS 기기를 의료기기로 볼 것인지 문제된다. 현재 국내 허가를 받은 tDCS 기기는 우울증 치료 등 의료 목적이며, 그 외 인지기능 향상 등의 목적으로 허가를 받은 사례는 없어 식약처의 입장이 명확하지 않다. 미국에서 tDCS 기기는 FDA 규제 대상이 되지 않아 일반 소비자도 온라인에서 쉽게 구매할 수 있다. 이러한 제품도 의료기기에 해당하여 FDA가 규제를 할 수 있는 제품인지에 대해 논란이 있다. 이는 의료기기 정의 규정의 법적 해석과 관련이 있다.

먼저, 우리나라의 경우 「의료기기법」 제2조에 따라 '사용 목적'을 기준으로 의료기기 해당성 여부를 규정하고 있다. 그런데 법원은 의료기기 해당 여부가 문제된 사안에서 제품의 '사용 목적(의도)'만을 기준으로 판단하기도 하며, 그 밖에 '객관적 성능'을 추가적 기준으로 하여 판단하기도 하는 등 일관되어 있지 않다.[70] 법문언을 충실히 해석한다면 의료기기 해당 여부는 표시된 '사용 목적'을 기준으로 판단하되, 그 목적을 판단할 때 제품에 표시된 사항 외에 객관적 정황을 근거로 제조업자 등의 목적을 추정할 수 있다고 보아야 한다.[71] 이 경우 제조업자 등이 의료 목

70) 의료기기 해당 여부에 사용 목적만을 판단기준으로 본 예로는 대법 2008.12.11. 2008두10393. 반면 객관적 성능을 추가적 기준으로 하여 삼은 예로는 대법 2005.3.25. 2004도8706.

71) 이원복, 디지털 헬스 시대와 의료기기의 정의, 선진상사법률연구 통권 제98호, 2022, 290－292면.

적을 표명하지 않았다고 하더라도 실제 의료 목적으로 사용되는 정황에 의해 의료기기로 해석될 수 있다. 그렇다면 과연 의료 목적(용도)의 범주를 어떻게 정할 것인가.

미국의 경우, FDCA상의 의료기기 정의 규정은 우리나라와 큰 차이가 없다.[72] 또한 규정상 '라벨링에 법적 책임이 있는 자의 객관적인 의도'를 판단기준으로 명시하고 있으면서도, 제조업자 등이 명시적으로 표시한 것 외에 외부 정황으로부터 의도한 용도를 판단할 수 있는 것으로 해석·적용되고 있다.[73] 그런데 최근 개정된 21 CFR §801.4에서는 제조업자 등이 단지 표시된 용도와는 다른 용도로 사용되고 있음을 인지하고 있었다는 사정만으로 새로운 사용을 의도하는 것으로 간주되지 않음을 명시하고 있다.[74] 이 규정을 엄격히 적용하면 제조업자 등이 '의료 목적' 외에 외부 정황으로부터 제조업자 등의 의도된 용도를 인정하여 의료기기로 규제하는 것이 사실상 더욱 어려워질 수 있다.[75]

---

72) 다만, 우리나라는 가이드라인을 통해서 일부 소프트웨어에 대해 의료기기에서 제외하고 있는 해석하는 방식을 취하고 있는 반면, 미국은 법 개정을 통해 일부 소프트웨어를 의료기기에서 명시적으로 제외하였다는 점에서 유의미한 차이를 발견할 수 있다.

73) FDA는 그간 라벨에 표시된 것 외에도 객관적 정황에 고려하여 의료기기 여부를 판단하여 왔으며, 행정기관의 법률해석을 존중하는 이른바 셰브론 원칙(Chevrom Doctrin)에 따라 미국 법원은 의료기기에 대한 FDA의 해석을 받아들이는 모습을 보여 왔다. 의료기기 해당 여부에 관한 FDA의 해석과 관련하여 셰브론 원칙을 소개한 연구로는 이원복, 앞의 논문, 2022, 301면.

74) 21 CFR §801 : Meaning of intended uses "··· however, that a firm would not be regarded as intending an unapproved new use for a device approved, cleared, granted marketing authorization, or exempted from premarket notification based solely on that firm's knowledge that such device was being prescribed or used by health care providers for such use. ···"

75) 이원복, 앞의 논문, 2022, 303면도 같은 취지.

2. 집중력 향상 등의 목적을 표명한 경우

FDA는 기기 자체의 작용 메커니즘이 아니라 제조업체가 명시한 대로 의도된 용도에 따라 의료기기인지 여부를 결정한다. 따라서 오락 목적 또는 웰빙 목적을 표명한 경우라면 의료기기에서 제외되는 반면, 암시적으로나마 질병 또는 구조/기능 주장이라고 판단되면 의료기기로 규제된다. 실제로 대부분의 소비자 tDCS 제품은 (웹사이트 등을 통해) 뇌 기능 향상 또는 최적화(enhancement or optimization of brain function)와 관련된 주장을 하고 있으며, 면책 목적으로 때로는 의료 관련성이 없음을(즉, 의료기기에 해당하지 않음을) 명시하거나 소비자가 직접 조립하는 제품의 경우 키트(kit)라는 용어를 사용하는 경우도 있다고 한다.[76)]

일단, '키트'라는 용어를 쓰는 것은 의료기기 해당 여부 판단에 영향을 주는 것은 아닌 것으로 보인다.[77)] 문제는 뇌 기능 향상 또는 최적화 주장이 의학적 치료적 의미를 갖는지 여부이다. 제조업자 등의 표현에 대하여 의료 관련 목적, 특히 구조/기능 주장에 해당하는 것으로 넓게 인정하면 많은 소비자 제품이 FDA 규제 대상이 되게 된다. Wexler는 이러한 문제에 대응하여 법원이 실제로 제조업자 등의 구조/기능 주장이 의학적 또는 치료적 함의를 가져야 하는 것으로 좁게 해석한다고 설명하고 있다.[78)]

그러나 이에 대해 관점을 달리하는 견해도 있다. 각 제조업체의 사용 목적에 관한 표현은 개별적으로 평가되어야 하지만, 제조업자들의 건강관리 및 향상 주장(wellness and enhancement claims)은 일반적으로 그 제

---

76) Anna Wexler, A Pragmatic Analysis of the Regulation of Consumer tDCS Devices in the United States, Journal of Law and the Biosciences, 2015, 679－680면. 이 논문을 국내에 처음 소개하면서 비침습적 신경자극기의 규제 문제를 본격적으로 다룬 선행연구로는 최민영, 비침습적 뇌자극기술과 법적 규제－TMS와 tDCS기술을 이용한 기기를 중심으로－, 의료법학 제21권 제2호, 2020.

77) Anna Wexler, 앞의 논문, 2015, 689면.

78) Anna Wexler, 앞의 논문, 2015, 681면.

품이 신체의 구조 또는 기능에 영향을 미친다는 주장(structure/function claims)이며, 특정 진술은 질병을 치유·완화·치료 또는 예방한다는 암시적 주장(disease claims)일 수도 있다는 것이다.[79] 현재 판매되고 있는 소비자 tDCS 제품은 인지 및 기타 기능을 지원하거나 향상시키기 위한 것임을 표방하고 있는데, 이는 FDA가 오랫동안 다른 맥락에서 '구조/기능 주장' 또는 '질병 주장'으로 판단해 온 것임을 지적했다.[80] "FDCA 규정상 의료기기에는 tDCS 기기를 포함한 모든 신경자극기가 포함되므로 FDA는 제조업자 등이 명시한 용도에 관계없이 tDCS 기기를 규제할 수 있으며, 의료기기 규정에서 제외할 법적 근거가 없다"는 견해[81]도 같은 취지로 이해된다.

이와 관련한 FDA의 입장을 확인하기 위해 FDA 가이던스를 살펴볼 필요가 있다. 2015년 1월 미국 FDA는 의료기기 정의 규정에 따라 일정한 건강관리 목적의 소프트웨어 기능을 의료기기에서 제외하기 위하여,[82] 「General Wellness: Policy for Low Risk Devices」라는 가이던스 초안을 발표했다. 2016년 7월 최종 확정된 이 가이던스(이하 "2016년 가이던

---

79) Patricia J. Zettler, What lies ahead for FDA regulation of tDCS products?, Journal of Law and the Biosciences Vol. 3 No. 2, 2016, 319면. FDA는 식이보충제에 관한 2000년 최종 규칙에서 수면 보조 및 수면 지원과 같은 주장은 ('질병'이 아닌) '구조/기능' 주장이라는 취지로 기술하고 있는데, 이러한 해석은 tDCS 제품에 대해서도 달라질 이유를 찾기 어렵다고 주장한다.

80) Patricia J. Zettler, 앞의 논문, 2016, 322면. Zettler는 같은 글에서 FDA 규제 대상을 '치료적 의미가 있는(therapeutic connotation) tDCS 제품으로 한정하려는 해석은 소비자 tDCS 제품에 대한 FDA 관할을 인정함에 있어서 심각한 장애가 되어서는 안되며, 실제 법원이 FDA가 뇌에 전류를 전달하도록 설계된 제품을 규제할 수 없다고 결정할 가능성은 희박해 보인다는 의견도 제시했다.

81) F. Fregni et al., 앞의 논문, 2015, 15면.

82) FDCA §520(o)(1)(B)는 "건강한 생활방식을 유지하거나 장려하기 위한 것이며 질병이나 상태의 진단, 치료, 완화, 예방 또는 치료와 관련이 없는" 소프트웨어는 FDCA §201(h)에 따른 장치가 아니라고 명시하고 있다. 이 조항을 해석하기 위하여 발표된 가이던스이다.

스")에 따르면 일반 웰니스 제품(general wellness products)은 "용도"에 있어서 ⅰ) 특정 질병이나 상태에 대한 언급 없이 일반적인 건강 상태 또는 건강한 활동을 유지하거나 장려하기 위한 용도이거나, ⅱ) 질병이나 상태를 참조하면서 일반적인 건강 상태와 관련된 기능을 유지하거나 개선하는 용도와 관련되어야 한다. ⅰ)에 대한 예시로, 정신적 민첩성(mental acuity)·지시 수행(instruction following)·집중(concentration)·문제해결(problemsolving)·의사결정(decision-making)·논리(logic) 개선은 물론 학습능력(learning capacity) 향상, 수면관리(sleep management) 촉진 등을 제시하고 있다. 따라서 제조업자 등이 집중력이나 인지능력 향상 등의 목적을 표명하는 경우라면 2016년 가이던스에 따르면 일응 규제대상이 아닌 것처럼 보이기도 한다. 이하에서는 목차를 바꾸어 구체적인 내용을 더 들여다보도록 한다.

3. FDA의 2016년 가이던스와 식약처의 2015년 가이드라인상의 위해도 기준

2016년 가이던스에 따르면, CDRH의 일반 웰니스 정책은 위험도가 낮은 일반 웰니스 제품에만 적용된다. 따라서 일반 웰니스 제품에 해당하려면 용도 기준 외에도 "저위험" 기준을 충족해야 한다. "용도" 기준을 충족하더라도 (a) 침습적이거나, (b) 이식되거나, (c) 레이저 또는 방사선 노출로 인한 위험과 같이 특정 규제가 적용되지 않는 경우 사용자 안전에 위험을 초래할 수 있는 기술은 제품이 낮은 위험으로 간주되지 않는다는 점을 밝히고 있다.[83)]

주목할 것은 미국은 비침습적 제품이라도 뇌신경에 대한 전기자극이 가해질 경우 이를 저위해도에서 배제하는 해석을 하고 있다는 점이다.

---

83) FDA, General Wellness: Policy for Low Risk Devices-Guidance for Industry and Food and Drug Administration Staff-, 2016.7., 5-6면.

기억력 향상을 목적으로 한 신경자극 제품이라도 전기자극으로 사용자의 안전에 위험을 제기할 수 있음을 이유로(A neurostimulation product that claims to improve memory, due to the risks to a user's safety from electrical stimulation) 저위해도로 간주하지 않는다는 것이다.[84)]

결국 2016년 가이던스에 따르면, 특정 질병을 언급하지 않는 한 수면 관리, 스트레스 관리, 집중력 또는 학습능력 향상 등의 용도를 표시한 정도라면 일반적인 건강 상태 또는 건강한 활동을 유지하거나 장려하는 것에 해당하지만, 저위해도에 해당하지 않아 일반 웰니스 제품에 포함되지 않는다는 결론에 이른다. 다만, FDA가 아직 공식적으로 의료기기로 규제한 바 없기 때문에 실제 규제에 나설지 여부는 지켜볼 필요가 있다.

그렇다면, 우리나라 식약처의 입장은 어떠할까? 인체에 대한 위해성이 거의 없는 기기에 대해서까지 「의료기기법」에 따른 규제를 할 필요가 없고 엄격한 사전규제가 산업 발전을 저해한다는 비판이 가해짐에 따라, 2015년 7월 식약처는 「의료기기와 개인용 건강관리(웰니스)제품 판단기준」이라는 가이드라인을 발표하였다. 사실 식약처의 이 가이드라인은 미국 FDA의 2015년 1월 발표된 「General Wellness: Policy for Low Risk Devices」라는 가이던스 초안을 상당 부분 참고한 것으로, 의료기기와 운동·레저 및 일상적 건강관리 목적의 개인용 건강관리 제품을 「의료기기법」 제2조의 의료기기와 구분하는 기준을 제시하였다.[85)] 이 가이드라인에서는 개인용 건강관리 제품을 "건강 상태 또는 건강한 활동의 유지·향상을 목적(일상적 건강관리용)으로 사용되거나 건강한 생활방식·습관을 유도하여 만성질환 또는 그 상태의 위험이나 영향을 줄이거나 유지할 목적(만성질환자 자가관리용)으로 사용되는 것으로 사용자의 안전에 미치는 위해도가 낮은 것"으로 정의하고 있다.

---

84) FDA, 앞의 자료, 2016, 6면. 한편, 최민영, 앞의 논문, 2020, 222－223면에서도 FDA가 2016년 가이던스에서 신경자극제품을 기술한 부분을 주목한 바 있다.
85) 식약처, 의료기기와 개인용 건강관리(웰니스)제품 판단기준, 2015.7.

이에 따르면, 식약처는 사용 목적과 위해도에 따라 의료기기인지 개인용 건강관리 제품인지를 판단한다. 제조자의 객관적 의도를 토대로 그 사용 목적이 '의료 목적'이라면 의료기기로서 규율하고, 사용 목적이 단순히 개인 건강관리용이라고 하더라도 '위해도가 높을 경우' 의료기기로서 규제의 대상이 된다.[86] 이때 '위해도'는 생체적합성 문제를 야기하는지 여부, 침습적인지 여부, 사용의도대로 작동되지 않을 경우 사용자에게 상해나 질병이 발생하는지 여부, 위급한 상황을 탐지하는지 여부, 기기의 기능이나 특성을 통제, 변경하는지 여부 등을 기준으로 판단한다. 반면, 의료 목적이 아니면서 위해도가 낮은 경우에는 의료기기가 아닌 개인용 건강관리 제품으로 판단된다.

그런데 식약처의 가이드라인은 미국의 해당 가이던스의 기준과 예를 사실상 그대로 수용한 것으로 보임에도 일상적 건강관리용·만성질환자 자가관리용 제품 및 위해도 판단의 구체적인 예시가 부족하다. 특히 FDA와 같이 신경자극기를 저위해도에 해당하지 않는다는 명시적인 언급도 없다. 고위해도 제품의 예시로 '장치의 전기적 특성으로 이상 징후 우려가 있는 제품'이라는 표현은 있으나,[87] 전기제품 중 어느 범주를 예정한 것인지 구체성이 부족하다고 보인다. FDA가 2015년 1월 초안을 발표한 후 2016년 7월에서야 최종 확정 발표하면서 규제요건을 명확히 하기 위한 여러 예시 및 설명을 추가하였다는 점에서 우리도 그 요건을 더 구체화할 필요가 있다.[88]

---

86) 이 지침에 따르면, '사용 목적'은 제조자 등에 의해 제공된 규격(specification), 설명서(instruction), 정보(information) 등에 표현된 제품의 사용방법 등에 관한 제조자의 객관적인 의도로 판단하여야 한다. 먼저 해당 제품이 개인의 건강관리 목적, 즉 개인의 건강 상태 또는 건강한 활동의 유지 및 향상을 목적으로 사용되거나 건강한 생활 방식과 습관을 유도하여 만성질환 또는 그 상태의 위험이나 영향을 줄이거나 유지할 목적으로 개발된 것이라 하더라도 바로 개인용 건강관리 제품에 해당하지 않는다.

87) 식약처, 의료기기와 개인용 건강관리(웰니스)제품 판단기준, 2015.7., 9면.

88) 참고로, 2017년 5월 발효된 EU의 의료기기 규칙(Medical Device Regulation)에서는 직접 전기나 자기를 통하여 뇌를 자극하는 기기(Equipment intended for brain

II. 의료기기로서 규제하지 않는 경우

식약처의 가이드라인이나 FDA의 가이던스는 엄격히 말하면 법적 구속력이 없기 때문에 그 내용을 통해 규제기관의 태도를 가늠하는 정도에 그칠 수밖에 없으며, 살펴본 바와 같이 그 내용마저도 여전히 불분명한 부분이 있다.

미국의 경우 가이던스에 따라 tDCS 기기를 의료기기로 판단하더라도 FDA가 실제로 규제에 나설지는 불분명하다. FDA가 이른바 '집행재량(enforcement discretion)'을 행사하여 잠정적으로나마 규제하지 않는 정책을 취할 수 있기 때문이다.[89] 현실적으로, 규제기관으로서는 소비자 tDCS 제품을 의료기기로 규제하기로 결정하면 어떻게 규제해야 하는지에 대한 어려운 문제에 직면하게 된다. 치료보다는 건강한 개인의 인지기능 향상을 위한 제품에 있어서 안전성과 효과성은 무엇이며, 소비자가 가지는 편익과 위험의 불확실성이 규제 수준에 어떻게 반영되어야 하는지에 결정하여 이를 정책에 반영하기는 쉽지 않다.[90]

---

stimulation that apply electrical currents or magnetic or electromagnetic fields that penetrate the cranium to modify neuronal activity in the brain)를 명시적으로 규제 대상으로 포함시키고 있다. MDR 제1조 제2항 및 부속서 16에 따라 의료 목적을 의도하지 않은 경우라도 유사한 기술을 기반으로 의료 목적의 유사한 기기에 대한 기존의 조화된 기준을 고려하여 규제를 적용할 수 있도록 하고 있는 것이다(최민영, 앞의 논문, 2020, 227면). 이러한 입법적 규율 방식이 미국과 국내 입법에 어떤 영향을 줄지 지켜볼 필요가 있다.

89) 미국에서는 연방 행정청이 전략적으로 특정한 법 집행 결정을 할 자유가 관행적으로 인정된다. '집행재량(enforcement discretion)'이란 법 위반에 대한 제재 여부나 시기뿐만 아니라 규제의 방식·정도의 선택과 결정 등 법 집행과 관련하여 행정청에 인정되는 광범위한 재량을 말한다. Shedd, Daniel T./Garvey, Todd, A Primer on the Reviewability of Agency Delay and Enforcement Discretion, Congressional Research Service, 2014.9., 4면.

90) Patricia J. Zettler, 앞의 논문, 2016, 322-323면도 같은 취지.

한편, 우리나라의 경우 미국과 달리 우울증 치료 목적이긴 하지만 이미 tDCS 기기를 3등급으로 분류하고 있다는 점과 가이드라인에서도 "전기적 특성으로 이상 징후 우려가 있는 제품"을 포괄적으로 고위해도 제품으로 규정하고 있다는 점을 고려할 때, 집중력 향상 등을 목적으로 하는 tDCS 기기라도 이를 명시적으로 규제 대상에서 제외할 것으로 보이지는 않는다. 반대로 의료기기로서 적극적으로 규제하겠다는 식약처의 명시적인 태도도 아직 확인되지 않는다.

만약 tDCS 기기와 같은 비침습적인 저위해도 신경자극기를 의료기기로 규제하지 않는 경우 소비자 보호를 위한 규제는 전무한 것인가? tDCS 제품에 대해서는 이미 포괄적인 규제프레임이 존재한다고 볼 수 있다. tDCS 기기가 의료기기로서 규제를 받게 된 거의 유일한 예로 2013년 tDCS Device Kit, Inc.,라는 회사가 부정표시, 불량(제조품질관리 위반) 및 FDA의 승인을 받지 않은 의료기기라는 이유로 주 차원의 제재가 이루어진 사실을 들 수 있다.[91] 또한 FDA의 규제권한이 미치지 않는다고 하더라도 일반 소비자 제품의 안전 및 광고 규제에 관한 여러 법률들이 적용된다. 연방 차원에서는 광고 규제는 연방통상위원회(Federal Trade Commission, 이하 "FTC")가, 안전과 관련해서는 소비자제품안전위원회(Consumer Product Safety Commission, 이하 "CPSC")가, 무선 주파수 출력 규제에 대해서는 연방통신위원회(Federal Communications Commission, 이하 "FCC")가 각각 관할을 가지고 있다.[92] 또한 연방 규정 외에도 개별 주에는 건강·안전 및 의료기기 관련 법률에 따라 주가 관할권을 가지기도 한다.

91) 이 제재는 사용자가 조립하여 쓰는 tDCS 키트라고 해도 FDCA에 따른 법적 기준을 준수해야 하는 의료기기에 해당함을 전제하고 있다. Anna Wexler, 앞의 논문, 2015, 687-688면.

92) 최민영, 앞의 논문, 2020, 225-226면; Anna Wexler, 앞의 논문, 2015, 691면 이하.

우리나라에서는 현재 우울증 치료 등 목적으로 제조 또는 수입허가를 받은 것 외에 집중력 향상 등의 목적으로 tDCS 기기가 제조허가 등을 받은 사례는 없으며, 해외직구 등의 방식으로 일반 소비자에게 판매되고 있지만 식약처의 규제를 받은 사례는 확인되지 않는다.

물론 우리나라에서도 식약처의 규제 대상에 해당하지 않는 경우라도 일반 전기제품으로서 안전규제를 받게 되며, 구입 및 사용과정에서 사업자의 거짓·과대광고나 오작동 및 상해 등의 피해가 발생한 경우 「전자상거래에서의 소비자보호에 관한 법률」 등 일반 소비자보호법제가 적용된다. 문제는 이와 같이 제품의 경계가 불분명한 경우 자칫 기관 간 중복규제나 규제의 사각지대가 발생할 우려도 있다는 점이다. 특히 비전문가인 일반인이 손쉽게 구매하여 오작동하거나 명시된 목적 외 또는 적정 사용 한도를 초과하여 사용하는 경우 그에 따른 안전성 확보가 가장 심각하게 우려된다.

Ⅲ. 유연하고 합리적인 규제의 필요성과 그 방향

앞에서 살펴본 바와 같이 미국에서는 제조업자 등이 저위해도의 비침습적 기기에 대해 '질병' 또는 '구조/기능'에 관한 언급을 하지 않고 '수면지원' 또는 '인지기능 향상'과 같은 표현을 한 것에 불과하더라도 경우에 따라서는 객관적 정황에 기초하여 의료기기로 판단될 수 있게 된다. 또한 FDA의 2016년 가이던스에 따르면 이러한 기기는 사용 목적(용도)에 따라 일반 웰니스 제품으로 판단될 여지가 있었으나, 가이던스에서 이를 고위해도 제품으로 예시하고 있다는 점에서 FDA가 향후 이를 의료기기로 선언할 가능성도 배제할 수 없다.

물론 의료기기 정의 규정에 부합한다고 하더라도 FDA가 집행재량을 행사할 경우 실제 규제 대상에서는 제외될 수 있다. 미국에서는 의료기기 정의 규정에 부합하더라도 곧바로 규제하지는 않고 이후 필요에 따라 규제대상에 포함하는 등 좀 더 유연하게 법을 집행할 수 있는 여지를 주고 있는 것이다.

이러한 재량 행사가 쉽게 받아들여지지 않는 우리나라에서는 의료기기로 규제할 것이냐의 문제는 곧 의료기기에 해당하느냐의 문제와 직결된다. 따라서 저위해도의 신경자극제품으로서 의료 목적을 제조업자 등이 명시하지 않았다 하여 규제기관이 의료기기 규제 대상에서 제외하는 해석을 하는 것은 신중을 기할 필요가 있다. 의료영역에 근접한 제품이고 소비자 보호를 위하여 규제가 필요함에도 불구하고 의료기기에 해당하지 않는다고 보면 규제의 공백이 생길 여지가 있다.[93]

그런데 제조업자 등의 입장에서는 의료기기로서 규제 대상에 해당하면 엄격한 인허가 절차를 거쳐야 하고 경우에 따라 임상시험까지 요구되면 막대한 비용과 시간이 소요된다. 이러한 점을 고려하면 적어도 의료기기로서 규제 대상인지에 대해서는 식약처가 보다 명확한 가이드라인을 제시해 주어야 한다. 물론 사전검토제도 및 담당부서와의 소통을 통해 답변을 받을 수 있으나, 개별적 질의·응답에 앞서 법적 구속력있는 고시 등을 통해 의료기기 해당 여부 및 위해도 판단에 대한 구체적인 기준이 제시될 필요가 있다.

다만, 이러한 경우라도 저위해도 의료기기에 대해 기존 규제를 그대로 엄격히 적용할 필요가 있는지는 별개의 문제이다. 의료기기 해당성을 인정하되 위해도가 극히 적은 경우라면 의료기기에 적용되는 일부 규정을 적용 배제함으로써 시장 진입의 문턱을 낮추는 것이 더 합리적이다. 섬세한 법집행이 필요한 영역에서 효율성과 구체적 타당성을 추구하고 법

93) 이원복, 앞의 논문, 2022, 293면.

규의 불명확성과 엄격성에 따른 한계를 극복하기 위해 제한적으로나마 법 적용을 배제·보류하는 규제기관의 권한은 권력분립 하에서도 허용되어야 할 것이다.[94] 그러나 미국과 같이 관행상 특정 품목군에 대해 "의료기기에 해당하지만 의료기기로서 규제하지 않겠다"고 규제기관이 선언하는 행정청의 재량행사가 일반적으로 받아들여지기 어려운 우리의 여건을 고려할 때,[95] 명확한 법규로서 예외를 마련해야 한다. 나아가 추후 사용 환경이나 기술결합에 따라 위해성이 높아지거나 확인되지 않았던 위해성이 사후에 확인될 경우 등 위험관리의 필요성이 증대하는 경우 다시 규제 수준을 높임으로써 탄력적으로 대응할 필요가 있다.

94) 박정연·이원복, 미국 행정청의 집행재량(enforcement discretion)에 관한 법리와 시사점－부집행(non－enforcement) 행정작용을 중심으로－, 공법연구 제45집 제3호, 2017, 240면.

95) 우리 법제에서도 행정청의 재량적 판단에 따른 부집행 결정이 가능한지에 대한 검토는 박정연·이원복, 앞의 논문, 2017, 239면 이하.

제5절 | 신경자극기의 사용 확대를 위한 규제 개선과 위험관리

Ⅰ. 인허가 절차의 지연 방지

안전성과 유효성에 대한 검증이 불충분하다는 지적에도 불구하고 신경자극술은 여러 임상적 유용성을 지니고 있다. 신경자극술은 기존의 여러 정신의학적 치료법을 병용하는 등의 방법으로 난치성 우울장애와 강박장애, 만성적인 양극성 장애와 조현병 등 정신의학의 생물학적 치료의 한계를 극복하는 데 도움이 된다. 특히 비침습적 신경자극술은 환자의 부담을 최소화하면서 증상을 호전하는 데 유용한 선택지가 될 수 있으며, 환자의 치료 동의를 얻기 쉽고 부작용이 적어 향후 빠른 임상 적용이 가능하다는 장점이 있다.[96] 나아가, 스마트폰 등의 활용과 신경활동 감지센서 등 기술 융합으로 개인별 맞춤형 치료와 치료의 고도화를 꾀할 수 있다는 점에서 기대를 모은다.[97]

그런데 새로운 기술을 적용한 의료기기는 인허가 절차에 있어서 등급은 물론 품목분류가 모호하여 시장진입에 상당한 시간이 소요되기도 한다. 따라서 절차 지연을 해소하고 필요 이상의 규제는 제거하여 새로운 기술의 편익을 제때 활용할 필요가 있다. 앞에서 소개한 것처럼 한국과 미국은 의료기기 인허가 절차의 신속을 위한 많은 제도적 개선을 이루었다.[98] 다만, 정책적 시사점으로 미국의 De Novo 제도를 주목할 필요가

96) 노대영 외, 앞의 논문, 2017, 173면.

97) 노대영 외, 앞의 논문, 2017, 172면.

98) 한편, 의료기기로서 인허가 절차를 모두 거친 신경자극기라도 국내에서는 「의료법」에 따른 신의료기술평가 및 「국민건강보험법」에 따른 급여 또는 비급여 결정이 이루어져야 실제로 의료 현장에서 활용될 수 있다. 이러한 의미에서 의료기기에 대한 실질적인 진입규제는 의료기기 인허가 및 신의료기술평가, 급여(비급여) 결정을 포함하게 되며, 이 단계에서 시장 진입에 어려움을 겪는 경우가 많다. 최근 인허가 이

있다. FDA는 새로운 기술에 기반한 의료기기가 기허가 제품과 본질적 동등성이 인정되지 않아 위해도가 낮은 경우라도 3등급으로 분류되어 인허가 단계에서 발생하는 어려움을 De Novo 절차를 통해 보완하고 있는 듯하다. 실제로 신경자극기 중 De Novo 절차를 통해 FDA 승인을 얻어 시장에 출시된 사례도 있다. 대표적인 예로, BCI 기기가 지난 2021년 4월 미국에서 최초로 뇌졸중 재활 목적으로 FDA 승인을 받은 바 있다.[99] 본질적 동등성을 비교할 기허가 제품이 없는 경우 3등급으로 분류되고 임상시험을 위해 IDE 승인을 받아야 하나, 이 제품은 De Novo 절차를 통해 2등급으로 분류되었다.[100] 이 제품은 먼저 FDA의 혁신의료기기로 지정되어 신속한 인허가 절차 및 지불보상에 있어서 혜택을 받게 되었다.

우리나라의 경우 기허가 제품과의 동등성 여부는 등급분류와 직결되는 것이 아니나, 시장진입 과정에 상당한 영향을 준다. 본질적 동등성 여부에 따라 우리나라에서도 위해도가 낮은 의료기기임에도 임상시험이 요구되거나 위해도가 높음에도 임상시험이 면제되는 사례가 발생함에 따라,[101] 관련 제도의 개선 요청이 강하게 제기되었다. 이러한 문제에 대한 식약처의 개선 노력이 진행 중인 만큼[102] 미국의 De Novo 분류 요청 절차, 세부적인 동등성 판단기준 및 De Novo 승인 제품의 위험관리 방안 등을 참고할 필요가 있다.

후 단계에서의 절차 지연을 방지하기 위해 의료기기 인허가 신청과 동시에 신의료기술평가 및 요양급여·비급여대상 여부 확인을 함께 신청할 수 있도록 개선되었다.

99) Neurolutions사의 뇌졸중환자 재활치료용 BCI 제품(제품명: Neurolutions Upper Extremity Rehabilitation System.

100) FDA 홈페이지, (https://www.fda.gov/news－events/press－announcements/fda－authorizes－marketing－device－facilitate－muscle－rehabilitation－stroke－patients, 2023.10.30. 최종방문)

101) 식약처, 의료기기 기술문서 심사 이해하기 가이드라인, 2021.9.

102) 식약처, 의료기기 본질적 동등비교 방안 개선' 온라인 설명회 발표 자료, 2021.2.

II. 임상시험을 위한 사용 허가 등

신경자극술은 신경계 및 정신장애 치료에 점점 확대되고 있기 때문에 실제 의료 현장에서는 물론 연구를 통해 효능을 향상시키고 새로운 기술을 개발하며 안전성을 확인하는 것이 필요하다.[103] 이러한 점에서 신경자극기 사용은 치료와 연구의 접점에 위치하며, 연구 촉진을 위한 규제 개선도 필요하다.

의료기기는 인허가 준비과정뿐만 아니라 인허가 후라도 추가적인 안전성·유효성 검증이나 다른 적응증 탐색 등을 목적으로 임상시험에 사용하는 경우가 많다. 그런데 임상시험을 위한 것이라도 규제기관의 승인없이 함부로 의료기기를 사용할 수 없다. 의료기기 인허가 또는 연구 목적으로 임상시험을 실시하는 경우 「의료기기법」에 따른 기준을 충족하여 임상시험계획 승인을 얻어야 한다. 미국의 경우에도 승인되지 않은 의료기기는 임상시험용 의료기기 면제인 IDE(Investigational Device Exemption) 규정을 따른다.[104] 이는 안전성 및 유효성 자료의 확보를 위해 승인을 받기 전 임상시험 목적으로 의료기기 사용을 허용해주는 것이다. IDE가 허용되면 FDA 요구 사항 외에도 의료기기에 대한 임상연구는 임상연구가 수행되는 병원 또는 기타 시설에 위치한 IRB(Institutional Review Board)에서 모니터링한다.

---

103) Huseyin Ozturk·Sathish Venugopal, Transcranial Magnetic Stimulation as a Thera－peutic Option for Neurologic Diseases and Psychiatric Disorders: A Systematic Review, Cureus Vol.14 No.8, 2022, 6면 <doi: 10.7759/cureus 28259>; Jamie D. Feusner et al., 앞의 논문, 2012, 212면.

104) 21 CFR §812. 미국에서 tDCS 기기를 사용한 임상연구로는 Soterix Medical사의 소아다운증후군에서 IQ를 개선하기 위한 임상시험, NeuroConn사의 주요우울장애 환자를 위한 가정에서의 경두개 직류자극 제한 총에너지 신경조절시험 등의 목적으로 IDE 승인을 받은 사례가 있다. 김한빛, 경두개 직류전기자극 기기의 안전관리 이슈에 대한 고찰, 미래의료인문사회과학 제3권 제2호, 2021, 38면; F. Fregni et al., 앞의 논문, 2015, 16면, 25면.

그 밖에 일정한 경우 임상시험용 의료기기를 사용할 수 있는 제도로는 긴급사용(Emergency Uses),[105] 온정적 사용(Compassionate Treatment)[106] 및 치료 IDE(Treatment Investigational Device Exemption)[107]를 들 수 있다.[108] 우리나라도 치료 목적 사용[109] 또는 응급사용[110]과 같이 임상시험용 의료기기라도 일정한 요건하에 치료 목적으로 사용할 수 있는 규정을 마련해 두고 있다.

---

105) 이용 가능한 대안이 없고 FDA 승인을 얻기 위해 기존 절차를 사용할 시간이 없을 때 생명을 위협하는 상황을 즉시 해결할 수 있는 연구용 기기에 대한 접근을 환자와 의사에게 제공하기 위한 제도(21 CFR §812.35(a)(2)).

106) 이용 가능한 대안이 없을 때 심각한 질병이나 상태가 있는 개별 환자 또는 소수의 환자 그룹을 치료하거나 진단하기 위한 임상연구용 기기를 사용할 수 있는 제도(21 CFR §812.35(a)). 치료 의사가 장치가 자신의 질병이나 상태를 진단, 모니터링 또는 치료하는 데 도움이 될 수 있다고 믿는 환자를 위해 FDA 승인 또는 허가를 받지 않은 연구용 기기를 사용할 수 있는 경로이다. 이에 대한 FDA 승인이 필요하며 사후보고도 필요하다.

107) 승인된 임상시험 과정에서 IDE에 따라 기기가 연구되고 있을 때 심각하거나 즉각적인 생명을 위협하는 질병 또는 상태가 있는 환자 그룹을 치료하거나 진단하기 위해 연구 기기를 사용할 수 있는 제도(21 CFR §812.36). 이에 대한 FDA 승인과 사후보고가 필요하다. 치료 IDE는 시판 이전 기기 개발 프로세스 초기에 가능한 한 조기에 절박한 환자에게 유망한 새 기기를 제공하고 기기의 안전성과 효과에 대한 추가 데이터를 얻을 수 있도록 한다.

108) FDA 홈페이지, “Expanded Access for Medical Devices” (https://www.fda.gov/medical-devices/investigational-device-exemption-ide/expanded-access-medical-devices, 2023.10.30. 최종방문)

109) 식약처로부터 임상시험계획 승인을 받은 후, 생명을 위협하는 중대한 질환 등을 가진 환자를 치료하기 위하여 일정한 요건하에 임상시험용 의료기기의 사용을 인도적 차원에서 허용하는 제도(「의료기기 임상시험계획 승인에 관한 규정」 제2조 제1항 제6호).

110) 식약처가 임상시험계획을 승인하기 전이라도 응급상황인 경우에 임상시험용 의료기기를 사용할 수 있는 제도(「의료기기 임상시험계획 승인에 관한 규정」 제2조 제1항 제7호). 임상시험심사위원회의 사전 승인이 없어도 되지만, 사후 보고는 필요하다.

Ⅲ. 허가 외 사용(Off-label Use)의 문제

신경자극기는 의사들이 치료 과정 또는 연구 과정에서 허가받지 않은 적응증 등에 사용하는 경우가 많다는 점에서 허가받은 목적 외로 기기를 사용하는 이른바 '허가 외 사용(Off－label Use)'이 허용되는지 살펴볼 필요가 있다. 이에 대한 명시적 규정은 확인되지 않으나, 의약품과 마찬가지로 우리나라는 허가 외 사용의 경우 식약처로부터 안전성과 유효성에 대한 검토를 받아야 하는 것으로 해석하고 있다.[111]

미국의 경우에도 허가받은 목적 외로 의료기기를 사용하는 것은 법 위반에 해당하지만, 일반적으로 안전한 것으로 간주되는 치료법을 사용하여 용량 등을 변경하지 않고 FDA에서 승인한 것 이외의 적응증 또는 의도된 용도에 적용하는 것은 허용되고 있다.[112] 이때 의사는 승인된 의료기기에 대해 라벨에 없는 적응증에 제품을 의료행위 목적으로 사용해야 하며, 제품에 대해 잘 알고 확고한 과학적 근거와 건전한 의학적 증거에 따라 제품을 사용하고 제품 사용 및 효과에 대한 기록을 유지해야 할 책임이 있다. 이러한 방식으로 사용하는 경우 IDE 또는 IRB(Institutional Review Board)의 검토를 제출할 필요가 없다.[113] 미국에서는 위험도에

---

111) 의약품의 경우 원칙적으로 허가 외 사용이 인정되지 않지만, 보건복지부는 고시를 통해 일정한 요건하에 허용하고 있다. 반면, 의료기기는 이러한 제한적 사용 가능성을 확인할 수 있는 공식적인 자료가 보이지 않는다. 다만, 의료기기의 경우에는 광고와 관련하여 의료기기 품목 허가(인증)를 받은 사용 목적을 벗어난 임상자료나 관련 논문, 학술자료, 제품 브로셔 등은 「의료기기법」 제24조 제2항 제1호(의료기기의 명칭·제조방법·성능이나 효능 및 효과 또는 그 원리에 관한 거짓 또는 과대광고 금지) 위반이라 밝힌 바 있다. 식약처, 2017년 자주하는 질문집(의료기기 분야), 2017, 78면.

112) 김한빛, 앞의 논문, 2021, 38면.

113) FDA, "Off－Label" and Investigational Use Of Marketed Drugs, Biologics, and Medical Devices: Guidance for Institutional Review Boards and Clinical Investigators, (https://www.fda.gov/regulatory－information/search－fda－guidance－documents/label－and－investigational－use－marketed－drugs－biologics

따른 임상시험 규제를 차등화하고 있는데, 중대위험에 이르지 않은 경우(Non−Significant Risk, 이하 "NSR")에는 IRB의 승인만 얻으면 된다. 반면, 중대위험을 포함하는 경우(Significant Risk, 이하 "SR")에는 IRB와 FDA 모두로부터 승인을 받아야 한다. 미국에서는 IRB 승인을 받은 많은 연구가 허가 외 사용으로 NSR 승인을 얻을 수 있었다.114)

허가 외 사용에 대한 규정은 국가의 정책에 따라 허용 여부가 달라지며, 대부분의 경우 명확히 규정하고 있지는 않은 듯하다. 우리나라에서는 의약품뿐만 의료기기에 있어서도 허가 외 사용의 양성화에 대한 산업계 및 의료계의 요구와 우려가 병존한다. 그런데 희귀질환 환자나 임상시험에서 제외될 수 있는 조건을 가진 환자의 경우에는 의료제품의 허가 외 사용이 유일한 희망이며 선택이 될 수 있다.115) 신경자극기의 경우 특정 질환에 관한 치료 등의 목적으로 허가를 얻은 경우라도 적응 대상 질환이 과학적 근거를 통해 명확히 한정된 것은 아니기 때문에 허가 외 사용에 대한 요구는 더 높을 것으로 보인다.

의료기기 허가 외 사용에 대해서는 국내 연구는 물론 식약처의 지침이나 관련 문헌도 확인되지 않아 이 글에서 단정적으로 서술하기는 어렵다. 그러나 의료기기에 대해서도 편익과 위험을 고려하여 제한적으로나마 허가 외 사용을 허용해 줄 필요가 있다. 새로운 적응증에 대해서는 임상시험을 통해 허가를 받는 것이 정당하지만, 희귀질환 또는 취약환자들을 대상으로 한 임상시험은 윤리적 문제나 환자모집의 어려움이 있는

−and−medical−devices, 2023.10.30. 최종방문)
한편, F. Fregni et al.은 미국에서 tDCS의 오프라벨 사용이 허용된 예는 이온영동(Iontophoresis) 장치를 활용한 예가 있으나, 처음부터 머리에 적용하도록 설계되지는 않았으며 기존 tDCS 프로토콜을 초과하는 출력을 가지는 등 장치와 용량, 기술이 다르다는 점을 지적하고 있다. F. Fregni et al., 앞의 논문, 2015, 17면.

114) F. Fregni et al., 앞의 논문, 2015, 16면.

115) Medicaldevices−network.com, Comment, "Off−label Use of Medical Devices", (https://www.medicaldevice−network.com/comment/commentoff−label−use−of−medical−devices−5820363, 2023.10.30. 최종방문)

등 정식의 임상시험을 통한 유효성 검증이 용이하지 않다는 점도 고려해야 한다.116)

Ⅳ. 위험관리

기술의 발전에 따라 신경자극기도 고도화와 유형의 다변화를 보이고 있다. 새로운 기술에 기반하고 기술간 융합이 이루어질수록 규제 여부와 규제 내용·절차에 대한 모호함이 발생하기 때문에 각국은 이를 제거하기 위한 법제 개선을 꾸준히 추진해왔다.

신경자극기는 특정 질병에 있어서 표준적 치료법은 아니지만 다른 치료방법이 없거나 효과가 없는 경우 추가 또는 병행하여 사용하는 경우가 많다. 이 과정을 거쳐 점차 적응증이 확대되거나 효과가 입증되면서 안정화 단계를 거치게 된다.117) 이러한 점에서 임상시험 등 신경자극기의 사용 확대 및 허가 외 사용을 통해 그 활용을 촉진할 필요도 존재한다. 그러나 이와 같은 사용 확대로 새로운 기술의 임상 적용이 증가하는 만큼 지속적인 위험관리와 연구도 필요하다.

미국과 한국 모두 신경자극기를 포함한 의료기기에 대해 비교적 유사한 내용의 사전·사후 관리체계를 갖추고 있으며, 의료기기가 가지는 위험과 편익을 고려하여 규제 여부와 규제 수준을 결정하고자 한다. 이때, 현재의 기술 수준과 임상연구 설계의 한계 등으로 아직 확인되지 못한 위험을 고려하여 적절한 규제 수준을 결정하는 것은 물론 사후 위험관리를 위한 구체적인 기준을 마련해야 한다.

---

116) 신주영 외, 의약품오프라벨사용과 근거중심의사결정, 약물역학위해관리학회지 제3권 제1호, 2010, 2면.

117) 최민영, 침습적 뇌자극기술과 법적 규제, 의료법학 제23권 제2호, 2022, 122면.

살펴본 바와 같이 한국과 미국의 의료기기 사후관리체계는 점차 보완·강화되어 왔다. 최근 신경자극기는 뇌 신호 데이터와 증상, 부작용, 약물섭취 등 환자가 기록한 행동 및 경험데이터를 연계하여 개인 맞춤형 치료를 하거나 뇌파를 분석하여 기계조작이 동시에 일어나게 하는 등의 기술까지 가능해지고 있다. 이러한 점에서 인허가 단계에서뿐만 아니라 시판 후 제품의 안전성 등을 조사하여 재평가함은 물론 유사 제품의 안전성·유효성 평가에 있어서 RWD를 활용하는 사후적 위험관리 방안을 구체화해야 한다.[118] 이를 위해서는 의료기기가 환자 치료에 사용될 때 의료기기의 UDI를 전자건강정보시스템(EHR)에 통합할 필요가 지적되어 왔으며, FDA는 관련 시범사업 수행과 함께 가이던스를 발간하는 등 관련 제도 개선을 위해 노력하고 있다.[119] 이러한 관점에서 우리 식약처의 관련 노력과 앞으로의 방향도 주목된다.[120]

한편, 현재 의료기기로 판매되고 있는 제품뿐만 아니라 저위해도의 소비자 제품 역시 위험관리에서 벗어나서는 안 될 것이다. 현재 제품화된 신경자극기는 단기 사용의 경우 위해도가 거의 없는 것으로 알려져 있다. 특히 tDCS는 가려움증이나 따끔거림, 두통, 화상이나 불편함과 같은 경미한 부작용이 보고되기는 하지만, 비교적 안전한 기술로 소개되고 있다.[121] 그러나 장기간의 사용 효과에 대한 연구는 충분하지 않으며,[122]

---

118) 식약처는 2019년 '의료기기의 실사용증거(RWE) 적용에 대한 가이드라인(민원인 안내서)'을 발간하였으나, 실사용증거의 적용 영역과 기준 및 고려사항 등은 앞으로 더 구체화되어야 한다.

119) 김동숙·송인명, 앞의 논문, 2023, 30－31면.

120) 식약처는 2019년 가이드라인 발간에 이어, 2023년 6월 「의료기기 허가·신고·심사 등에 관한 규정」을 개정하여 빅데이터, 인공지능(AI) 등 디지털 기술을 적용한 의료기기 등의 허가 시 임상시험 자료로써 RWE를 사용할 수 있도록 하여 안전성·유효성 검증에 RWE를 적극 활용하려는 정책을 규범화하였다.

121) Brunoni AR, Nitsche MA, Bolognini N, Bikson M, Wagner T, Merabet L, et al., Clinical research with transcranial direct current stimulation (tDCS): challenges and future directions, Brain Stimul Vol. 5 No. 3, 2012, 11면.

122) F. Fregni et al., 앞의 논문, 2015, 6면.

정해진 환경 외에서의 사용에 대한 안전성이 불확실하다는 점에서 위험 관리가 필요하다고 본다. 소비자 tDCS 제품의 광범위한 상업적 판매에도 불구하고, 안전성 및 유효성에 대한 규제가 부족하다는 지적[123)]도 같은 맥락이다.

123) 김한빛, 앞의 논문, 2021, 45면.

Chapter

05

신경과학기술의 민사상 · 형사상 주요 쟁점

Chapter

05 신경과학기술의 민사상 · 형사상 주요 쟁점

제1절 | 신경과학기술과 민사법적 쟁점[1)]

I. 서론

이하에서는 신경과학기술 연구 및 이용의 민사법적 의미를 검토하기로 한다. 민사법적으로는 이 기술들의 활용이 의사에 의해 이루어지는 경우 환자의 동의가 필요하다는 점 그리고 기술을 적용한 결과 환자에게 악결과가 발생한 경우의 손해배상 문제가 가장 주목할 만하다.

침습적 신경기술에 해당하는 뇌심부자극술(이하 "DBS")이나 뇌-기계 인터페이스(이하 "BMI")는 정확한 위치에 전기자극을 주거나 뇌파를 정확하게 측정할 수 있어 그만큼 활용효과가 높지만, 침습적 기술이라는 점, 특히 두개(頭蓋) 수술을 한다는 점에서 감염이나 기타 뇌조직 환경을 변

1) 이 절의 II와 III의 기술 중 침습적 신경기술에 관한 내용은 김수정, 뇌신경과학 연구 및 기술에 대한 민사법적 대응, 의료법학 제24권 제2호, 대한의료법학회, 2023, 147면 이하의 내용에 기초한 것이다.

경시키는 등의 부작용 위험이 비침습적 방법보다 높다[2]는 문제가 있다. 반면 이러한 신경기술의 적용을 받는 환자들의 상당수는 뇌신경이 정상적으로 기능하지 않는 상황에 있고, 따라서 정상적으로 의사를 표현하거나 판단할 능력이 부족한 경우가 많다. 신경기술의 적용으로 야기될 가능성이 있는 위험은 높은 반면, 그 위험을 인식하고 동의해야 할 환자의 판단능력이 부족한 경우가 일반적으로 존재한다는 점에 그 특수성이 있다. 또한 후술하겠지만 신경기술은 많은 경우 임상시험의 단계에 머물러 있는 경우가 많고 그만큼 기대되는 이익보다 우려되는 위험이 높은 경우가 많아 더 문제가 될 수 있다. 비침습적 신경기술에 해당하는 경두개자기자극법(이하 "TMS")나 경두개전류자극법(이하 "tCS")도 발작을 일으킬 위험이 있다는 것이 알려져 있으며, 그 외에도 아직 알려지지 않은 부작용이 있을 것으로 우려되는 만큼 이러한 사실을 설명하고 동의를 받을 필요가 있다.

신경기술의 적용이 이루어진 후에 부작용이 발생하게 되면 환자는 손해배상청구를 하게 되는데, 누구를 상대로 어떤 청구를 할 수 있는지 검토를 요한다. 의료과실로 인해 회피가능한 부작용이 발생한 경우에는 그로 인한 손해배상을, 수술의 위험에 대해 충분한 설명을 하지 않은 경우 자기결정권 침해를 이유로 한 손해배상을 의사 측에 청구할 수 있을 것이다. 또한 신경기술의 적용은 기기를 통해 환자의 신체에 영향을 미친다는 점에서 의료기기의 제조물책임도 문제될 수 있다.

2) Glannon W., Neuromodulation, agency and autonomy, Brain Topogr Vol. 27 No. 1, 2014, 46－54면. doi: 10.1007/s10548－012－0269－3. Epub 2013 Jan 16. PMID: 23322211, p. 50

II. 적법한 신경기술의 적용을 위한 요건

상호신뢰를 바탕으로 최선의 치료에 도달하기 위해서는 환자가 자신에게 시행되는 의료행위에 대해 이해하고 동의하는 의사소통의 과정이 필요하다.[3] 환자에게 의료행위의 시행여부에 대한 자기결정권이 보장되어야 한다는 점에서 환자의 동의만 있으면 의료행위가 정당화되는 것이 아니라, 환자의 의료행위에 대한 부족한 지식을 보완하여 실질적인 자기결정권이 보장될 수 있도록, 의사가 환자에게 질병의 증상, 치료방법의 내용 및 필요성, 발생이 예상되는 위험 등에 관해 설명을 한 뒤 동의를 받아야 한다. 이러한 설명에 의한 동의는 환자의 자기결정권의 핵심에 해당하므로, 원래 환자 본인이 설명을 듣고 스스로 의료행위를 받을지 여부를 판단해야 한다.[4] 그런데 신경기술의 적용을 받아야 하는 잠재적 후보군들은 판단 능력이 일반인보다 못하거나 아예 판단을 할 수 없는 경우가 상당하다. 설명에 의한 동의를 할 수 없는 환자의 경우 누가 어떤 요건하에서 대신 동의해 줄 수 있는지 검토가 필요하다. 또한 환자는 의료행위를 받을지 여부를 판단하는 데 영향을 미칠 수 있는 사항들에 대한 설명을 들어야 하는데, 현재 임상시험 중이어서 안정성이 검증되지 않은 신경기술의 경우 환자가 위험과 이익을 제대로 평가하는 데 필요한 정보들도 설명되어야 할 것이다.

3) 이상돈 · 김나경, 의료법강의, 제4판, 법문사, 2020, 139면.

4) 김수정, 의료행위에 대한 동의에서 환자 보호자의 법적 지위와 역할 – 대행결정권과 공동의사결정을 중심으로 –, 의료법학 제20권 제2호, 대한의료법학회, 2019, 44면.

1. 설명에 의한 동의 일반

(1) 동의를 위해 필요한 설명의 내용과 동의능력

의료적 개입이 정당화되려면 그 개입의 유형, 목적, 위험 및 가능한 부작용, 기타 가능한 치료 대안에 대해 적절하고 포괄적으로 알려야 하며,[5] 이 설명을 환자가 이해하고 동의해야 한다. 설명에 의한 동의는 ⅰ) 필요한 모든 정보를 환자가 지득하고 이해할 것, ⅱ) 환자가 이 정보를 이해하고 합리적 결정을 할 수 있는 능력이 있을 것, ⅲ) 강제되는 등 타인의 영향 없이 자발적으로 결정할 것 등의 요건을 충족해야 한다. 환자 본인이 의료계약을 체결하는 것은 법률행위를 하는 것이므로, 법률행위의 일반원칙에 따라 의사능력과 행위능력이 필요하다. 반면 침습적 의료행위에 대한 동의가 의사표시에 해당하는지에 대해서는 견해가 대립하고 있으나,[6] 대체로 이 동의는 법률행위에서의 의사표시가 아니라, 불법행위법에 의해 보호되는 법익에 대한 침해에 대한 허용으로 본다.[7]

따라서 여기서 유효하게 동의를 할 수 있는 능력은 의사능력이라기보다는, 구체적인 사안에서 의료적 침습으로 인한 이익과 위험을 이해하고 비교형량할 수 있는 능력으로 이해되고 있다.[8] 이런 점에서 행위능력이

---

5) Deutsche Forschungsgemeinschaft, Tiefe Hirnstimulation: Stand der Wissenschaft und Perspektiven, DFG, 2017, S. 64.

6) 반대견해는, 동의가 있으면 신체의 침습이 적법하게 되는 결과가 되기 때문에 그 의사표시가 목적한 효과가 발생한다는 점에서, 동의는 의사표시라고 한다. Schwab in Neuer－Miebach/Krebs, Schwangerschaftsverhütung bei Menschen mit geistiger Behinderung－notwendig, möglich, erlaubt?, 1987, 136 ff. MüKoBGB/Schneider, 8. Aufl. 2020, BGB § 1904 Rn. 9에서 재인용.

7) MüKoBGB/Wagner, 9. Aufl. 2023, BGB § 630d Rn. 11; 이재경, 정신질환자에 대한 의료행위에 있어서 동의에 관한 비교법적 연구, 법학연구 제12집 제1호, 인하대학교 법학연구소, 2009, 154면.

8) MüKoBGB/Wagner, BGB § 630d Rn. 11; MüKoBGB/Schneider BGB § 1904 Rn. 16. 다만 기준을 너무 낮게 잡게 되면 오히려 본인을 보호하지 못한다는 점도 지적되고 있다. 이 견해는 환자가 자신의 질병을 인식하지 못하면, 진단과 치료도

제한된 사람이라도 동의능력을 인정할 수는 있다. 민법 제947조의2 제1항도 "피성년후견인은 자신의 신상에 관하여 그의 상태가 허락하는 범위에서 단독으로 결정한다"고 하여 피성년후견인이나 피한정후견인도 원칙적으로 자신의 의료행위에 대해 동의할 수 있도록 규정한다.[9)]

(2) 비침습적 신경기술의 적용에서 동의 문제

민법 제947조의2 제3항은 "피성년후견인의 신체를 침해하는 의료행위에 대하여" 성년후견인의 동의대행권한을 규정하고 있다. 이 규정을 그대로 해석한다면 설령 환자가 피성년후견인이나 피한정후견인이더라도 의료행위를 받음으로써 기대되는 이익과 위험을 이해하고 비교형량할 수 있는 능력이 있는 한, 비침습적 의료행위에 대해서는 후견인이 아니라 피성년후견인이나 피한정후견인 본인이 동의할 수 있다.

비침습적 신경기술의 적용에 대해 환자의 동의를 받기 위해서는 의료행위의 유형, 목적, 위험 및 가능한 부작용, 기타 가능한 치료 대안을 환자에게 설명해야 한다. 예를 들어 우울증 치료를 위해 tDCS 기술을 적용한다면, 약물치료에 쉽게 호전되지 않는 치료저항성 우울증에서도 tDCS 치료가 효과가 있을 수 있지만, 두피 자극의 위험이 있을 수 있다는 것[10)] 등을 설명해야 한다.

(3) 침습적 신경기술의 적용에서 동의 문제

비침습적 신경기술은 그 자체가 비침습적 치료방법일 뿐만 아니라 지금까지 보고된 부작용도 많지 않은 편이다. 반면에 침습적 신경기술은

이해할 수 없다고 한다.

9) 피후견인의 신상에 관한 결정권은 본인에게 있다는 원칙은 성년후견제도를 개정하는 법률개정안에도 잘 드러나 있다. 예를 들어 법제사법위원회, 민법 일부개정법률안, 2010.2., 9면.

10) 김준원 · 이재원, 정신건강의학과에서 경두개 직류자극술의 활용, 신경정신의학 제55권 제3호, 대한신경정신의학회, 2016, 161면.

뇌에 직접 외과시술을 하여 기기를 이식하는 것이니만큼 상당한 위험을 수반하는데, 이 위험 역시 환자에게 설명되어야 한다. 예를 들어 파킨슨병 환자에게 DBS 시술을 하는 경우에는 파킨슨병 증상을 완화하기 위한 것이라는 DBS 시술의 목적과 함께, 비록 발생률이 낮기는 하지만 뇌출혈, 감염, 호흡 곤란 등의 부작용 위험이 있다는 것도 설명해야 한다.

문제는 침습적 신경기술을 필요로 하는 환자가 겪고 있는 파킨슨병, 본태성진전 등 질환은 상당수의 경우 인지장애를 동반하여,[11] 정작 그 질환을 치료하는 의료행위에 동의할 능력이 없을 수 있다는 것이다. 물론 환자에게 성년후견이나 한정후견이 개시되어 있더라도 피성년후견인이나 피한정후견인도 동의능력이 있는 한 침습적 의료행위에 대해 스스로 동의할 수 있다. 다만 자신의 사무를 스스로 처리할 능력이 없어 성년후견이 개시된 사람이라면 침습적 의료행위에 동의하기 위해 필요한 동의능력을 갖추지 못하고 있을 가능성이 높다는 점은 부정할 수 없다. 동의능력은 구체적 사안마다 달리 판단되지만, 의학적으로 문제가 되는 상황이 복잡해질수록 요구되는 이해능력과 판단능력의 수준도 높아지게 된다.[12] 특히 침습적 신경기술은 복잡하고 계속해서 발전하고 있는 기술인 반면 피시술자인 환자는 상황을 이해할 수 있는 능력이 약화된 경우가 많기 때문에, 이 시술에 동의할 수 있는 능력이 없다고 인정되는 경우가 더욱 많을 것으로 생각된다.

민법은 침습적 의료행위에 대하여 피성년후견인이 동의할 수 없는 경우에는 성년후견인이 그를 대신하여 동의할 수 있다고 규정하고(민법 제947조의2 제3항),[13] 피성년후견인이 의료행위의 직접적인 결과로 사망하

---

11) https://www.nature.com/articles/nrneurol.2017.40, 2023.10.30. 최종방문.

12) 이재경, 정신질환자에 대한 의료행위에 있어서 동의에 관한 비교법적 연구, 인하대학교 법학연구 제12집 제1호, 2009, 161면.

13) 다만 후견인이 의료행위 동의를 대행하더라도 가능한 한 피후견인의 의사를 존중해야 한다(민법 제947조).

거나 상당한 장애를 입을 위험이 있을 때에는 가정법원의 허가를 받아야 한다(동조 제4항)고 규정하고 있다. 다만 당연히 그러한 것은 아니며 가정법원 성년후견인이 피성년후견인의 신상에 관하여 결정할 수 있는 권한의 범위를 정하면서 의료행위에 대한 동의대행권을 부여했음을 전제로 한다(민법 제938조 제3항). 성년후견제도는 피성년후견인의 자율성을 존중하는 것을 대원칙으로 하므로, 피성년후견인의 신상에 관한 결정 권한을 부여받은 성년후견인이라도 신상결정을 대행하기 전에 피성년후견인이 단독으로 결정할 수 있도록 필요한 조력을 다하여야 하고, 나아가 신상에 관한 결정을 대행하는 피성년후견인의 의사와 복리에 합치하는 결정을 하여야 할 의무가 있다.[14] 이처럼 침습적 의료행위에 대해 본인이 스스로 동의하기 어려운 상태에 있는 경우, 적절한 시기에 필요한 치료를 받지 못하여 생명 또는 건강에 위험이 초래되는 사태를 방지하기 위해 성년후견인에게 대신 동의할 수 있는 권한을 주되 법원의 허가를 받도록 하는 법제는 독일[15] 등 다른 국가에서도 찾아볼 수 있다.

나아가 민법 제947조의2 제4항이 적용되어 가정법원의 허가까지 있어야 하는지는 피성년후견인이 DBS와 같은 침습적 신경기술 적용의 직접적인 결과로 사망하거나 상당한 장애를 입을 위험이 있는지 여부에 따라 달라지게 될 것이다. 어떠한 경우가 이에 해당하는지는 일률적으로 말할 수 없고, 의료행위에 수반되는 위험, 당해 시술을 받게 될 환자 본인의 건강상태와 체질 등을 고려하여 종합적으로 판단하게 된다. 그렇지만 DBS가 검증된 치료법으로 승인되는 영역에서는 가정법원의 허가 없이

14) 주석민법/편집대표 민유숙, 친족 제2권, 제6판, 2020, 123면[제947조의2 (전연숙 · 강주리 집필부분)].

15) 독일민법 제1829조(의료적 조치에서 성년후견법원의 허가) ① 건강상태의 검사, 치료행위 또는 의료적 침습에 대한 성년후견인의 동의는, 피성년후견인이 그 조치로 인해 사망하거나 중대하고 장기간 지속되는 건강상 손해를 입을 것이라는 근거 있는 위험이 존재하는 경우, 성년후견법원의 허가가 필요하다. 지체가 위험과 결부되는 경우에만 허가 없이 조치가 이루어질 수 있다.

성년후견인의 동의만으로 가능할 것이다. 제947조의2 제4항의 취지는 성년후견인이 의무에 위반하여 불필요한 모험적인 수술을 시도할 우려를 예방하기 위한 것으로, 여기서 가정법원의 역할은 성년후견인 대신 전문적인 의학판단을 하는 것이 아니라, 의사의 설명을 기초로 해서 성년후견인의 동의가 주의의무를 다한 것인지, 그러한 대행권한의 행사가 과연 피성년후견인 본인의 의사에 부합하는지 여부를 판단하는 것[16]이기 때문이다. 또한 동 규정의 해석론은, 사망 또는 상당한 장애가 의료행위의 직접적인 결과로 인한 것이어야 하고, 단순한 합병증으로 인한 사망의 위험 등만으로는 제4항에 해당하지 않는다고 보는데,[17] DBS가 안정적으로 승인된 치료법에 해당하는 경우라면, 뇌출혈, 감염, 호흡 곤란 등의 발생 가능성이 낮은 합병증을 이유로 가정법원의 허가까지 요구할 필요는 없다고 보인다.

환자가 동의능력이 없으나 그에 대해 성년후견이 개시되지 않은 경우는 관련 규정이 없어 문제이다. 임의후견인이 지정되어 있지도 않고 법정후견도 개시되지 않은 환자가 의료행위를 할 필요가 있을 때, 일정 범위의 가까운 친족에게 법률상 당연히 의료행위에 대한 동의대행권을 인정하는 법제들이 있다. 스위스민법 제378조, 오스트리아민법 제284조의b, 미국의 몇몇 州와 오스트레일리아의 대부분의 州 그리고 최근 개정된 독일민법 제1358조[18] 등이다. 장기적으로는 우리나라도 이런 제도를 법

16) 김형석, 민법 개정안에 따른 성년후견법제, 가족법연구 제24권 제2호, 한국가족법학회, 2010, 139면; 윤진수 · 현소혜, 2013년 개정 민법 해설, 2013년도 법무부 연구용역보고서, 2013, 125면.

17) 김형석, 앞의 논문, 2010, 140면; 윤진수 · 현소혜, 앞의 보고서, 2013, 125면.

18) 다른 입법례와 달리 독일민법 제1358조는 의료행위에 대한 법정대행권을 배우자에게만 인정한다. 배우자를 위한 법정대리권은 다음의 사무에 한정된다: 1. 건강상태의 검사, 치료행위 또는 의료적 침습에 대해 동의하거나 거절하는 것, 또는 의사의 설명을 듣는 것(독일민법 제1358조 제1항 제1호), 진료계약, 입원계약 또는 재활과 요양의 긴급한 조치에 관한 계약을 체결하고 실행하는 것(제1항 제2호), 병원, 보호시설 기타 시설에 체류하는 피성년후견인에게 기계장치, 약품 또는 기타 방법으로 장기간

제화하는 것을 고려해 볼 수 있지만, 현재로서는 성년후견이 개시되지 않은 요부조 성년자의 근친이나 배우자에게 당연히 의료행위 동의권을 인정할 수는 없다. 다만 우리나라 실무에서는 의사결정능력이 없는 환자를 위해 보호자라는 이름으로 환자의 친족이나 배우자 환자의 동의를 대리하는 것이, 법률상 근거 없이 당연하게 받아들여지고 있다. 이 관행은 현재 입법의 미비를 보충하는 역할을 하기는 하지만, 환자와 가까운 친족이라는 이유만으로 법원의 감독에서 벗어나 환자에게 중요한 결정인 의료행위 동의권을 대행하게 된다는 점에서 문제가 있다. 의료적 침습행위에 대한 정당화 근거를 환자 본인의 동의에서 찾기 어려운 이상, DBS 시술이 환자에게 객관적, 주관적으로 최선의 이익이 되는 결정이라는 점을 담보해 줄 다른 독립적인 의사나 위원회의 동의가, 적어도 의료윤리적으로는 필요하다고 할 것이다.

2. 임상시험의 경우: 위험-이익 평가와 설명에 의한 동의

(1) 의료윤리에서의 논의

신경기술의 적용이 법률적으로 어떤 문제를 야기할지 활발하게 논의되기 전에도 이미 의료윤리는 이 분야를 주목하고 있었다. 의료윤리는 의료인들의 자율적 규제이며 그 자체로 법적 강제성을 수반하지는 않는다. 그러나 의료윤리는 환자와 의사 사이 관계의 핵심적인 가치를 응축해 놓은

또는 정기적으로 자유를 박탈하는 조치에 관하여 조치 기간이 6주를 넘지 않는 범위에서 결정하는 것(제1항 제3호), 질병으로 인하여 본인인 혼인당사자에게 귀속하는 제3자에 대한 청구권을 행사하고 제2호에 따른 계약의 급부제공자에게 청구권을 양도하거나 그 급부제공자에게 지급할 것을 청구하는 것(제1항 제4호). 또한 성년후견에 관한 여러 규정들이 준용(제1358조 제6항)되는 결과, 그 조치로 인해 환자가 사망하거나 중대하고 장기간 지속되는 건강상 손해를 입을 것이라는 근거 있는 위험이 존재하는 경우, 성년후견법원의 허가가 필요하다(독일민법 제1829조 제1항).

것이라는 점에서,[19] 신경과학이라는 새로운 영역에서 의사 내지 연구자가 환자에게 어떠한 법률적 의무를 부담할지 탐구함에 있어 참조할 가치가 있다. 또한 처음에는 의료윤리에서 그 중요성이 지적되었으나, 의료법에서 핵심 개념적인 위치를 차지하게 된 환자의 자기결정권과 설명에 의한 동의라는 예[20]도 존재한다. 이러한 점들을 고려하였을 때, 신경과학 연구로 인해 야기될 민사법적 쟁점을 본격적으로 논의하기 전에, 신경과학이 임상시험 의료윤리에서 어떻게 받아들여질지 먼저 검토하기로 한다.

1) 인간대상 임상시험에서 윤리적 요구에 관한 원칙들

주요 임상시험 지침으로 거론되는 세 지침,[21] 즉 헬싱키 선언,[22] 벨몬트 선언,[23] 뉘른베르크 코드 중 앞의 두 지침은 이러한 상황에 시사적인

19) Pandit MS, Pandit S. Medical negligence: Coverage of the profession, duties, ethics, case law, and enlightened defense－A legal perspective. Indian J Urol. Vol. 25 No. 3, 2009, 372－378면. doi: 10.4103/0970－1591.56206. PMID: 19881134; PMCID: PMC2779963.

20) 주호노·배현아, 의료에 있어서의 윤리와 법, 한국의료윤리학회지 제12권 제4호, 한국의료윤리학회, 2009, 340면.

21) Veljko Kopjar, An Overview of the Nuremburg Code, Declaration of Helsinki and Belmont Report in the Context of Promoting Ethical Global Clinical Trial Conduct, Journal of Clinical Research Vol. 5 Issue 4, 2021.

22) 연구윤리에서 가장 영향력 있는 문서 중 하나인 헬싱키 선언은 현재까지 7차 개정되었는데, 특히 2000년에 이루어진 5차 개정은 임상시험 수행에 영향을 미치는 중요 조항을 초점을 맞추면서도 예방, 진단 및 치료 방법의 비용 및 그 이용 가능성에 대한 우려를 표명하고, 경제적, 의료적으로 취약한 개인과 집단의 필요를 인식한 것으로 평가되고 있다. Goodyear MD, Krleza－Jeric K, Lemmens T. The Declaration of Helsinki, BMJ Vol. 335 No. 7621, 2007, 624－625면. doi: 10.1136/bmj.39339.610000.BE. PMID: 17901471; PMCID: PMC1995496. 원문은 이하 링크에서 열람할 수 있다. https://www.wma.net/policies－post/wma－declaration－of－helsinki－ethical－principles－for－medical－research－involving－human－subjects/, 2023.10.30. 최종방문.

23) 미국 "생의학 및 행동 연구의 인간 피험자 보호를 위한 국가위원회"는 1974년 국가연구법에 따라 설립되었다. 이 위원회는 인간 피험자를 대상으로 하는 생물의학 및 행동 연구 수행의 근간이 되는 기본 윤리적 원칙을 확인하고 그러한 연구가 이러한

고려요소를 다수 포함하고 있다. 또한 최근 개정된 유럽의약품청(EMA)의 임상시험규칙(Clinical Trials Regulation)도 상당히 자세한 지침을 제공하므로 고려할 가치가 있다. 이하에서는 지침들의 내용 중 위험–이익 평가와 취약한 개인과 집단에 대한 배려, 충분한 동의에 관한 내용만 간략히 소개한다.

① 위험-이익 평가

위험의 측면에서 의료행위와 의학연구에서 대부분의 의학적 개입은 위험과 부담을 수반한다(헬싱키 선언 제16조). 연구자는 위험을 최소화할 수 있는 조치를 하여야 하며, 위험을 지속적으로 감시하고 평가하여 기록하여야 한다(헬싱키 선언 제17조). 연구 피험자에 대한 가장 흔한 유형의 해악은 심리적이거나 신체적인 고통 또는 부상이지만 다른 가능한 종류의 것들도 결코 간과되어서는 안 된다(벨몬트 보고서 C. 2.).

이익의 측면에서 인간 대상 의학연구는 연구 목적의 중요성이 연구대상자의 위험과 부담보다 더 중대할 경우에 한하여 수행할 수 있다(헬싱키 선언 제16조). 위험이 잠재적 이익을 초과하는 것으로 밝혀지거나 확정적 결과에 대한 결정적 증거가 있을 때, 의사는 그 연구를 계속할지, 변경할지 또는 즉각 중단할지를 평가를 해야만 한다(헬싱키 선언 제18조).

이익과 위험은 "적절한 비율로 균형을 이루어야" 한다. 우선 연구 전제의 타당성에 대한 결정이 있어야 하며, 그 다음으로 위험의 본성, 확률 및 크기가 가능한 한 명확하게 구별되어야만 한다. 연구의 정당화 가능성을 평가할 때 최소한 다음의 고려사항들을 반영해야 한다(벨몬트 보고서 C.

원칙에 따라 수행되도록 보장하기 위한 지침을 개발하는 임무를 맡아, 약 4년에 걸친 논의를 거쳐 인간 대상 연구 수행에서 발생하는 윤리적 문제를 다루는 기본 윤리원칙과 가이드라인을 규명한 보고서를 발표했는데, 이 보고서가 벨몬트 보고서이다. https://www.hhs.gov/ohrp/regulations–and–policy/belmont–report/index.html, 2023.10.30. 최종방문.

2.): ⅰ) 연구의 목적을 달성하는 데 꼭 필요한 수준 이내에서 위험을 최소화하여야만 한다. 인간 피험자의 사용이 사실상 꼭 필요한지 여부가 결정되어야 한다. 아마도 위험을 전적으로 제거할 수는 없겠지만 대안을 주의 깊게 살펴보면 위험을 줄일 수 있는 경우가 종종 있다. ⅱ) 심각한 장애와 같은 중대한 위험과 관련된 연구의 경우에 심사위원회는 그 위험을 정당화하는 데 특별한 주의를 지속적으로 기울여야 한다. ⅲ) 취약한 집단을 대상으로 하는 연구의 경우 그들이 참여하는 것이 적절하다는 점이 증명되어야만 한다. 판단을 위해 다양한 변수들이 고려되어야 하는데, 여기에는 위험의 성격과 정도, 특정 참여 집단의 상태 그리고 예상되는 이익의 성격과 정도 등이 포함된다.

② 취약한 집단 및 개인

바로 위에서 서술한 것처럼 취약한 사람이 피험자가 될 때에는 더 특별한 보호를 받는다. 헬싱키 선언은, 특별히 취약하여 부당한 취급을 받거나 추가적인 해를 입을 가능성이 높은 집단과 개인에 대해 특성에 맞게 배려된 보호를 받아야 한다고 선언한다(헬싱키 선언 제19조). 취약한 집단과 함께하는 의학 연구는 오로지 이 집단의 건강상의 요구나 우선순위에 부합하는 연구여야 하며, 취약하지 않은 집단에서는 수행할 수 없는 연구일 때 정당화된다. 더불어, 해당 취약한 집단은 해당 연구 결과로 얻은 지식, 의료행위 또는 시술의 혜택을 받을 수 있어야 한다(헬싱키 선언 제20조).

유럽의약품청의 임상시험규칙 제10조는 취약한 사람에 대한 보호를 더 세분화하여 피험자가 미성년자인 경우, 무능력자인 경우, 임신 중이거나 수유 중인 여성인 경우 등으로 나누고 있다. 피험자가 무능력자인 경우, 임상시험 허가신청 평가는 관련 질병 및 관련 환자군 분야의 임상, 윤리 및 심리사회적 문제에 대해 조언을 받은 후에 또는 관련 질병 및 관련 환자군에 대한 전문지식에 기초하여 임상시험 허가신청 평가를 특별하게 고려해야 한다(제10조 제2호).

③ 충분한 설명에 의한 동의

의학연구 대상자로서 충분한 설명에 의한 동의를 할 수 있는 사람의 참여는 자발적이어야 한다(헬싱키 선언 제25조). 의사는 환자에게 진료의 어떤 측면이 연구와 관계되는지 충분히 알려주어야 하며(헬싱키 선언 제31조), 의사 또는 다른 적절한 자격을 갖춘 사람은 잠재적인 연구대상자가 정보를 이해한 것을 확인한 후에 잠재적인 연구대상자의 자발적인 충분한 설명에 의한 동의를 구해야 한다(헬싱키 선언 제26조).

충분한 설명에 의한 동의를 할 능력이 없다고 여겨지는 잠재적인 연구대상자가 연구 참여에 대한 결정에 찬성할 수 있다면, 의사는 적법한 대리인의 동의와 함께 본인의 찬성을 구해야 한다(헬싱키 선언 제29조). 예를 들어 의식이 없는 환자와 같이, 신체적 또는 정신적으로 동의능력이 없는 연구대상자를 포함하는 연구는 충분한 설명에 의한 동의를 못하게 하는 신체적 또는 정신적 상태가 연구 대상 집단의 필수적인 특성인 경우에만 수행될 수 있다. 다만 이런 경우 의사는 적법한 대리인으로부터 충분한 설명에 의한 동의를 구해야 한다. 법정대리인과 접촉할 수 없지만 연구를 지체해선 안 된다면, 동의를 할 수 없는 상태에 있는 피험자를 대상으로 하는 구체적인 이유가 연구계획서에 명시되어 있고 연구윤리위원회가 그 연구를 승인한 경우에만 동의 없이도 연구를 수행할 수 있다(헬싱키 선언 제30조).

유럽의약품청의 임상시험규칙 제29조, 제31조도 설명에 의한 동의를 규정하면서 피험자가 설명에 의한 동의를 할 수 없다면, 그의 법정대리인이 적절한 설명을 받은 후에 해야 한다고 규정한다. 특히 이 임상시험규칙은 동의를 받기 위해 피험자나 그의 법정대리인에게 제공되어야 하

는 정보의 종류를 상세하게 규정하고 있다.[24)]

2) 신경윤리 가이드라인

신경윤리에 대해서는 OECD에서 발행한 신경윤리 가이드라인(OECD Recommendation on Responsible Innovation in Neurotechnology)이 2019년 발간되었으며, 그 외에도 여러 국가들이 신경윤리 가이드라인을 제시한 바 있다. 특히 미국 대통령 생명윤리위원회(The US Presidential Commission for the Study of Bioethical Issues)에서는 신경과학의 발전에 따라 제기될 수 있는 다양한 측면의 윤리적·사회적·법적 문제에 대해 검토하고 관련된 이해당사자를 위한 권고안[25)]을 제시하였다.[26)] 이 권고안은 신경과학의 연구·개발·사용의 윤리적 문제와 규제에 다양한 내용을 담고 있는데, 뒤에서 검토할 민법적 쟁점과 관련해서는 특히 동의능력에 관해 별도로 서술한 부분이 눈에 띈다. 이 권고안은, 임상시험이 설명에 의한 동의에 기초해야 한다는 원칙을 강조하고 설명에 의한 동의에 동의능력이 필요하다는 것, 그런데 인간을 대상으로 연구를 수행하는 신경과학자들은 일반적으로 동의능력이 없거나 손상되었거나 유동적인 집단 또는 개인과 일하게 된다는 것(다만 그렇다고 해서 신경성 질환이나 신경장애가 있는 사람들 모두가 동의능력이 없거나 훼손되었다는 의미는 아니다),[27)]

---

24) 임상시험규칙 제29조 제2항 (a)호 (i) 임상시험의 성격, 목표, 이익, 함의, 위험과 불편; (ii) 피험자의 보호에 대한 권리와 보장, 특히 시험참여를 거절할 권리와 어떠한 불이익 없이 그리고 어떠한 정당화 사유 없이도 언제든지 임상시험에서 탈퇴할 권리; (iii) 임상시험에 피험자가 참여할 것으로 예상되는 기간을 포함하여, 임상시험이 수행되는 조건; (iv) 임상시험에서 피험자의 참여가 중단된 경우 후속조치를 포함한 가능한 치료 대안 등이다.

25) Presidential Commission for the Study of Bioethical Issues, GRAY MATTERS: Topics at the Intersection of Neuroscience, Ethics, and Society, 2015.

26) 그 외 여러 국가들의 신경윤리 가이드라인의 소개와 개관은 남승민·최민영, 신경윤리의 주요 쟁점과 전망, 생명윤리정책연구 제15권 제3호, 이화여자대학교 생명의료법연구소, 2022, 1면 이하.

27) Presidential Commission for the Study of Bioethical Issues, 앞의 논문, 2015, 54면.

그렇지만 신경과학 연구는 신경성 장애를 겪고 있는 사람들에게 유익한 것이니 만큼 동의능력이 손상된 사람들에 대한 추가적 보호장치를 두어 이들을 연구대상으로 끌어들일 필요가 있다는 것을 인정한다. 고려되는 추가적인 보호조치로 동의 능력에 대한 견고한 초기 및 지속적인 평가, 시청각 수단과 단계별 구두 설명 등 참여자의 요구를 수용하기 위해 사전 동의를 개선하는 방법, 동의 능력이 부분적이거나 문제가 있는 경우 동의와 반대를 존중하는 방법, 동의의 독립적인 모니터, 시험참여자의 동의 능력이 부족한 경우 법정대리인의 허가를 얻기 위한 명확한 매개변수와 절차, 연구 사전 지시 등을 제시하고 있다.28)

3) 소결

헬싱키 선언과 벨몬트 보고서, 유럽의약품청의 임상시험규칙 모두 인체대상 임상시험에서 위험－이익 평가의 중요성과 취약한 피험자의 보호를 강조하고 있다. 헬싱키 선언과 유럽의약품청의 임상시험규칙은, 잠재적 연구대상자가 이 설명에 대해 동의할 능력이 부족한 경우 적법한 대리인이 동의할 수 있으나 가급적 연구대상자 본인의 동의를 구하도록 하고 있다. 미국 대통령 생명윤리위원회의 신경윤리 가이드라인도 신경연구에서 피험자가 늘 그러한 것은 아니지만, 일반적으로 동의능력이 약화되어 있을 수 있다는 점을 지적하고 추가적인 보호조치를 통해 동의를 받을 가능성에 대해 역설하고 있다.

(2) 적법한 임상시험을 위한 법적 요건

우울증 치료의 주종을 이루고 있는 것은 항우울제를 이용한 약물요법(antidepressant therapy)과 인지요법(cognitive therapy)이지만 항우울제 치료나 인지요법에 반응을 보이지 않거나, 설사 반응을 보이더라도 효과가

28) Presidential Commission for the Study of Bioethical Issues, 앞의 논문, 2015, 55면.

오래 지속되지 않는 심각한 우울증에 대해 DBS가 치료법으로서 연구되고 있다.[29] 또한 알츠하이머 치료에 관해서도 DBS 적용이 연구되고 있다.[30] 침습적 BMI의 경우 잠금증후군 환자가 의사소통을 하거나 신경이 마비된 환자가 마비역전기술을 이용해 사지를 움직일 수 있게 되는 등 효과를 거두고 있지만, 여전히 임상시험단계에 있다. 비침습적 신경기술 중에서 TMS는 우울증 치료에 대해 FDA 승인을 받았지만, tDCS 헤드셋을 우울증 치료에 사용하는 방법은 아직 승인을 받지 못했으며, 임상시험은 최근 FDA에 의해 승인되었다.[31]

신경기술이 아직 임상시험단계에 머물러 있는 경우 위험－이익 평가가 가장 먼저 고려되어야 할 요소가 된다. 특히 침습적 신경기술은 비침습적 신경기술에 비해 위험요소가 많다.[32] 물론 DBS는 알츠하이머나 우울증 치료제에 반응하지 않는 환자들에게 효과가 있고, 침습적 BMI는 척

29) https://www.ibric.org/myboard/read.php?Board=news&id=199858, 2023.10.30. 최종방문.

30) https://www.ibric.org/myboard/read.php?Board=news&id=201433, 2023.10.30. 최종방문.

31) https://neuronewsinternational.com/fda－approves－launch－of－largest－clinical－trial－to－date－for－tdcs－depression－treatment/, 2023.10.30. 최종방문.

32) tDCS는 심각한 부작용이나 비가역적 손해가 거의 보고되지 않는다. Bikson M, Grossman P, Thomas C, Zannou AL, Jiang J, Adnan T, Mourdoukoutas AP, Kronberg G, Truong D, Boggio P, Brunoni AR, Charvet L, Fregni F, Fritsch B, Gillick B, Hamilton RH, Hampstead BM, Jankord R, Kirton A, Knotkova H, Liebetanz D, Liu A, Loo C, Nitsche MA, Reis J, Richardson JD, Rotenberg A, Turkeltaub PE, Woods AJ. Safety of Transcranial Direct Current Stimulation: Evidence Based Update 2016, Brain Stimul Vol. 9 No. 5, 2016, 641－661면. doi: 10.1016/j.brs.2016.06.004. Epub 2016 Jun 15. PMID: 27372845; PMCID: PMC5007190. TMS에서 가장 심각한 위험요소는 발작을 유도할 가능성인데, 발생률이 1% 미만으로 낮은 편으로 평가된다. Stultz DJ, Osburn S, Burns T, Pawlowska－Wajswol S, Walton R. Transcranial Magnetic Stimulation (TMS) Safety with Respect to Seizures: A Literature Review, Neuropsychiatr Dis Treat Vol. 7 No. 16, 2020, 2989－3000면. doi: 10.2147/NDT.S276635. PMID: 33324060; PMCID: PMC7732158.

수손상, 잠금증후군 등의 원인으로 뇌와 근육 사이의 신경 연결성이 끊어진 환자들이 외부와 소통할 수 있는 인터페이스를 제공함으로써 외부와 의사소통이 불가능한 환자가 의사소통을 할 수 있게 하여 피험자는 커다란 이익을 누리게 될 것이다. 그렇지만 II. 1.에서 언급한 것처럼 침습적 신경기술은 여러 가지 위험을 수반한다.[33] 그 외에도 침습적 BMI의 경우 뇌수술이라는 위험한 수술을 전제로 할 뿐만 아니라, 설령 수술 자체가 제대로 이루어졌더라도 면역반응에 의한 신호감소(encapsulation of electrodes)로 인한 장기적으로 신호측정이 어려워져서 BMI가 제대로 작동할 수 있는 기간이 길지 않다는 문제점이 있다. 또한 침습적 BMI를 보조 기술로 사용하여 운동기능이 마비된 환자들이 신체에 연결된 기구, 예컨대 휠체어를 직접 운행할 수 있게 하는 경우, 작동상의 오류는 환자에게 심각한 위험을 야기할 수 있다.[34] 나아가 아직 허가되지 않은 실험적인 의학적 치료를 제공하는 동정적 사용(Compassionate Use)의 경우 실험과 치료 사이의 경계가 흐려질 수 있다.[35]

이 경우 어떤 내용이 설명되어야 하는지는 일의적으로 말할 수 없지만, 벨몬트 보고서[36]나 유럽의약품청의 임상시험규칙 제29조는 대체로 유사한 기준을 제시하고 있다. 우선 정보에 관해서는 연구절차, 목적, 위험과 예상되는 이득, 대안 시술(치료법의 경우) 그리고 피험자에게 질문의 기회를 주며 언제라도 연구 참여를 그만둘 수 있음을 알리는 내용, 나아

33) 이하에서 개관할 위험 외에도, BMI는 단지 도구에 불과한지 아니면 인간을 사이보그화하는 것인지 같은, 윤리적으로 더 깊은 차원의 문제가 제기되기도 한다. 이에 대해서는 Burwell, S., Sample, M. & Racine, E., Ethical aspects of brain computer interfaces: a scoping review, BMC Med Ethics Vol. 18 No. 60, 2017. https://doi.org/10.1186/s12910-017-0220-y, p. 5.

34) Burwell et al., 앞의 논문, 2017, 5면.

35) Bittlinger and Müller, Opening the debate on deep brain stimulation for Alzheimer disease-a critical evaluation of rationale, shortcomings, and ethical justification, BMC Medical Ethics, 2018.

36) 벨몬트 보고서 C. 적용 2. 정보

가 피험자들의 선정 방법과 연구 책임자 등의 정보가 제공되어야 한다고 한다. 임상시험 자원자인 피험자는 필요한 진료를 위해 의사의 손에 내맡겨진 환자들보다 그들이 감수해야 하는 위험에 대해 훨씬 더 많이 알고 싶어할 것이라는 점도 고려되어야 한다.

또한 위의 2.에서와 마찬가지로 임상시험의 경우에도, 예컨대 DBS의 경우 알츠하이머 환자, 침습적 BMI의 경우 잠금증후군 환자처럼 의사표시를 하는 것이 어렵거나 불가능한 사람이 피험자가 될 가능성이 여전히 존재한다. 그렇지만 이 시술들은 본인의 신체에 상당한 위해를 야기할 수 있으며, 경우에 따라서는 인격에도 영향을 미칠 수 있는 위험을 내포하고 있으므로 동의가 반드시 필요하다. 피험자 본인의 의사를 최대한 존중하되, 본인의 동의능력이 없다고 판단되는 경우에는 위의 2.에서와 마찬가지로 의료행위를 대신해 줄 대리인이 결정할 수밖에 없다. 성년후견이 개시되어 있다면 성년후견인이 대리인이 될 것이다. 다만 위의 2.에서와 달리 승인된 치료법이 아니고 그 시술에서 기대되는 이익를 위해 어떤 위험을 감수해야 하는지 확정하기 어려우며 상당히 신체에 대한 침습도가 높은 시술이라는 점에서, 가정법원의 허가가 필요하다고 보아야 할 것이다.

대리인이 없는 경우에는 누가 어떤 절차에 따라 대리해서 결정을 할 것인지 문제가 될 수 있다. 2.와 같이 법률에 근거가 없지만 환자의 보호자라는 명칭하에 환자의 배우자나 근친의 동의를 받아 임상시험을 할 수 있을 것인가? 이를 긍정하기는 쉽지 않다. 바로 위에서 서술한 것처럼 성년후견이 개시되어 법원이 선임한 성년후견인이 환자의 동의권을 대행하는 경우에도 임상시험의 참여 동의를 위해서는 법원의 허가가 있어야 할 것인데, 사실상 개념에 불과한 환자 보호자가 동의하는 경우 법원이 개입할 계기를 찾기 어렵기 때문이다. 외국에서 가족에게 의료행위에 대한 법정대리권을 인정하는 경우에는 어느 정도 법원이 개입할 수 있는 여지가 있다.[37] 또한 가족에게 사실상의 대리권을 인정하기 어려운 또 다른 이유는, 환자와 그의 가족 사이에 해당 임상시험을 받을지 여부의 결정에 관해 이해충돌이 발생할 가능성이 높기 때문이다. 간병을 하는 가족은 환자의 삶의 질을 과소평가하여 환자로 하여금 시술을 받지 못하도록 하거나, 반대로 가족이 환자와 의사소통하고 싶은 소망이 너무나도 강력하여 위험한 BMI 시술도 승낙해 버릴 수 있다.[38] 환자의 가족이 해당 임상시험에 환자가 반드시 참여할 것을 소망한다면 먼저 성년후견을 개시하여 성년후견인이 법원의 허가를 받아 결정하도록 하거나, 연구를 지체해선 안 된다면 동의를 할 수 없는 상태에 있는 피험자를 대상으로 하는 구체적인 이유가 연구계획서에 명시되어 있고 연구윤리위원회가 그 연구를 승인하는 등의 방법을 강구해야 할 것이다.

III. 신경기술 적용으로 인한 손해배상책임

신경기술의 적용을 받고 신체에 악결과가 받은 피시술자가 손해배상을 청구하는 경우가 있을 수 있다. 예를 들어 DBS 시술을 받은 후에 자극이 효과적이지 않거나 전극의 이동, 전극골절, 제어장치에서 발생하는 충격이나 충격[39]과 같은 하드웨어적 부작용이 발생하거나, 1장에서 개관한

---

37) 예를 들어 의료행위에 대한 법정대행권을 배우자에게 인정하는 독일민법 제1358조는, 그 조치로 인해 환자가 사망하거나 중대하고 장기간 지속되는 건강상 손해를 입을 것이라는 근거 있는 위험이 존재하는 경우, 성년후견법원의 허가가 필요하다고 규정한다(독일민법 제1829조 제1항).

38) Vlek RJ, Steines D, Szibbo D, Kübler A, Schneider MJ, Haselager P, Nijboer F. Ethical issues in brain－computer interface research, development, and dissemination, J Neurol Phys Ther Vol. 36 No. 2, 2012, 94－99면. doi: 10.1097/NPT. 0b013e31825064cc. PMID: 22592066. 이러한 지적은 의료윤리적인 차원에서 이루어진 것이지만, 설명에 의한 동의 요건에서도 참고할 만하다.

39) https://ceufast.com/course/parkinsons－disease－and－deep－brain－stimulation, 2023.10.30. 최종방문.

침습적 신경기술에 수반되는 부작용인 감염, 뇌출혈, 인지장애 등이 발생할 수도 있다. 이는 한편으로는 의료과실로 인한 손해배상책임의 문제이나, DBS나 BMI 모두 전극을 뇌에 이식하는 것이어서 의료기기의 결함으로 인한 제조물책임을 주장할 여지도 있다. 이 경우 제조물책임과 의료과실의 관계가 문제될 여지가 충분하다. 또한 III.에서 강조한 것처럼, 신경기술의 침습적 성격과 환자의 동의능력 약화 또는 결여라는 특수한 상황 때문에 설명에 의한 동의가 매우 중요한데, 설명이 제대로 이루어지지 않은 경우에도 손해배상을 청구할 수 있는지 검토한다.

1. 민법상 불법행위책임[40)]

민법상 불법행위책임(민법 제750조)은 손해배상책임의 요건으로 고의 또는 과실, 위법성, 손해, 위법행위와 손해 사이의 인과관계를 요구하며, 이 요건이 존재하는지 여부는 피해자 측에서 증명해야 한다. 다만 학설과 판례는 의료과실책임을 특수한 유형의 불법행위로 다루기 때문에,[41)] 이하에서는 불법행위 일반에서 요구되는 요건과 의료과실에서 특별히 문

40) 진료 이후 부작용·합병증 등 악결과가 발생한 경우 진료채무의 불완전 이행이라는 점을 포착하여 이를 채무불이행으로 구성하는 것도 가능하다. 그러나 채무불이행으로 구성하더라도 의료과실과 악결과 사이의 인과관계를 증명할 책임을 환자 측에서 부담하는 것은 동일한데, 의료과실책임에서 가장 중요한 쟁점인 인과관계 증명과 관련해 의료과실을 불법행위책임으로 구성하든 채무불이행책임으로 구성하든 환자가 느끼는 부담은 큰 차이가 없어서, 의료과실은 주로 불법행위책임으로 논의되는 편이다. 다만 계약책임으로 구성하는 경우, 부작용·합병증 등 악결과가 통상적 예견범위를 벗어난 비전형적 결과라는 것을 환자 측에서 증명한다면, 채무 내용에 좇은 이행이 결여된 것으로 인정되어 의사 측의 손해배상책임이 일단 성립하고 의사 측에서 그에 관한 고의 또는 과실 없음을 증명해 배상책임을 면해야 한다는 점에서, 계약책임 구성과 불법행위 구성에 차이가 있다는 설득력 있는 견해가 주장되고 있다. 주석민법/편집대표 김용덕, 채권각칙 제6권, 제5판, 2022, 526면 이하[김천수 집필 부분].

41) 송덕수, 신민법강의, 제15판, 박영사, 2022, 1428면; 지원림, 민법원론, 제2판, 홍문사, 2019, 771면.

제되는 요건 중, 신경기술에서 문제될 수 있는 부분을 위주로 검토한다.

(1) 의료과실로 인한 신체침해

ⅰ) 민법상 불법행위에 해당하려면 문제의 행위가 고의 또는 과실로 인한 위법한 행위여야 한다. 의료과실에서는 주로 의료행위가 과실로 이루어진 것인지 여부가 문제되는데, 과실은 일반적으로 자신의 행위로 인한 결과발생을 예견할 수 있었고 또 그러한 결과발생을 회피할 수 있었음에도 불구하고 사회생활상 요구되는 주의의무를 위반하는 것을 의미한다. 이를 의료행위에 적용하면, 의사가 결과발생을 예견할 수 있음에도 불구하고 그 결과발생을 예견하지 못하였고, 그 결과발생을 회피할 수 있었음에도 불구하고 그 결과발생을 회피하지 못했을 때 과실이 인정된다[42]는 의미가 된다. 주의의무의 기준은 진료 당시 이른바 임상의학의 실천에 의한 의료수준에 의하여 결정되어야 하나, 그 의료수준은 규범적으로 요구되는 수준으로 파악되어야 하고, 당해 의사나 의료기관의 구체적 상황에 따라 고려되어서는 안 된다.[43] 즉 신경기술을 적용하는 의사나 병원은 시술 당시의 의료 수준에 비추어 일반적으로 요구되는 수준의 주의의무를 다하였다면 면책되지만 그렇지 않은 경우 의료과실로 인한 손해배상책임을 지게 된다. 예컨대 진료 당시의 평균적 의학수준상 불가피하게 일정한 확률로 나타나는 악결과가 나타난 경우 이를 주의의무 위반이라고 할 수는 없다.[44]

특히 신경기술은 현재진행형으로 발전하고 있는 분야이므로, 시술 당시의 의료 수준을 기준으로 주의의무를 정한다는 것은 의미를 갖게 된다. 그렇다면 아직 보편적으로 승인되지 않은 지식과 기술을 적용하는 것이 주의의무 위반에 해당하는가? 아직 의학적 안전성과 유효성이 검증되지

42) 대법 1987.1.20. 86다카1469.

43) 대법 1997.2.11. 96다5933.

44) 주석민법/편집대표 김용덕, 앞의 책, 2022, 527면[김천수 집필부분].

않은 지식을 적용하고 의료기술을 시행하는 것은 환자가 합리적으로 기대하는 범위를 넘어서는 것이지만, 환자 쪽에 적절하게 설명하고 동의를 받았다면 그 설명과 동의를 통해 해당 지식과 기술이 환자의 구체적 기대수준에 포섭되기 때문에 의료과실라고 볼 것은 아니다.[45]

ⅱ) 원래 가해행위와 손해 사이의 인과관계는 불법행위의 피해자가 증명해야 한다. 즉 의료과실 소송에서 의료행위가 위 ⅰ)의 요건을 충족해 과실 있는 행위라고 인정된다 하더라도 그 행위와 환자에게 일어난 악결과 사이에 인과관계가 있다는 것을 환자가 증명해야 한다. 그런데 의료행위가 고도의 전문적 지식을 필요로 하는 분야이고, 그 의료의 과정은 대개의 경우 환자 본인이 그 일부를 알 수 있는 외에 의사만이 알 수 있고 치료의 결과를 달성하기 위한 의료 기법은 의사의 재량에 달려 있기 때문에 의료상의 과실이 손해발생의 직접적인 원인이 되었는지 여부를 환자 입장에서 증명하기는 매우 어렵다. 이에 판례는 의료과실 소송에서 피해자 쪽에서 인과관계의 상당한 개연성을 증명하면 의사 측의 반대증명이 없는 한 인과관계 성립을 인정함으로써, 증명을 완화하고 있다.

판례에 의하면 인과관계 증명 완화는 다음과 같이 이루어진다. 환자 측에서는, 일련의 의료행위 과정에 있어서 저질러진 일반인의 상식에 바탕을 둔 의료상의 과실 있는 행위를 증명하고 그 결과와 사이에 일련의 의료행위 외에 다른 원인이 개재될 수 없다는 점, 이를테면 환자에게 의료행위 이전에 그러한 결과의 원인이 될 만한 건강상의 결함이 없었다는 사정을 증명하면 일단 충분하다. 이제는 의료행위를 한 측이 그 결과가 의료상의 과실로 말미암은 것이 아니라 전혀 다른 원인으로 말미암은 것이라는 증명을 하지 아니하는 이상, 의료상 과실과 결과 사이의 인과관계를 추정하여 손해배상책임을 부담하게 된다.[46] 신경기술의 적용도 의료행위의 하나인 이상, 그 시술이 잘못되어 환자에게 악결과가 발생한

45) 주석민법/편집대표 김용덕, 앞의 책, 2022, 531면 이하[김천수 집필부분].
46) 대법 1995.2.10. 93다52402 등.

경우에도 이 법리가 적용될 수 있다. 예를 들어 뇌심부자극술을 받던 파킨슨병 환자에게 뇌출혈이 발생해 수술이 중단되었지만 환자는 사지마비 상태에 빠진 사안에서, 서울고등법원과 대법원은 다음과 같이 판시하였다: "수술 전 환자에 대한 CT 및 MRI 촬영 결과 뇌의 위축소견 외에 비정상적 혈관에 대한 소견이 없었으며, 전극을 삽입하던 중 비정상 반응이 나타났으며 합병증으로 뇌출혈 발생률은 0.5~1.7%에 불과하다는 점을 고려하여, 신체적 침습을 가하면서 뇌에 삽입중이던 전극 이외에는 뇌 소동맥 출혈을 유발할만한 다른 원인이 있을 가능성이 거의 없다"고 하여 뇌 소동맥 출혈은 전극을 삽입하던 중 발생한 것으로 인정했다.[47]

그러나 인과관계 증명책임 완화법리에 따르더라도, 의료상의 과실 있는 행위와 그 결과와 사이에 일련의 의료행위 외에 다른 원인이 개재될 수 없다는 점이 증명되어야 한다. 위 사건에서는 수술 직전에 환자 혈관이 비정상적 상태에 있지 않다는 것을 확인했으며, DBS 시술이 정상적으로 진행되었더라도 합병증으로 뇌출혈이 발생할 가능성이 0.5~1.7%에 불과하였기 때문에, DBS 시술 외에 수술 중 뇌출혈의 다른 원인을 찾기 어렵다고 판단할 수 있었던 것이다. 그러나 예를 들어 DBS 시술을 받은 파킨슨병 환자에게 인지기능 장애가 발생했더라도 이것이 DBS 시술이 부주의하게 이루어졌기 때문이라는 인과관계를 추정하기는 쉽지 않다.[48] 파킨슨병이 진행할수록 인지기능 문제가 발생하는 것은 널리 알려져 있어서, 부주의한 DBS 시술이 아니라 파킨슨병의 경과에서 인지기능 장애 원인을 찾는 것도 가능하기 때문이다. DBS 시술의 결과 파킨슨병의 증상이 완화되지 않고 인지기능 장애의 문제가 발생했다는 것을 이유로 의

---

47) 대법 2015.11.26. 2013다28742(원심은 서울고법 2013.3.7. 2012나16713.

48) 최근 선고된 대법 2023.8.31. 2022다219427은, "의료행위는 고도의 전문적 지식을 필요로 하는 분야로서 환자 측에서 의료진의 과실을 증명하는 것이 쉽지 않고, 현대 의학지식 자체의 불완전성 등 때문에 진료상 과실과 환자 측에게 발생한 손해 사이의 인과관계는 환자 측뿐만 아니라 의료진 측에서도 알기 어려운 경우가 많다"는 점을 인정했다.

료과실 책임을 묻기도 곤란하다. 진료의무는 치유라는 결과의 달성을 약속하지 않는 수단채무이기 때문이다. 또한 현재 DBS의 기술 수준으로는 DBS 시술 환자의 최대 15~20%에서 인지력 저하와 같은 부작용이 발생할 수 있는데, 위에서 기술한 것처럼 진료 당시의 평균적 의학수준상 불가피하게 일정한 확률로 나타나는 악결과가 나타난 경우 이를 주의의무 위반이라고 할 수는 없다는 점에서도 의료과실 책임을 인정하기 어렵다. DBS의 다른 부작용으로 언급되는 기분의 변화, 행동방식의 변화, 불안, 정신병적 증상, 우울증 등의 증상이 DBS로 치료하고자 했던 질병(예컨대 알츠하이머, 심각한 우울증)의 증상인 경우에는 "의료상의 과실 있는 행위와 그 결과와 사이에 일련의 의료행위 외에 다른 원인이 개재"한 것에 해당하여, 증명책임 완화 법리를 적용하기 어려울 것이라고 생각한다.

(2) 설명의무를 위반한 경우

i) 이 절의 II.에 따르면 신경기술을 적용하려면 환자의 동의가 필요한데 그 동의는 충분한 설명에 의한 동의이다. 만일 설명해야 하는 내용이 설명되지 않았다면, 즉 설명의무 위반이 있었다면 이 역시 손해배상의무를 발생시킬 수 있다. 이는 의료적 개입 이전의 설명의무로, 환자의 자기결정권을 위한 설명이다. 그 외에도 의료적 개입 중 또는 그 이후에도 설명의무가 발생할 수 있다. 전자의 예로서 특정한 치료에 있어서 몸에 지닌 귀금속을 탈착해야 하는 경우를, 후자의 예로서 환자에게 환자의 상태나 주의사항, 투약방법 등에 관한 내용을 알려야 하는 경우를 들 수 있다.[49] 예를 들어 의사가 환자에게 tDCS 치료를 한 뒤 그 기기를 자택에서도 사용하도록 권하려면, 기기의 사용법과 사용한도를 알려주어야 한다.[50] 만일 의사가 설명의무를 다하였는데도 환자가 이를 임의로 위반했

49) 이상돈 · 김나경, 앞의 책, 2020, 140면.

50) 다만 환자가 자택에서 tDCS 기기를 사용하는 것을 진료과정의 일부로 본다면, 기기 사용에 대한 설명은 진료 효과와 관련있는 정보의 설명에 해당하므로, 만일 설명이

다면, 의사의 설명의무위반은 인정되지 않는다.

우리 판례에 따르면 설명의무 위반이 없었다면 동의하지 않았을 것이라는 점이나 그럼에도 불구하고 환자가 동의를 했을 것이 명백하다는 점이 증명되지 않은 경우에는 의사 측은 민사상 위자료 배상 책임만 부담한다. 반면 설명의무 위반이 없었더라면 동의하지 않았을 것이라고 인정되면, 발생한 손해 전부에 대해 배상의무를 부담하게 된다.[51]

ii) 이 절의 II. 3.에서 설명한 것처럼 의료행위가 임상시험 단계라면 그로 인하여 기대되는 이익과 우려되는 위험성에 대해서도 더 명확하게 설명될 필요가 있다. II. 2.에서 개관한 내용 중 충분한 설명에 의한 동의나 위험-이익 평가는, 기존의 의료윤리에 기대어 있다. 원래 윤리적 책임과 법적인 책임은 구분되는 것이어서, 의료윤리에 제시된 지침을 위반했다고 해서 항상 법적으로도 책임을 부담하는 것은 아니다.[52] 그러나 윤리적 의무를 다하지 못한 행위를 위법하다고 평가할 수 있다면, 그 위법한 행위로 인하여 처벌받거나 배상을 해주어야 할 수 있는 것도 당연하다.[53] 우리 판례 역시 의료행위가 임상시험의 단계에서 이루어지는 것이라면 해당 의료행위의 안전성 및 유효성(치료효과)에 관하여 그 시행 당시 임상에서 실천되는 일반적 · 표준적 의료행위와 비교하여 설명할 의무를 인정하고 있다.[54] 예컨대 운동기능이 마비된 환자가 BMI 시술을

제대로 이루어지지 않았다면 이를 설명의무위반이 아니라 의료과실 자체로 볼 수도 있을 것이다. 진료 효과와 관련 있는 정보를 설명하지 않은 경우의 효과에 대해서는 주석민법/편집대표 김용덕, 앞의 책, 2022, 576면 이하[김천수 집필부분].

51) 판례 입장의 정리에 대해서는 이동진, 의사의 위험설명의무-법적 기능, 요건 및 위반에 대한 제재-, 의료법학 제21권 제1호, 대한의료법학회, 2020, 12면. 다만 이 논문은 의료과실 자체는 존재하지 않는 경우, 설명의무 위반만을 이유로 손해배상책임을 인정하는 것을 비판적으로 바라보고 있다.

52) Jens Prütting, Rechtliche Aspekte der Tiefen Hirnstimulation: Heilbehandlung, Forschung, Neuroenhancement, 2014, S. 84.

53) 주호노 · 배현아, 앞의 논문, 2009, 336면.

54) 대법 2010.10.14. 2007다3162.

받는 경우, 면역반응에 의한 신호감소로 인해 장기적으로 신호측정이 어려워져서 BMI가 제대로 작동할 수 있는 기간이 길지 않다는 점을 설명하여, 피험자로 하여금 BMI 시술을 함으로써 향유할 수 있는 휠체어를 직접 운행할 수 있게 하는 이익과 형량할 수 있도록 해야 한다.

2. 의료기기 제조물책임

TMS나 tDCS 같은 비침습적 신경기술이나 DBS나 BMI 같은 침습적 신경기술 모두 의료기기를 통해 신경을 자극하기 때문에 환자에게 악결과가 발생한 경우, 의료과실 책임 외에 의료기기 제조물책임도 문제될 수 있다.

(1) 제조물책임 내용 및 의료기기 포함

2000년에 제정된 현행 제조물책임법은 정보의 편재 상태에 있는 소비자의 구제를 목적으로 제정된 것이다. 우리 제조물책임법은 적용대상을 제조 또는 가공된 동산으로 규정하고 있는데, 의료기기가 제조된 동산으로서 제조물책임법의 적용대상이 된다는 것은 쉽게 긍정할 수 있다.[55] 제조물책임법은 제조업자에게 책임을 귀속시키기 위해 제조업자의 과실을 요구하는 대신 제조물의 안정성 결여라는 결함을 요건으로서 요구한다. 결함으로 인해 손해가 발생하더라도 제조업자에게 면책의 가능성이 없지는 않으나(개발위험의 항변), 무과실책임이므로 그만큼 소비자가 두텁게 보호된다. 다만 여전히 제조물의 결함은 요구되는데, 제조물책임에서 직접적인 책임근거가 되므로 가장 중요한 요건이 된다.[56] 특히 침습적 신경기술의 경우, DBS의 전극이나 자극기, 침습적 BMI의 마이크로칩 등

---

55) 김천수, 제조물책임법상 제조물의 개념－미국 제조물책임 리스테이트먼트와 비교하여－, 성균관법학 제16호 제1호, 성균관대학교 법학연구원, 2004, 62면.

56) 주석민법/편집대표 김용덕, 채권각칙 제7권, 제5판, 2022, 511면[이규홍 집필부분].

은 인체삽입 의료기기에 해당하는데,[57] 미국[58]이나 EU,[59] 우리나라[60] 모두 의료기기 관리법률에서 의료기기를 분류하면서 인체이식형 의료기기는 가장 엄격한 유형으로 분류하고 있다.

결함은 "제조물에서 통상적으로 기대할 수 있는 안정성의 결여"라고 해석되는데, 제조물책임법 제2조 제2항은 이를 제조상 결함, 설계상 결함, 표시상 결함의 세 가지로 유형화한다. 제조상 결함은, 제조물이 원래 의도한 설계와 다르게 제조됨으로써 안전하지 못하게 된 경우를 말한다(동항 제2호 가목). 이는 설계와 달리 제조되었는지 여부가 판단기준이며, 제조업자는 제조물에 대한 제조상 주의의무를 이행했는지 여부에 관계없이 책임을 부담한다.[61] 따라서 만일 신경기술에 사용된 의료기기가 설계와 달리 제조되어 안정성을 결여한 것이라면 제조업자는 제조상 주의의무 위반이 있었는지 여부를 묻지 않고 손해배상책임을 부담한다.[62]

설계상 결함은, 제조업자가 합리적인 대체설계를 채용하였더라면 피해

57) 이성규 · 염우섭 · 황건, 인체 삽입 의료기기용 무선충전전원모듈, Electronics and Telecommunications Trends, 2013, 73면.

58) 연방식품 · 의약품 · 화장품법(The Fedral Food, Drug and Cosmetic Act)은 가장 높은 위험등급인 Class III에는 일반적으로 생명을 유지하거나 지지하고, 인체이식되거나 질병에 대해 수인할 수 없는 잠재적 위험을 의미하는 의료기기가 포함된다. 인체이식용 심박조율기나 가슴 임플란트 등이 이에 포함된다(https://www.fda.gov/medical-devices/overview-device-regulation/classify-your-medical-device, 2023.10.30. 최종방문).

59) EU Medical Device Coordination Group Document, Guidance on classification of medical devices, 2021, 6면.

60) 의료기기의 등급분류 및 지정에 관한 기준과 절차에 따르면 인체내에 영구적으로 이식되는 의료기기, 심장 · 중추신경계 · 중앙 혈관계 등에 직접 접촉되어 사용되는 의료기기, 동물의 조직 또는 추출물을 이용하거나 안전성 등의 검증을 위한 정보가 불충분한 원자재를 사용 한 의료기기가 가장 높은 등급인 4등급에 속한다.

61) 윤진수, 제조물책임의 주요 쟁점-최근의 논의를 중심으로-, 법학연구 제21권 제3호, 연세대학교 법학연구원, 2011, 19면.

62) 김천수, 醫療用具事故와 製造物責任-우리 제조물책임법과 미국 제조물책임 리스테이트먼트의 비교를 중심으로-, 의료법학 제3권 제2호, 대한의료법학회, 2002, 65면.

나 위험을 줄이거나 피할 수 있었음에도 대체설계를 채용하지 아니하여 해당 제조물이 안전하지 못하게 된 경우를 말한다(동항 제2호 나목). 즉 설계 자체의 안전성이 결여된 경우를 의미한다. 설계상의 결함이 있는지는 제품의 특성 및 용도, 제조물에 대한 사용자의 기대의 내용, 예상되는 위험의 내용, 위험에 대한 사용자의 인식, 사용자에 의한 위험회피의 가능성, 대체설계의 가능성 및 경제적 비용, 채택된 설계와 대체설계의 상대적 장단점 등 여러 사정을 종합적으로 고려하여 사회통념에 비추어 판단한다는 것이 판례의 태도이다.[63] 제품이 가져올 수 있는 위험과 대체설계에 의하여 얻는 이익을 비교하는 것이 핵심이 된다.[64]

미국 불법행위 리스테이트먼트는 제조물책임에 대해 기술하면서 의약품 및 의료기기를 별도로 취급한다. 제조물책임 리스테이트먼트 제6조는 결함있는 의약품 및 의료기기로 인한 손해에 관해 규정하는데, (c)항에 따르면 전문의약품 또는 의료기기가 설계결함으로 인해 통상의 안정성을 결하는 경우란, 약품 또는 의료기기로 인해 손해의 예견되는 위험이 예견되는 치료이익에 비해 너무 커서 양자를 아는 통상의 의료인이라면 어떠한 유형의 환자에게도 당해 약품 또는 의료기기기를 처방하지 않는 경우를 의미한다. 예측할 수 없는 위험에 대한 책임을 부과하면 신약 및 의료기기 개발에 대한 부적절한 인센티브가 될 수 있다는 점에서, 처방약 및 의료기기의 설계에 관련된 의무는 판매 시점에 합리적으로 예측할 수 있는 위해 위험과 관련하여만 발생한다고 본다.[65]

표시상 결함은 제조업자가 합리적인 설명 · 지시 · 경고 또는 그 밖의 표시를 하였더라면 해당 제조물에 의하여 발생할 수 있는 피해나 위험을 줄이거나 피할 수 있었음에도 이를 하지 아니한 경우(동항 제2호 다목)를 의미한다. 제조물 자체의 결함이 아니라, 이용자가 제품을 사용할 때 지

63) 대법 2014.4.10. 2011다22092.
64) 윤진수, 앞의 논문, 2011, 22면.
65) REST 3d TORTS—PL § 6 comment g.

켜야 할 규칙이나 지시사항, 위험 등을 알지 못하여 발생할 피해를 방지하는 것이 규정 취지이다.[66] 의료기기의 경우 의사가 구입해 이용하는 의료기기인지 환자가 직접 구입하는 의료기기인지에 따라 표시되어야 할 내용이 달라지게 된다. 침습적이든 비침습적이든 신경기술의 경우 의사가 구입하는 의료기기가 될 것인데,[67] 표시의무의 상대방이 의사인 경우에는 설명에 사용된 용어는 의사가 이해할 수 있으면 된다.[68]

신경기술 기기에 제조물책임법이 적용된다면, 의무자인 제조업자의 손해배상을 실질적으로 어떻게 확보할 것인지도 중요한 쟁점이 된다. 2022년 식약처는 의료기기법 시행령을 개정하여 인체이식형 의료기기의 제조업자 · 수입업자로 하여금 책임보험 가입을 강제하게 되었는데(의료기기법 제43조의6, 의료기기법 시행령 제12조의5), 이 규정은 침습적 신경기기에 적용될 것이다. 규정에 따르면, 보험금액은 사망의 경우 1명당 1억 5천만원, 부상의 경우 1명당 3천만원이며, 부상에 대한 치료를 마친 후 더 이상의 치료효과를 기대할 수 없고 그 증상이 고정된 상태에서 그 부상이 원인이 되어 신체에 후유장애가 생긴 경우 1명당 1억 5천만원 이상이어야 한다(의료기기법 시행령 제12조의6).

의료기기의 구입 및 이용주체가 병원 내지 의사인 경우, 의료인의 의료과실 책임과 의료기기 제조업자의 제조물책임이 동시에 인정될 수 있다.[69] 우리 제조물책임법 제5조는 "동일한 손해에 대하여 배상할 책임이 있는 자가 2인 이상인 경우에는 연대하여 그 손해를 배상할 책임이 있다"고 규정하고 있지만, 동 규정은 예를 들어 원재료나 부품의 결함으로 인한 손해에 대해 원재료 · 부품 제조업자와 완성품 제조업자가 연대하여 제

66) 주석민법/편집대표 김용덕, 앞의 책, 2022, 515면[이규홍 집필부분].

67) 다만 집중력향상 제품으로 소개되어 시판되는 tDCS 기기처럼 신경기술에 기반한 기기가 직접 소비자에게 판매되는 경우가 있다. 이 기기에 대해서는 아래 IV.에서 다시 설명한다.

68) 김상찬, 의료기기의 결함과 제조물책임, 법학연구 제39호, 한국법학회, 2010, 48면.

69) 김상찬, 앞의 논문, 2010, 45면; 김천수, 앞의 논문, 2002, 76면 이하.

조물책임을 부담하는 것을 예정한 규정[70]이어서 의사의 의료과실 책임과 의료기기 제조업자의 제조물책임 간의 관계에 적용할 수 있는지 의문이다. 이에 관해서는 "제조물의 결함과 함께 제3자의 행위로 인해 손해가 발생한 경우 제조자의 책임은 경감되지 않는다"는 유럽공동체 제조물책임 입법지침 85/374(Directive 85/374/EEC) 제8조 제1항이 참조가 될 수 있을 것이다. 이 규정을 국내법으로 전환한 독일 제조물책임법 제6조 제2항 해설에 따르면, 여기서 말하는 제3자는 제조자의 회사에서 제품의 연구 개발, 제조를 맡은 직원을 의미하는 것이 아니라, 민법상 불법행위나 다른 특별법상 위험책임 규정에 따라 손해배상책임을 부담하는 사람을 의미한다. 그리고 제조물책임법에 따라 책임을 지는 사람과 제3자는 연대책임을 부담하게 된다.[71] 이러한 가치판단은 우리 법해석에서도 참조할 수 있으므로, 의료기기의 결함, 의료과실의 존재가 증명 또는 추정된다면 제조자와 의사 측이 연대하여 손해배상책임을 부담하게 될 것이다.

(2) 의사의 제조물책임

의료사고의 원인이 제조물 결함이 아니라 의료기기의 관리 또는 조작상 주의의무를 다하지 못한 의사의 주의의무 위반 때문이라면, 환자 측은 제조물책임법이 아니라 민법에 근거하여 의사에게 손해배상책임을 청구할 것이다. 원인이 제조물 결함인 경우에도 의사가 결함의 존재를 인식했음에도 불구하고 통상의 대응을 하지 않거나 통상적인 주의를 기울이지 않아서 결함을 인식하지 못한 경우에는 의사는 민법상 불법행위책

70) 주석민법/편집대표 김용덕, 앞의 책, 2022, 521면[이규홍 집필부분].

71) MüKoBGB/Wagner, 8. Aufl. 2020, ProdHaftG § 6 Rn. 9–10. 이 독일 주석서는 그 예로 자동차 사고가 발생했는데 자동차 브레이킹 시스템의 결함, 피해자인 운전자의 과속, 다른 사고관련자가 우선통행차량을 주시하지 않은 과실 등이 모두 존재한다면, 브레이킹 시스템의 제조자와 자동차 제조자가 연대 책임을 지고, 피해자의 손해배상액은 과실상계 되며, 다른 사고관련자는 민법의 불법행위 규정 또는 도로교통법 규정에 의해 손해배상책임을 진다고 설명한다.

임을, 제조자는 제조물책임을 부담한다.[72] 의사나 병원이 의료기기를 사용하기 전에 자체적으로 또 검사를 할 필요까지는 없지만, 의사 측이 의료기기의 기술적 결함을 인식했음에도 이를 환자에게 설명하지 않았다면 역시 설명의무 위반이 될 것이다.[73]

그런데 의사나 병원 측이 경우에 따라 민법상 의료과실 책임이 아니라 제조물책임을 부담한다고 보는 견해도 있다. 예를 들어 DBS의 경우 이식된 전극을 통제하기 위해 부품 또는 소프트웨어가 사용되는데, 제조자가 미리 기재한 것과 다르게 조립되었다면 이에 대해서는 의사 측이 최종제품(Endprodukt)의 제조자로서 제조물책임을 부담한다고 해석하는 것이다.[74] 신경기술에 사용되는 부품들 간의 조립이 문제된 것은 아니지만, 병원 의료진이 의료서비스를 제공하는 동안 직접 혼합, 가공하여 사용한 혼합물의 결함으로 인해 환자에게 손해가 발생한 사례에서 제조물책임법의 적용을 인정한 유럽사법재판소 판결[75]도 존재한다.

---

72) 김천수, 앞의 논문, 2002, 76면. 의사가 간경화증이 상당히 진행되어 간이식 수술 외에 효과적인 치료방법이 없는 상태의 환자 등에게 임상단계에 있는 중간엽 줄기세포 이식술을 시행하면서 줄기세포 공급업체 대표이사와의 기자회견 등을 통하여 그릇된 정보를 제공하는 등 환자들에 대한 설명의무를 위반한 사안에서, 대법원은 줄기세포 공급업체 대표이사와 의사의 불법행위는 서로 객관적 관련공동성이 있어 공동불법행위를 구성한다고 인정하였다(대법 2010.10.14. 2007다3162).

73) Jens Prütting, 앞의 책, 2014, S. 86.

74) Jens Prütting, 앞의 책, 2014, S. 86.

75) ECJ, 14 December 2000 Case C－203/99. 유럽공동체 제조물책임 입법지침(Directive 85/374/EEC of 25 July 1985) 제7조 (a)항에 따르면, 그 제조물을 제조자가 유통시키지 않으면 제조자는 면책된다. 이 규정을 원용해 병원은 자신이 병원 의약국에서 제조한 혼합물은 병원 내의 수술에만 사용된 것이고 유통된 것이 아니어서 면책된다고 주장하였다. 유럽사법재판소는, 전문 사업자가 오로지 자신의 사업에 사용하기 위해 준비한 제조물의 경우, 제조물을 사용하기만 하더라도 유통시킨 것으로 보아야 한다고 판단했다. 이러한 상황에서 준비된 제품은 어떤 조직 내에서 사용하기 위한 목적으로 준비되는 것이 보통이어서 만일 서비스 제공자가 제7조 (a)항을 이유로 면책된다고 한다면, 많은 수의 소비자들이 보호되지 못할 것이라는 것을 그 논거로 한다. 따라서 미용사가 사용하는 샴푸나 마사지사가 사용하는 마사지 오일처럼 전문 사업자가 자신의 영업 중에 자신의 조직 내에서 사용할 목적으로 생

다만 제조물책임 일반에 관해서, 제품과 관련해 서비스만 제공하는 경우에는 제조자로 보아서는 안 된다는 견해가 더 일반적이다.[76] 우리 제조물책임법의 해석론도 제조물의 요건으로 규정된 '제조 또는 가공'에서 말하는 '제조'는 제조물의 설계 · 가공 · 검사 · 표시를 포함하는 일련의 행위로서 생산보다는 좁은 개념이며 서비스는 제외되는 것으로, '가공'은 동산을 재료로 하여 그 본질을 유지하면서 새로운 속성을 부가하거나 그 가치를 더한 것으로 이해한다.[77] 여러 부품이나 소프트웨어 조립을 했다는 이유로 의사 측에 제조자로서의 지위를 인정해 과실책임이 아니라 더 무거운 무과실책임을 인정하는 것이 타당한지 의심스럽다. 다만 해당 기기를 만든 제조자가 예정하지 않은 방식으로 각 부품이나 소프트웨어를 연결시켜서 제품의 안전과 관련된 물리적 특성이 실질적으로 변경되는 경우에는 의사 측에 제조물책임을 부담시키는 것이 타당할 것이다.[78]

IV. 기타 관련문제 - 소비자가 직접 구입하는 신경자극기의 문제

지금까지의 서술은 침습적이든 비침습이든 의사 또는 의료기관이 환자에게 신경기술의 적용을 한 경우를 전제로 한 것이었다. 그런데 비침습적 신경기기 중에는 숙면 유도, 집중력향상 기기 등 직접 소비자가 구입할 수 있는 것들이 있다(소비자 tDCS 제품, 이에 대해서는 1장의 설명을 참고). 의사를 매개로 하지 않고 직접 소비자가 구입하여 사용하는 신경자극기에 관해서는 위에서 다루지 않은 다음과 같은 민사법적 쟁점이 문제될 소지가 있다.

산한 준비물의 경우 면책이 적용되지 않는다(para. 23).

76) MüKoBGB/Wagner, 8. Aufl. 2020, ProdHaftG § 4 Rn. 11.

77) 주석민법/편집대표 김용덕, 앞의 책, 2022, 506면[이규홍 집필부분].

78) MüKoBGB/Wagner, 8. Aufl. 2020, ProdHaftG § 4 Rn. 12.

i) 우선 제조물책임에서 표시상 결함의 문제이다. 소비자가 직접 구입하는 신경자극기의 종류를 미리 특정하기 어려우므로 단언하기는 어렵지만, 현재 이 유형에 해당하는 기기는 주로 수면의 질 향상이나 집중력 향상을 위한 제품이다. 이러한 유형의 제품이 의료기기에 해당하는지에 대해서도 논의가 있을 수 있으나,79) 어느 쪽이든 제조물책임의 표시의무에 관해서는 유의미한 차이가 없을 것이다. 의료기기에 해당하더라도 의사를 경유하지 않고 소비자가 임의로 직접 선택하여 구입하는 이상 그 표시의 내용이 의료인이 아니더라도 이해할 수 있는 언어와 용어로 이루어져야 하고,80) 의료기기에 해당하지 않더라도 소비자가 전문가로서 위험을 충분히 알고 있었다고 볼 수 있는 경우가 아니라면,81) 표시의무가 여전히 인정될 것이기 때문이다.

ii) 또한 이 유형의 제품은 소비자에게 직접 판매되는 것이니만큼, 소비자를 대상으로 제품이 광고되기도 한다. 우리나라에서는 소비자를 속이거나 소비자로 하여금 잘못 알게 하는 부당한 표시 · 광고를 규제하는 법률로 별도로 표시광고법이 제정되어 있다. 소비자를 속이거나 소비자로 하여금 잘못 알게 할 우려가 있는 부당한 표시 · 광고에 대해 공정거래위원회는 시정조치를 할 수 있고(표시광고법 제7조), 부당한 표시 · 광고 행위를 한 사업자에게 임시중지명령(표시광고법 제8조)을 하거나 과징금

---

79) 식약처, 의료기기와 개인용 건강관리[웰니스] 제품 판단기준, 공무원 지침서, 2020. 11., 15면은 의료기기에 해당하지 않는 일상적 건강관리용 제품의 예시로 신체기능 향상용 제품을 들고 있지만 더 구체적으로 “일상생활에서 자신의 정신적 안정을 통한 스트레스를 관리하거나 집중력 향상에 도움을 주기 위한 목적으로 소리 음악 등을 제공하는 제품”이라고 서술하고 있어 뇌에 전류를 전달시키는 tDCS 기기도 일상적 건강관리용 제품에 그친다고 볼 수 있는지 확실하지 않다. 의료용구에 해당하는 자기치료기는 명칭과 같이 질병의 치료 목적으로 사용되는 것뿐만 아니라 전자파나 자력을 이용하여 사람이나 동물의 구조나 기능에 영향을 주기 위한 목적으로 사용되는 것도 포함한다는 판결(대법 1993.3.12. 92도811)도 유념할 필요가 있다.

80) 김상찬, 앞의 논문, 2010, 49면; 김천수, 앞의 논문, 2002, 85면.

81) 윤진수, 앞의 논문, 2011, 35면.

(표시광고법 제9조)을 부과할 수도 있다. 이 행위를 한 사업자는 부당한 표시·광고 행위로 인해 피해를 입은 자에게 손해배상 책임을 진다(표시광고법 제10조).

iii) 표시광고법 외에도 민법상 구제수단, 즉 제품구매계약을 기망에 의한 법률행위라는 이유로 취소(민법 제110조)하거나, 위법한 행위로 인해 발생한 손해의 배상(민법 제750조)의 적용이 가능하다. 또한 광고된 대로의 제품을 매매하는 계약이 체결된 것을 전제로, 매도인의 제품이 계약내용을 충족하지 못한다는 것을 이유로 채무불이행(민법 제390조)의 한 유형인 불완전이행을 주장하거나 하자담보책임(민법 제580조)을 주장할 가능성도 있다. 다만 표시광고법은 직접적으로 공정한 거래질서의 형성에 맞춰진 반면, 민법은 각 계약당사자의 의사형성의 자유 보호라는 점에서, 표시광고법의 부당성 판단과 민사법적 구제수단 허용 여부가 반드시 동일한 것은 아니라는 점에 유의할 필요가 있다. 또한 제조물책임법은 해당 제품을 제조한 제조자를 상대로, 표시광고법은 해당 제품을 광고한 사업자를 상대로 하지만, 민법상 구제수단은 매매계약의 당사자를 대상으로 한다.

i) 우선 상품의 광고가 허위인 경우 그 광고를 믿고 제품을 구매한 소비자가 계약을 취소할 수 있는지가 문제가 된다. 이는 해당 광고를 믿고 제품을 구매한 소비자의 구매행위가 기망에 의한 법률행위라고 볼 수 있는지에 달려 있다. 기망에 의한 법률행위의 요건으로는 ① 기망에 대한 기망자의 고의가 요구된다. 이중의 고의, 즉 의사표시를 하는 자를 속여서 착오에 빠지게 하려는 고의 및 그 착오를 바탕으로 표의자가 일정한 의사표시를 하게 하려는 고의가 모두 요구된다. ② 기망행위와 의사표시 사이에 인과관계가 있어야 한다. ③ 기망행위가 위법해야 한다. 마지막 요건과 관련해 판례[82]는 일관되게 상품의 선전·광고에 있어 다소

82) 대법 1993.8.13. 92다52665; 대법 2001.5.29. 99다55601; 대법 2008.11.27. 2008다56118.

의 과장이나 허위가 수반되었다고 하더라도 일반 상거래의 관행과 신의칙에 비추어 시인될 수 있는 정도의 것이라면 위법성이 없다고 하며, 거래에 있어 중요한 사항에 관한 구체적 사실을 신의성실의 의무에 비추어 비난받을 정도의 방법으로 허위로 고지한 경우에는 기망행위에 해당한다고 본다. 판례 중에는 체형보정용 속옷이 고혈압, 다이어트, 허리디스크, 피부질환 등 각종 질병 치료와는 무관함에도 위와 같은 질병 치료에 효과가 있는 것처럼 허위 또는 과장광고를 한 것은 그 사술의 정도가 사회적으로 용인될 수 있는 상술의 정도를 넘은 것이어서 위법성이 있다고 판단한 것이 있다.[83] 그러나 이 판결은 어떤 상품의 목적이 애초부터 광고된 효과를 거두지 못하는 경우에 적용될 수 있는 것이다. 예를 들어 뇌파를 자극하여 스트레스 완화나 집중력 향상에 유의미한 효과가 있다는 것이 임상시험을 통해 증명된 기기[84]의 판매자가 이 사실을 광고하여 제품을 판매했는데, 구매자가 유의미한 효과를 느끼지 못했다 하더라도, 기기의 효과가 개인마다 차이가 있을 수 있다는 점을 감안한다면, 그 광고가 "중요한 사항에 관한 구체적 사실을 신의성실의 의무에 비추어 비난받을 정도의 방법으로 허위로 고지"했다고 보기는 어렵고, 따라서 구매자는 계약을 취소할 수 없다.

ⅱ) 허위광고를 이유로 손해배상을 청구하는 경우, 위의 ⅰ)에서 서술한 위법성 요건은 손해배상책임에도 적용되기 때문에, 유의미한 효과가 있다는 것이 임상시험을 통해 증명된 기기의 판매자가 이 사실을 광고하여 제품을 판매했는데, 구매자가 유의미한 효과를 느끼지 못했다 하더라도 판매자가 구매자에게 손해배상을 할 필요는 없다.

---

83) 대법 2008.11.27. 2008다56118.

84) 실제로 신경기술 중 하나인 두개전기자극(CES) 기술을 사용한 제품 중에 총 150명을 대상으로 임상시험한 결과, 수면 유도와 마음 안정 효과가 최대 50%에 달한다고 인정받은 제품이 있다(https://www.medigatenews.com/news/2301848386, 2023. 10.30. 최종방문).

iii) 광고된 대로의 품질을 갖추고 있지 못한 경우 구매자는 판매자에게 불완전이행을 이유로 한 손해배상 또는 하자담보책임을 청구할 것을 고려할 수 있다. 이와 관련하여 우선 제품이 광고된 대로의 품질을 갖추지 못한 것이 계약의 불완전이행 또는 물건의 하자라고 볼 수 있는지가 문제될 것이다. 우리민법은 독일민법 제434조처럼 판매자 등이 광고에서 한 공개적인 언명으로부터 기대할 수 있는 성상에 부합하지 못한 것을 하자로 규정하지는 않는다. 이러한 규정이 없는 상태에서 민법 법리에 따르면 광고 자체는 청약의 유인에 불과하여, 광고 내용이 바로 청약을 통해 계약의 내용으로 되지는 않는다. 그러나 광고 내용 중 사회통념에 비추어 매수인 입장에서 매도인이 그 광고 내용을 이행한다고 기대할 수 있는 것은 그 광고 내용이 그대로 계약의 내용을 이룬다는 것이 판례의 입장[85]이고, 이를 더 구체화한다면 광고 내용 중 제품의 성상에 관한 내용은 소비자가 신뢰하고 매매계약을 체결하는 것이므로, 매매계약 시에 달리 이의를 유보했다는 등의 특단의 사정이 없는 한, 판매자와 소비자 사이에 이를 매매계약으로 하기로 하는 묵시적 합의가 있었다고 볼 수 있다.[86] 다만 예컨대 어떤 신경자극기가 집중력향상에 필요한 신경을 자극하는 기능을 실제로 갖추고 있으나, 그럼에도 불구하고 그 구매자가 집중력향상의 효과를 느끼지 못하는 경우, 그 구매자가 불완전이행이나 하자담보책임을 주장하기는 쉽지 않을 것으로 보인다. 특히 광고 자체에서 이 기기의 효과가 사람마다 다를 수 있다는 사실을 공지했다면 구매자는 이 기기의 사용이 반드시 집중력 향상을 담보할 것이라는 기대를 할 수 없을 것이다. 또 이 신경자극기가 의료기기로 취급되지는 않더라도 인체에 일정한 자극을 주어 일정한 효과를 거두는 것을 목적으로 하는데, 아직 신경과학에 대한 연구가 완성되지 않은 현 시점에서 일정한

85) 대법 2007.6.1. 2005다5812,5829,5836.

86) 김진우, 광고에 기한 품질보증책임, 법학연구 통권 제49집, 전북대학교 법학연구소, 2016, 106면.

자극이 일정한 효과가 늘 담보되지 않는다. 이러한 점에서 볼 때 신경자극기의 제공은 일종의 수단채무[87]가 되어, 판매자는 현재 기술 수준에 비추어 그 설계 및 제조에 결함이 없는 물건을 제공했다면 집중력 향상이라는 효과가 반드시 발생하지 않았더라도 책임을 부담하지 않는다고 볼 것이다.

---

87) 일정한 급부결과의 발생을 목적으로 하는 채무를 결과채무, 의사의 진료의무처럼 결과발생을 위해 필요한 노력을 기울이기면 하면 되는 채무를 수단채무라고 한다. 대체로 주는 채무는 결과채무에 해당하고, 하는 채무는 수단채무에 해당하지만, 양자가 반드시 일치하는 것은 아니다. 지원림, 앞의 책, 2019, 4－11면.

제2절 | 신경과학기술과 형사법적 쟁점

I. 들어가며

아래의 글은 TMS, tDCS, DBS, BMI와 같은 신경과학기술을 상정하고, 이 기술들을 이용할 때 발생하는 문제에 대하여 형사법이 어떻게 대응할 수 있는지를 행위의 목적별로, 형사책임 귀속의 주체별로 구분하고, 각 행위주체가 특정 목적을 지니고 행위를 하였을 때 관련되는 형사책임의 내용을 형법과 관련 특별법 규정을 검토함으로써 살펴보고자 한다.

II. 형사책임 귀속에서 유의할 쟁점: 행위의 목적

신경과학기술을 이용한 행위에서 비롯되는 형사책임의 문제는 행위의 목적에 따라 적용되는 법적 규율의 범위가 다를 수 있다. 신경과학기술의 이용목적은 크게 네 가지로 구분할 수 있다. ⅰ) 신경과학기술을 통한 환자의 치료, ⅱ) 일반인의 인식능력 및 행동능력의 향상, ⅲ) 건강관리 및 예방, ⅳ) 신경과학기술의 연구이다.[88)]

1. 치료 목적의 행위

우선, 신경과학기술을 통해 환자를 치료하고자 한다면, 해당 기술의 안전성과 효과성이 입증되어 일반적으로 승인된 치료법으로 자리를 잡아야 한다. 만약, 특정 신경기술을 이용한 치료방법이 안정적으로 정착되면,

---

88) 아래의 구분과 내용은 류영준 외, 마음을 마음대로 조절할 수 있을까, 이상북스, 2021, 152면 이하를 기초로 보완되었다.

이 행위는 기존의 의료행위와 같은 법적 규율하에 놓이게 된다. 즉, 의료법의 규율을 받고, 의료과실이 발생하면 기존의 민형사상 책임의 법리로 책임 여부를 판별한다. 다만, 신기술의 도입으로 인해 의료과실의 책임을 판정하는 법리가 다소 변경될 수는 있다. 다시 말하면, 의사의 설명의무 내용이 변경되거나 환자의 동의능력 판별기준이 달라질 수 있고, 의사의 주의의무 범위가 확대되거나 다른 책임 주체와 공동의 책임을 질 수도 있다. 덧붙여서, 신경과학기술이 구현된 기기를 사용하기 때문에 의료기기법과 관련 하위 규정의 제재를 받게 된다.

2. 향상(enhancement) 목적의 행위

다음으로, 향상을 목적으로 한 신경과학기술 이용에 대하여는 – 관련 행위로부터 비롯되는 법적 책임의 문제를 묻기 이전에 – 이 행위 자체를 허용할지에 대한 윤리적 입장의 차이가 크다. 이를 허용할 것인지, 반대로 이를 금지할 것인지가 논의되는데, 인간의 존엄 보호는 역설적이게도 양 입장에서 동시에 내세우는 주요 논거이다. 이에 반해, 법적 측면에서 향상 목적의 신경과학기술 이용에 대해서는 아직까지 크게 논의가 이루어지고 있지는 않다. 다만, 헌법상 어떤 기본권에 따라 이를 허용하고 금지할 수 있는지에 대한 논의는 이루어지고 있다. 인간의 존엄, 양심의 자유, 평등권 등은 허용과 금지를 주장하는 양측에서 동시에 내세울 수 있고, 사생활에 대한 권리, 개인정보자기결정권 등은 향상 목적의 이용에 대하여 신중함을 취하고자 하는 측에서 주장할 수 있다. 더 나아가, 향상 목적의 이용은 기존의 기본권으로 포섭할 수 없는 새로운 기본권, 즉 "인지적 자유권"을 창설한다고 보고, 그 사용을 더욱 신중히 해야 한다는 주장도 있다.[89] 형법에서 향상 목적 행위의 허용 여부를 논한다면, 개인이

89) Richard Glen Boire, On Cognitive Liberty, Part I–V, Journal of Cognitive Liberties Vol. 4 No. 1, 2003; Wrye Sententia, Neuroethical Considerations:

해당 행위를 자유롭게 결정할 수 있는지를 피해자 승낙의 관점에서 살펴볼 수 있다. 만약, 해당 행위의 법익을 개인이 자유로이 처분할 수 있다고 본다면, 이 행위는 허용될 수 있다. 다만, 이때에도 승낙의 한계가 설정되어야 하는지, 만약 그렇다면 이를 입법적으로 명확하게 설정해야 하는지의 문제 등이 제기될 수 있다.[90]

3. 건강관리 목적의 행위

다음으로, 건강관리 목적으로 신경과학기술을 이용할 때가 있다. 이것은 일반 대중이 신경과학기술을 가장 쉽게 접할 수 있는 통로인데, 그 접근과 사용이 쉬운 만큼 우리 일상에서 법적 규율의 사각지대에 놓이는 경우들이 생길 수 있다. 따라서 건강관리 목적의 이용에서는 허용 대 금지의 도식이 아니라, 어떠한 법적 요건을 전제로 그 이용을 규율할 수 있는지를 논의해야 한다. 건강관리 목적은 치료에도, 향상에도 속하지 않기

Cognitive liberty and converging technologies for improving human cognition, Annuals of the New York Academy of Sciences Vol. 1013 Issue 1, 2004; Josef Franz Lindner, Neuro−Enhancement als Grundrechtsproblem, MedR Vol. 28, 2010; Marion Albers, Grundrechtsschutz und Innovationserfordernisse angesichts neuartiger Einblicke und Eingriffe in das Gehirn, in: Josef Franz Lindner (Hrsg.), Die neuronale Selbstbestimmung des Menschen, Nomos, 2016; Marcello Ienca/Roberto Andorno, Towards new human rights in the age of neuroscience and neurotechnology, Life Science, Society and Policy Vol. 13 Issue 5, 2017; Jan Christoph Bublitz, The Nascent Right to Psychological Integrity and Mental Self−Determination, in: Andreas von Arnauld/Kerstin von der Decken/Mart Susi (eds.), The Cambridge Handbook of New Human Rights, Cambridge, 2020.

90) 개인의 자유에 기초한 결정이 중요하지만, 해당 행위가 개인의 생명과 신체에 중대한 위해를 끼칠 가능성이 있거나 해당 행위의 목적이 비난가능성이 큰 경우 등을 승낙의 한계로 논할 수 있다. 이에 대해서는 Susanne Beck, Die neuronale Selbstbestimmung als Thema des materiellen Strafrechts, in: Josef Franz Lindner (Hrsg.), Die neuronale Selbstbestimmung des Menschen, Nomos, 2016, 130면 이하.

때문에 긍정적 효과만을 부각하면서 교묘히 논의의 대상에서 빗겨나갈 수 있다. 반면, 이와 같은 활용이 우리의 뇌 기능에 어떠한 영향을 미칠 수 있는지는 여전히 명확하지 않기 때문에 그 사용요건과 한계를 관련 법률을 통해 규율할 필요가 있다.

4. 연구 목적의 행위

마지막으로, 신경과학기술을 연구하는 행위가 문제될 수 있다. 현재 여러 가지 임상연구를 규율하는 법률로는 생명윤리법, 약사법, 의료기기법, 첨단재생바이오법이 있다.[91] 이 중 생명윤리법을 제외한 나머지 법률은 치료 혹은 건강관리 목적의 임상연구를 규율대상으로 한다. 이로 인해 향상과 관련된 임상연구가 허용되어 진행된다면, 어느 법률을 적용할지에 대하여 견해가 대립할 수 있다. 물론, 인간과 인체유래물 대상 연구를 규율하는 생명윤리법이 향상과 관련된 임상연구까지 규율할 여지는 있다. 하지만 이를 두고도 다양한 법해석이 가능하기 때문에 논란은 더 가중될 수 있다. 게다가 해당 법률들은 신경과학기술에 발맞춰 날로 발전하는 새로운 약물, 의료기기, 시술을 적절히 규율하는 데 여러 한계를 지닌다. 이에 따라 관련 법률과 하위 규정들을 새롭게 정비해 나갈 필요성도 점점 커지고 있다.

III. 형사책임 귀속의 주체

향상 목적의 행위는 아직 그 허용 여부에 논란이 있기 때문에 형사책임의 귀속주체는 치료 목적의 의료행위, 건강관리 목적의 일반소비행위, 그리고 연구 목적의 행위를 중심으로 논할 수 있다.

---

91) 이은영, 임상시험 관련 법제의 문제점과 개선방안, 동북아법연구 제13권 제3호, 2020.

1. 의사

우선, 신경과학기술을 이용한 의료행위로 인해 환자의 사망 혹은 상해라는 결과에 이르는 의료과실이 발생하였을 때, 이에 대한 형사책임을 누구에게 귀속시킬 수 있는지 고려할 수 있다. 신경과학기술을 이용하여 의료행위를 주도하는 의사와 의료팀의 형사책임 여부를 논할 수 있다. 일반적인 의료과실의 경우, 법적 책임은 의사와 의료팀 구성원 모두에게 있다. 특히, DBS와 같이 의료팀 간에 수많은 조정과 서류화 작업이 요구되는 복잡한 치료법의 경우, 부분적으로 의료 실무에서는 DBS 치료를 위해 학제 간 팀을 꾸리고 환자의 수요를 충족시키기 위해 학제 간의 수술을 시행한다.92) 이때, 수술 팀 전원이 각자 역할에 집중하고 다른 팀원의 수술을 감독할 뿐만 아니라 합병증이 발생할 경우 함께 대처할 수 있다. 하지만 직접 결정을 내리고 환자의 건강에 해를 끼치는 행위를 누가 했는지에 따라 그 책임의 정도는 달라질 수 있다.

2. 의료기관

신경과학기술을 이용한 의료행위를 수행하는 의사와 의료팀이 속해 있는 의료기관의 형사책임을 논할 수 있다. 신경과학기술을 이용한 의료행위는 상당히 고가인 의료장비가 필요하거나 다양한 전문분과의 인력을 필요로 하기 때문에 주로 대형병원이나 종합병원에서 수행된다. 이때 이러한 의료행위를 관리하고 의료장비를 설치하는 것은 의료기관의 몫이다. 즉, 의사와 병원 내 전문 인력의 업무를 조율하는 일은 해당 의료기관이 맡는다. 또한, 신경과학기술을 이용하여 의사가 환자를 수술하도록 허용한 것도 의료기관이기 때문에 이러한 측면을 고려하여 의료과실이 발생하

---

92) Walter Glannon, Stimulating brains, altering minds, J Med Ethics Vol. 35 No. 5, 2009, 290면.

였을 때, 해당 의료기관이 법인책임을 질 수 있는지가 문제된다.

3. 제조업자 및 판매업자

신경과학기술과 관련된 의료기기나 일반소비 제품을 생산하거나 판매한 제조업자 및 판매업자의 형사책임 성립여부를 고려할 수 있다. 신경과학기술을 이용한 의료행위에서 발생하는 의료과실은 의사의 과실로 인해 일어나기도 하지만, 의료기기의 오작동으로 인해 발생할 수도 있다. 그러나 의료과실이 의사 개인의 과실에서 발생했는지, 기기나 기계의 오작동 때문인지 혹은 중첩된 문제인지 분명하지 않을 수 있다. 이에 대한 책임을 입증할 수 있는 기록이나 시스템이 필요하고, 관련인 모두가 이에 접근할 수 있어야 한다. 뿐만 아니라 신경과학기술과 관련된 제품이 일반 소비자에게 판매되었을 때, 발생한 사고에 대하여도 제조업자 및 판매업자의 법적 책임을 논할 수 있다. 이 경우에는 주로 민사상 · 행정상 책임이 문제되지만, 때로는 형사상 책임이 문제되기도 한다.

4. 환자 및 소비자

신경과학기술을 이용한 치료를 받으면서 환자가 의사의 설명을 따르지 않거나 치료 이후 관리를 위한 후속조치를 제대로 이행하지 않아 부작용과 사고가 발생하고, 이로 인해 제3자에게 상해 등의 결과를 초래하였을 경우에는 환자의 형사책임 성립여부도 논할 수 있다. 또한, 신경과학기술을 적용한 소비품을 사용하면서 사용방법을 준수하지 않거나 이를 다른 용도로 사용하여 제3자에게 신체상 재산상 여러 피해를 미치게 했다면, 이 경우에도 일부 형사책임이 문제될 수 있다.

Ⅳ. 형사책임의 내용

1. 상해

(1) 의료행위의 구성요건해당성

전통적으로 의사의 의료행위는 상해죄의 구성요건에 해당하는 행위, 즉 가벌성을 띠는 행위로 이해되어 왔다. 그러나 의료행위가 주관적인 치료목적과 객관적인 의술법칙에 합치되는 한, 형법 제20조 업무로 인한 행위로서 위법성이 조각된다는 견해 혹은 의사의 설명에 기초한 환자의 승낙이 있고, 의료행위가 의술법칙과 합치되면, 형법 제24조 피해자 승낙의 법리에 따라 위법성이 조각된다는 견해로 양분되어 의료행위는 정당화되고 있다. 전자의 견해는 의사의 치료행위에만 중점을 두어 환자를 객체로 전락시키고 환자의 입장을 반영하지 못할 수 있다는 점에서, 후자의 견해는 의료인과 환자 양 측의 입장을 모두 반영하고, 형법의 범죄체계와도 합치한다는 점에서 전자보다는 후자의 입장이 타당하다고 할 수 있다.[93)]

(2) 유효한 승낙의 전제로서 설명의무

1) 환자의 동의능력

유효한 승낙은 승낙하는 사람의 능력과 권한, 의사형성의 자유를 전제로 한다. 환자의 승낙을 통해 고도의 인격적 법익이 처분되기 때문에 환자의 자연적인 인식능력과 판단능력에 따라 승낙에 대한 능력을 판단한다. 특히, 신경과학기술을 이용할 때에는 환자 동의에 있어 그 전제가 되는 동의능력을 어떤 기준으로 어느 범위까지 인정할 것인지에 대하여 새

93) 더 자세히는 최민영/이석배, 의료사고에 대한 분쟁조정과 형사책임, 한국형사정책연구원, 2015, 18면 이하. 이외에도 처음부터 의료행위의 상해죄 구성요건해당성을 배제하려는 견해도 있다. 이에 대해서는 김영환, 의사의 치료행위에 관한 형법적 고찰, 형사법학의 과제와 전망, 계산 성시탁 교수 화갑기념논문집, 1993, 270면 이하; 오상원, 의료행위의 형법적 성격, 안암법학 제10호, 2000, 111면 이하.

로운 논의를 필요로 한다. DBS를 포함하여 신경과학기술을 이용하여 수술이나 치료를 받고자 하는 환자는 대부분 다른 치료법이 실패하여 해당 기술의 적용을 절실하게 필요로 하는 경우가 많다. 이 경우에도 환자가 자유로운 의사결정에 기초하여 치료에 동의하였는지를 중립적으로 평가할 수 있어야 한다. 이외에도 신경과학기술을 이용한 치료를 받은 이후, 인지적·정서적 기능이 변하여 치료 이전에 환자가 보여주던 동의능력이 감소되거나 변경된 경우, 치료 후의 처치를 계속할지를 결정하는 과정에서 환자의 동의능력을 어떤 기준으로 어느 범위까지 인정할 것인지도 논의할 필요가 있다.94)

2) 위험-이익 평가에 기초한 자율적 의사결정

의사의 의료행위에 대한 유효한 승낙은 사전에 해당 의사의 설명에 근거하여 환자의 자율적인 결정에 기하였을 것을 전제로 한다. 이때, 의사의 설명은 보통 의사의 행위 이전에 이루어져야 한다. 이를 통해 환자는 의사가 알려준 위험들을 비교하여 치료 여부를 결정할 수 있다. 의사의 설명이 적절한 시점은 개별 사례에 따라 특정된다. 하지만 환자의 자기결정을 위한 설명이 제 기능을 발휘하게끔, 환자가 제시된 위험들을 비교하여 형량할 수 있도록 의사는 적절한 시점에 설명의무를 이행하여야 한다.95)

(3) 설명의무의 내용과 범위

그렇다면 신경과학기술을 적용하여 의료행위를 수행하는 경우, 의사의 기존 설명의무의 내용과 범위는 달라지는 것일까? 이를 아래의 구분에 따라 살펴본다.96)

---

94) 최민영, 침습적 뇌자극기술과 법적 규제－뇌심부자극술(Deep Brain Stimulation)을 중심으로－, 의료법학 제23권 제2호, 2022, 131면 이하.

95) Frank Wenzel (Hrsg.), Handbuch des Fachanwalts Medizinrecht, Luchterhand, 2013, 410면.

96) 아래의 구분과 내용은 최민영/김천수, 자동화기계를 이용한 의료수술의 형법적 쟁점

1) 진단 및 위험에 대한 설명

진단에 대한 설명에서는 의학적 소견과 이로부터 도출되는 예후를 환자에게 알려야 한다. 그리고 위험에 대한 설명에서는 치료에 수반되는 위험을 환자가 조망할 수 있도록 해야 한다. 환자의 육체적 완결성과 삶의 영위를 위하여 의사는 치료의 중대성 여부와 부담의 종류를 환자에게 전달해야 한다. 이와 관련하여 의사는 치료와 연관되어 가능한 부작용의 모든 결과, 즉 주의의무를 이행하더라도 확실히 피할 수 없는 부작용의 결과를 설명해야 한다. 그러나 환자가 가능한 모든 현상에서 생각할 수 있는 모든 위험에 대해 설명을 들어야 하는 것은 아니다. 오히려, 위험에 대한 설명의무는 의사의 경험과 현재의 의학 수준에서 고려할 수 있는 "전형적이고, 피할 수 없는 치료위험"에 국한된다. 이때 위험설명에 대한 의무는 각 의료기관에서 치료하는 의사의 경험과 능력에 기초하여 고려할 수 있는 합병증에 대해서도 존재한다.[97] 신경과학기술을 이용한 치료행위에서는 환자가 치료 과정에서 그리고 치료 이후 뒤따라오는 개인의 신경 시스템의 변화에 동의하고, 어떤 결과가 초래되는지를 알고 있어야 한다.

2) 치료 및 경과에 대한 설명

부분적으로 경과에 대한 설명에 속하는 치료에 대한 설명에는 치료의 종류, 범위, 시행 등이 포함된다. 환자가 명시적으로 설명 듣는 것을 포기하지 않는 한, 환자가 이해할 수 있는 적절한 방법으로 의사는 의도된 치료에 대하여 설명해야 한다. 이것은 환자가 질병의 경과에 대하여 설명을 듣는 것을 전제로 한다. 특히, 환자는 치료에 전형적으로 부과되는 손상에 대해 알고 있어야 한다.[98]

연구, 한국형사정책연구원, 2017, 109면 이하를 기초로 보완되었다.

97) 김나경, 의사의 설명의무와 법적 이해, 한국의료법학회지 제15권 제1호, 2007, 16면. 우리 판례도 진단 및 위험에 대한 설명의무를 판시하고 있다(서울민사지법 1992. 3.13. 90가합45545).

98) 김재윤, 의료분쟁과 법, 율곡출판사, 2015, 129면 이하.

3) 치료 대체수단에 대한 설명

신경과학기술의 투입이 치료에 대한 설명에 영향을 미치는지 여부는 대체적으로 그것이 의학적 기준에 부합하는 방법이냐 혹은 보통의 기준에서 동떨어져 있는 방법이냐에 달려 있다. 신경과학기술을 이용한 치료방법이 의학적 기준에서 동떨어져 있을 때에는 치료에 대한 의사의 설명은 매우 중요해진다. 의사가 현행 의학적 기준에서 동떨어진 다소 새로운 치료방법을 적용하려고 한다면, 환자에게 새로운 방법이 아직 알려지지 않은 위험을 수반하고 있다는 것을 설명해야 한다. 의사의 설명의무는 "의사가 얼마만큼 현재의 기준에서 동떨어진 방법을 사용하고자 하는지, 이를 통해 환자가 무엇을 기대할 수 있는지" 여부와 비례하여 상승한다.[99)]

기본적으로 치료방법의 선택은 의사의 재량이다. 그러나 의학적으로 의미가 있고, 결과가 나타나는 치료를 위해 다수의 대안 중 하나를 선택할 수 있고, 이 방법들이 각 환자에게 상이한 부담 혹은 상이한 위험과 결과를 가져올 수 있다면, 원칙에서 벗어나 있는 대안에 대한 설명이 제시되어야 한다. 다수의 대안 사이에서 환자가 본질적인 차이를 파악할 수 있도록, 의사는 치료 방법상 각각의 위험과 기회를 비교하여 제시하여야 한다.[100)] 특히, 신경과학기술을 이용한 치료법은 치료 이후 환자 개인의 삶에 미치는 장기적 효과에 대해 알려진 바가 없고, 경우에 따라서는 환자의 성격이나 개인적 특성이 바뀔 수 있다는 점을 고려할 때, 설명의무는 매우 중요한 의의를 지닌다.[101)]

---

99) Lisa Blechschmitt, Die Straf-und zivilrechtliche Haftung des Arztes beim Einsatz roboterassistierter Chirurgie, Nomos, 2017, 158면 이하.

100) Jens Prütting, Rechtliche Aspekte der Tiefen Hirnstimulation, Springer, 2014, 53면 이하.

101) 이와 관련하여 독일에서는 DBS 수술의 위험 및 수술 이후의 결과에 대하여 환자가 충분히 설명받지 못하여 문제가 된 사례가 있다(OLG Köln, Beschluss v. 11. 11. 2009-5 U 49/09). 더 구체적으로 DBS 수술 당시, 정신질환을 앓고 있거나 이전에 앓던 경험이 있는 환자에게는 수술 부작용으로 정신질환이 더 심해질 가능성이 있다는 설명의무가 의사에게 있음을 밝힌 사례도 있다(OLG Dresden, Urteil

(4) 유효한 승낙 부재의 결과

유효한 승낙이 없으면, 기본적으로 의사는 상해죄로 처벌된다. 그러나 설명의무 위반에도 불구하고 유효하지 않은 승낙이 되지 않고, 그 결과 의사의 가벌성이 탈락되는 경우들이 있다. 즉, 설명했어야 할 위험이 실현된 것이 아니라, 설명의무가 없는 위험이 실현되거나 이미 설명되었던 다른 위험이 실현되면, 보호목적 관련성이 없다는 점에서 의사의 가벌성이 제외된다. 이외에도 환자의 추정적 승낙이 인정되면, 의사의 가벌성이 탈락될 수 있다.102)

(5) 행위 객체 및 양태

1) 신체의 범위

신경과학의 발달은 지금까지 명확하게 구분되던 신체와 정신의 경계를 불분명하게 하고 있다. 이로 인해 상해죄의 객체인 신체의 범위를 어디까지로 볼 것인지가 문제된다. 현재의 법해석은 눈에 보이는 신체 침해의 결과만을 상해죄의 성립범위로 국한시키지는 않고, 신체침해와 연관되어 정신기능이 손상된 경우도 신체의 침해로 판단하는 다소 유연한 접근방식을 취하고 있다.103) 그러나 별도의 신체침해 없이 개인의 신경시스템에 영향을 미쳐 정신이나 마음을 침해하는 경우를 상정할 때, 이를 상해죄의 신체 침해로 볼 수 있을지에 대하여는 논란이 있을 수 있다. 한편으로는 별도의 신체침해가 없다는 점에서 전통적 의미의 상해죄가 성립하지는 않는다. 다른 한편으로는 신경시스템에 개입이 있었다는 점에서 신체침해가 전혀 없었다고 볼 수도 없다. 이와 같이 신경과학의 발달은 지금까지 당연시해 왔던 신체의 범위에 대해 의문을 제기하고 있다.

---

v. 23. 06. 2020－4 U 242/20).

102) Adolf Schönke/Horst Schröder/Detlev Sternberg－Lieben, Kommentar zum StGB, C.H.Beck, 30. Aufl. 2019, §223 Rn. 40g－40i.

103) 자세한 내용은 앞의 2장에서 기술하였다.

2) 행위양태: 침습 및 비침습 행위

우선, 약물이나 기기 등이 침습 행위를 통해 주입되거나 부착될 때 상해죄의 행위에 해당하는지를 논할 수 있다. 또한 침습 행위를 통해 신경시스템이 변경되어 개인의 정신에 영향을 미쳤을 때에도 상해죄 해당여부를 논할 수 있다. 이 경우에는 신체적 침해 및 영향과 연관되어 결과가 발생하기 때문에 상해죄에 해당될 가능성이 높다고 본다.

다음으로, 신체에 이식된 기기의 온오프를 통해 신경시스템에 영향을 미칠 때, 즉 비침습적 방법을 통한 행위인 경우에도 상해에 해당할 수 있는지가 문제된다. 엄밀히 말하면, 비침습적 방법을 통해 신경시스템에 영향을 미친 경우에는 논란이 있을 수 있다. 현재까지의 법률과 법해석은 신체와 정신의 이원주의를 전제로 하기 때문이다. 엄격한 이원주의 입장에 따르면, 이 경우는 상해에 해당할 수 없다. 현재의 법해석은 이러한 논란이 있을 수 있으나, 구성요건의 범위를 확대하여 신경시스템에 영향을 주는 것 자체를 신체적 영향으로 보아 상해죄로 볼 수도 있다. 즉, 상해죄의 보호법익을 신경시스템과 연관시켜 고려하면, 신경시스템의 단순한 변경도 상해죄의 행위양태로 볼 수 있을 것이다. 더 나아가 약제나 의약품을 제공하여 신체적 부작용이나 신체에 장기간 해로운 영향을 미쳤을 때에도 상해죄를 고려할 수 있다. 물론, 이 경우에는 약사법 등의 특별법을 우선하여 적용할 수 있다.[104]

(6) 특수상해죄

형법 제258조의2는 “위험한 물건을 휴대하여” 상해죄를 범한 때에는 이를 가중하여 처벌하고 있다. 이때, 신경과학기술 관련 기기가 “위험한 물건”에 해당되는지 그리고 이를 이용한 의사의 수술이 위험한 물건의 “휴대”에 해당되는지 여부가 검토될 수 있다.

---

104) Susanne Beck, 앞의 논문, 2016, 135면 이하.

우선, 위험한 물건은 사람의 생명 혹은 신체를 침해하는 데 이용될 수 있는 모든 물건을 말한다. 위험성 판단은 해당 물건의 객관적 성질과 사용법을 고려하여 이루어져야 한다.105) 즉, "위험한 물건에 해당하는지 여부는 구체적인 사안에서 사회통념에 비추어 그 물건을 사용하면 상대방이나 제3자가 생명 또는 신체에 위험을 느낄 수 있는지 여부에 따라 판단하여야 한다."106) 또한 "흉기는 아니라고 하더라도 널리 사람의 생명, 신체에 해를 가하는 데 사용할 수 있는 일체의 물건을 포함한다"고 보기 때문에 "본래 살상용·파괴용으로 만들어진 것뿐만 아니라 다른 목적으로 만들어진 칼, 가위, 유리병, 각종 공구, 자동차 등은 물론 화학약품 또는 사주된 동물 등도 그것이 사람의 생명·신체에 해를 가하는 데 사용되었다면 본조의 '위험한 물건'이라"고 본다.107) 이러한 입장에 따르면, 신경과학기술 관련 기기도 위험한 물건에 해당할 수 있다.

다음으로 위험한 물건의 "휴대"에서 휴대는 위험한 물건을 몸에 부착하고 소지하는 것뿐만 아니라 이를 널리 사용하는 행위까지 포함시킬 수 있다.108) 이에 따르면, 신경기기를 이용한 의사의 의료행위, 즉 진료행위나 수술행위도 위험한 물건의 휴대에 해당할 수 있다. 더 나아가, 환자나 개별 소비자가 신경기기를 몸에 부착하거나 사용하는 과정에서 제3자에게 상해를 입히는 사고가 발생한 경우에도 위험한 물건의 휴대 측면에서 형사책임을 논할 여지가 있다. 여기서는 환자나 개별 소비자가 신경기기의 표준적인 사용법을 준수하지 않고, 이를 마음대로 조작하거나 다른 용도로 사용한 예를 상정할 수 있다.

---

105) 배종대, 형법각론, 홍문사, 2023, 68면.

106) 대법 2008.2.28. 2008도3; 대법 2010.4.29. 2010도930; 대법 2010.11.11. 2010도10256 등.

107) 대법 1997.5.30. 97도597.

108) 다수견해이자 판례의 견해이기도 하다. 이에 대해서는 하민경, 상해죄와 '특수상해죄'의 적용 사이-'위험한 물건'은 정말 모호한가?-, 법학논총 제34권 제1호, 전남대 법학연구소, 2014, 333면.

2. 업무상 과실치상

신경기술을 이용한 의료행위로부터 발생한 의료사고에서 환자의 상해나 사망의 결과가 발생하면, 의사의 업무상 과실치사상죄 성립 여부를 검토할 수 있다. 과실범은 고의범과 마찬가지로 구성요건해당성, 위법성, 책임이 있어야 성립한다. 업무상 과실치사상죄 성립 판단에 있어서는 행위자의 주의의무 위반 여부가 가장 중요하고, 행위자인 의사의 주의의무 범위가 문제된다. 특히, 구성요건 단계에서 검토하는 주의의무 위반 여부가 가장 유의미하다.

(1) 새로운 치료법과 주의의무의 기준

전래의 방법을 통해 치료가 가능함에도 불구하고, 새로운 방법을 사용하여 과실치사상의 결과가 발생하였을 때에는 객관적 주의의무 위반에 속할 수 있다. 원칙적으로, 의사는 의사의 치료재량권에 따라 치료방법을 선택할 자유가 있다. 만약, 선택할 수 있는 치료방법들이 동일한 효과와 비슷한 위험을 가지고 있다면, 의사에게 치료방법 선택의 재량이 주어져야 한다. 하지만 새롭고 그 효과가 충분히 확인되지 않은 방법을 선택하는 것은 의사의 재량범위를 벗어나는 일이 될 수도 있다. 왜냐하면, 이 경우에는 환자의 안전이 보장되지 않기 때문이다. 의사의 모든 조치에서 환자의 보호와 안전은 가장 우선적인 가치를 지닌다.[109)]

새로운 치료방법은 지금까지 의학의 표준적 기준에 속하는 치료방법과 비교하여 알려지지 않은 위험과 부작용을 보일 수 있다. 따라서 새로운 치료방법과 연계되어 환자에게 이러한 위험이 높아지면, 구체적으로 새로운 치료법을 선택할 수밖에 없었던 사례별로 객관적인 정당화사유를 찾아야 한다. 구체적 사례에 따라 달라지겠지만, 결과를 미리 예측할 수

---

109) Klaus Ulsenheimer, in: Adolf Laufs/Bernd−Rüdiger Kern, Handbuch des Arztrechts, C.H.Beck, 2010, §139 Rn. 32.

없기 때문에 새로운 치료방법을 적용하는 데에는 주의의무의 기준이 높아질 수 있다. 특히 다른 모든 치료법이 실패했을 때 새로운 치료법이 사용될 수 있는 마지막 치료법으로 제시되는 것은 매우 조심스러운 문제이다. 의사의 처치에 대해 어떤 기준도 확립되어 있지 않다면, 의사는 매우 신중하게 치료를 결정해야 하며, 환자에게 전달되는 정보는 충분히 구체적이어야 하고, 치료와 기록에 있어서 전문인에 대한 주의의무를 다해야 한다.110)

(2) 위험-이익 평가와 주의의무

특별히 신경과학기술과 같이 새로운 치료법을 적용할 때에는 위험－이익 평가에서 의사의 상당한 주의의무가 요구된다. 일반적 의료행위와 동일하게 최소한 새로운 치료법의 모든 징후와 관련하여 예상되는 이익이 예상되는 위험을 상쇄시킬 정도가 되어야 한다. 하지만 새로운 치료법의 위험－이익 평가는 기존 치료법의 위험－이익 평가 기준과 같을 수는 없다. 새로운 치료법을 적용할 때에는 본질상 위험을 종국적으로 평가할 수 없기 때문이다. 따라서 이 경우 위험－이익 평가에서는 해당 치료법에서 예측되는 특수한 위험뿐만 아니라 위험이 최종적으로 평가될 수 없다는 점도 고려해야 한다. 즉, 새로운 치료법을 선택할 때는 더 커진 불확실성을 보완할 만한 강력한 논거가 필요하다. 물론, 새로운 치료법이라 평가를 위한 객관적 자료가 부족할 수 있다. 그럼에도 환자의 이익을 고려하여 새로운 치료법에서 예측되는 장단점을 기존 치료법의 장단점과 상세히 비교하고, 예견되는 위험과 가정적인 위험도 고려해야 한다.111) 그리고 이러한 신중한 태도는 치료 시작 이전에 한 번으로 그쳐

110) 최민영, 앞의 논문, 2022, 127면 이하.

111) Lena Schneider, Neue Behandlungsmethoden im Arzthaftungsrecht, Springer, 2010, 119면 이하. 예를 들어, DBS는 뇌에 자극을 가함으로써 환자의 마음이나 정신 상태에 직접 영향을 미칠 수 있다. 따라서 기기의 조정을 통해 얻는 신체적 이익과 사고·인격·행동에서 변화를 일으키는 심리적 부작용으로서의 잠재적 손

서는 안 되고, 가능성 있는 위험과 부작용을 새롭게 인식하는 대로 반복해야 한다.[112)]

3. 사기

사기죄는 앞 2장에서의 논의처럼, 재산권을 보호법익으로 하는 범죄로서 상대방을 기망하여 침해하는 행위를 규율한다. 따라서 의사결정 및 활동의 자유, 거래의 진실성, 신의성실 등도 부차적인 보호법익으로 본다.[113)] 여기서는 신경과학기술을 이용한 치료행위 혹은 관련 기기를 이용하는 일반소비행위에서 과장광고나 허위광고를 형법상의 사기죄로 규율할 수 있는지가 문제된다. 우리 법원은 학설과 달리, 거래의 진실성 등도 동일한 보호법익으로 보기 때문에 기망당한 자가 재산상 손해가 없더라도 사기죄가 성립되는 것으로 보고 있다.[114)] 그렇다고 하더라도 다소의 과장이나 허위가 있다고 하여 이를 곧바로 사기죄의 기망으로 간주하지는 않는다.[115)] 대부분의 과장광고나 허위광고는 아래에서 논의할 의료기기법이나 소비자기본법 등을 통해 규율된다.[116)]

해를 비교하여 그 치료 여부를 결정해야 할 수 있다. 더 엄밀히 말하면, 이 문제는 기기의 조정 없이 겪는 감정적 고통과 기기의 조정을 통한 감정의 변화, 이 양자의 심리적 상태를 비교하는 것으로 볼 수 있다. 이에 대해서는 Walter Glannon, 앞의 논문, 2009, 290면.

112) Adolf Schönke/Horst Schröder/Detlev Sternberg－Lieben/Frank Schuster, Kommentar zum StGB, C.H.Beck, 30. Aufl. 2019, §15 Rn. 212e.

113) 배종대, 앞의 책, 2023, 343면 이하.

114) 대법 2004.4.9. 2003도7828. 이에 대해서는 배종대, 앞의 책, 2023, 374면.

115) 관련 판례는 다음과 같이 판시한다. "… 일반적으로 상품의 선전, 광고에 있어 다소의 과장, 허위가 수반되는 것은 그것이 일반 상거래의 관행과 신의칙에 비추어 시인될 수 있는 한 기망성이 결여된다 할 것이나 거래에 있어서 중요한 사항에 관하여 구체적 사실을 거래상의 신의성실의 의무에 비추어 비난받을 정도의 방법으로 허위로 고지한 경우에는 과장, 허위광고의 한계를 넘어 사기죄의 기망행위에 해당한다(대법 2002.2.5. 2001도5789)."

116) 이외에도 허위 · 과장 광고는 의료법상 규정을 통해서도 규율된다.

4. 업무상 비밀누설

환자의 의료정보유출은 형법상 업무상 비밀누설죄에 해당할 수 있다. 이것은 여타의 다른 의료사례와 다를 바 없다. 하지만 신경과학기술이 사용되었을 경우에는 몇 가지 다른 쟁점도 함께 논의되어야 한다. 우선 뇌영상에 대한 해석도 환자의 비밀에 해당할 수 있는지를 확정해야 한다. 뇌영상에 대한 의료정보에는 영상 자체와 이를 기초로 한 해석자의 경험이 결합되어 있다. 뇌영상에서는 특히 해석자의 역할이 중요하지만, 뇌영상에 대한 해석을 개인의 비밀로 보는 것에는 큰 무리가 없을 것으로 보인다.[117)]

그러나 뇌를 스캔해서 노출되는 것들은 기존의 개인의 비밀이나 정보보호의 측면에서 논의되는 것들과 모두 중첩되지 않을 수 있다. 기존의 비밀보호는 대개 외적 정보를 통해 보호되었다. 그러나 신경과학기술에 의해 침해될 수 있는 것은 아직 표출되지 않은 내면의 감정이나 의사, 의도치 않은 뇌 속의 다른 정보나 기록 등으로 단순한 결과물이 아니라 내면의 정신적 영역 그 자체일 수 있다.[118)] 즉, 단순한 정보의 보호를 넘어서 개인의 존엄이 침해되는 것으로 나아갈 수 있기 때문에 단순히 비밀누설죄를 통하여 이를 보호하기에는 충분치 않을 수 있다. 신경과학기술이 발달할수록 개인정보보호법을 포함하여 이에 대한 새로운 입법적 논의가 촉발될 가능성은 언제든지 열려 있다.

---

117) Susanne Beck, 앞의 논문, 2016, 139면 이하.

118) 최민영/계인국, 새로운 권리로서 정신적 자기결정권이 필요한가?: 신경과학의 발달에 따른 시론적 연구, 생명윤리 제22권 제2호, 2021, 47면.

5. 의료기기법상 제조물책임

신경기술 및 관련 기기를 이용하여 발생한 의료사고에 있어서는 형사상 제조물책임 성립여부도 검토할 수 있다. 하지만 현행 형법상 살인죄, 상해죄, 과실치상죄 규정들을 통해 제조물책임을 묻기는 어렵다. 게다가, 제조물책임법도 민사상 손해배상책임만을 규정하고 있다.[119] 따라서 현행 형법과 제조물책임법상으로는 형사상 제조물책임을 물을 수는 없다. 하지만 이와 관련하여 의료기기법상의 규정들을 검토할 필요는 있다. 신경과학기술을 이용한 기기는 의료기기법상의 의료기기에 해당되며, 의료기기법에서는 의료기기 규제와 관련하여 부분적으로 형사상 제조물책임을 질 수 있도록 하고 있다.[120] 특히, 신경기기와 관련해서는 다음과 같은 점을 유의해야 할 것으로 보인다.

---

119) 김학태, 의료상 제조물사고의 형사책임, 의료법학 제3권 제2호, 2002, 108면 이하; 하태훈, 缺陷制造物로 인한 법익침해와 그 형사책임, 형사법연구 제17권, 2002, 187면 이하. 이에 반해 제조물책임법 제4조 제2항을 형법적 제조물책임의 근거로 인정해야 한다는 견해가 있다(김호기, 개발위험의 항변과 형법적 제조물책임－가습기 살균제 등 대량생산되어 사용되는 일상생활용품의 사례를 중심으로－, 형사정책연구 제27권 제1호, 2016, 180면 이하). 하지만 동법에는 아직 제조물관리의무 위반에 대한 처벌규정이 없다는 점에서 이와 같은 해석은 죄형법정주의에 반한다고 보인다. 설혹, 한 발 양보하여 형사상 제조물책임이 인정된다고 하더라도, 책임의 귀속 이전에 제조업자와 판매업자의 주의의무위반 여부가 우선 검토되어야 하고, 이들에게 어떠한 주의의무가 부과되고 있는지 확정하는 작업이 선행되어야 할 것이다. 이에 대해서는 전지연, 형법적 제조물책임에서 주의의무위반과 신뢰의 원칙, 연세법학연구 제17권 제4호, 2007, 6면 이하.

120) 의료기기법에서는 제조 허가 · 인증 · 신고, 시판 후 조사, 제조 허가 등의 갱신, 임상시험계획의 승인, 제조변경 허가 · 인증 · 신고, 시설과 제조 및 품질관리체계 유지, 수리업 및 판매업 등의 신고, 기재 및 광고금지, 추적관리대상 의료기기 기록의 작성 및 보존, 부작용 관리 등의 규정을 위반한 경우 형사제재를 부과한다.

(1) 품질관리체계 유지의무

해당 기기를 제조하거나 수입하려는 자는 허가 또는 인증을 받거나 신고를 하려면 총리령에 따라 필요한 시설과 제조 및 품질관리체계를 미리 갖추어 허가 또는 인증을 신청하거나 신고하여야 한다. 그리고 이에 따른 시설과 제조 및 품질관리체계를 유지해야 한다(동법 제6조 제4항, 제13조 제1항, 제15조 제4항, 제6항).[121] 이러한 규정이 실질적인 효력을 발휘하기 위해서는 신경기기의 품질관리체계가 해당기기의 특수성을 감안하여 적절하게 구비되어 있어야 한다. 신경기기는 이 기기 시스템을 다루는 의사가 전문적인 훈련과 교육을 바탕으로 전문기술을 추가로 갖출 것을 요구할 수도 있다. 특히, 신기술을 적용하는 기기일수록 이에 대한 필요와 요구는 높아질 것이다.[122]

(2) 기재 및 광고금지: 허위 및 과대

의료기기의 용기, 외장, 포장 또는 첨부문서에는 거짓이나 오해할 염려가 있는 사항, 허가·인증·신고 사항과 다른 성능이나 효과 등을 표시해서는 안 되고, 의료기기의 성능이나 효과에 대하여 과대광고하거나 이를 암시적 방법을 통하여 광고해서는 안 된다(동법 제24조).[123] 특히, 신경과학기술은 현재 발달 중인 기술이기 때문에 이를 이용한 의료기기에 대하여 입증된 사실과 달리 부풀려진 성능이나 효과가 대중에게 전달될 위험

---

121) 이를 위반할 때에는 3년 이하의 징역 또는 3천만원 이하의 벌금에 처한다(동법 제52조 제1항).

122) 신경기기에 딱 들어맞는 예는 아니지만, 이와 유사한 예로 미국에서는 실제로 수술로봇 다빈치를 생산한 인튜이티브서지컬 제조사에게 수술로봇 이용 전에 의사에게 적절한 훈련과 교육을 제공하지 않았다는 이유로 많은 소송이 제기되었다고 한다. 더 자세히는 Erica Palmerini et al., Guidelines on Regulating Robotics, Regulating Emerging Robotic Technologies in Europe: Robotics facing Law and Ethics－Robolaw Project, 2014, 94면.

123) 이를 위반할 때에는 3년 이하의 징역 또는 3천만원 이하의 벌금에 처한다(동법 제52조 제1항).

이 크다. 기재 및 광고에 있어 주의를 요한다.[124]

(3) 추적관리대상 의료기기 기록의 작성 및 보존의무

i) 인체에 1년 이상 삽입되거나, ii) 생명 유지용 의료기기 중 의료기관 외의 장소에서 사용이 가능한 의료기기 중에서 사용 중 부작용 또는 결함이 발생하여 인체에 치명적 위해를 줄 수 있어 그 소재를 파악해 둘 필요가 있는 의료기기를 추적관리대상 의료기기라 한다. 이 기기는 별도로 관리하여 제조 · 판매 · 임대 · 수리 내용 등에 대한 기록을 작성 · 보존하고, 이를 식약처장에게 제출해야 한다.[125] 추적관리대상 의료기기 지정에 관한 규정에 따르면, (이식형) 심리 요법용 뇌용 전기 자극장치, 발작 방지용 뇌 전기 자극장치, 진동용 뇌 전기 자극장치는 인체에 1년 이상 삽입되는 의료기기로서 이에 속한다.

(4) 부작용 관리의무

의료기기 취급자는 의료기기를 사용하는 도중에 사망 또는 인체에 심각한 부작용이 발생하였거나 발생할 우려가 있음을 인지한 경우에는 이를 식약처장에게 즉시 보고하고 그 기록을 유지하여야 한다(동법 제31조

---

124) 이와 관련하여 의료기기로 승인받지 않은 일반제품을 판매하고자 할 때에도 주의를 요한다. 일례로, 2013년 미국 캘리포니아에 위치한 TDCS Device Kit, Inc.라는 회사는 소비자가 직접 조립하여 사용하는 tDCS 키트를 판매하면서 이 기기가 임상시험에서 치료 효과가 있었다는 광고 문구를 제시하였다. 일반적으로 tDCS는 미국에서 의료기기로 승인되지 않지만, 광고 문구에서 이미 치료 효과가 있음을 밝혔기 때문에 캘리포니아 주 보건국은 당해 제품이 의료기기로 취급된다고 판단하고, 이를 부정 표시, 불량, 미승인 의료기기의 판매와 배달에 해당한다고 보았다. 이 사안에서는 소비자가 직접 조립하여 사용하는 키트도 완제품과 같이 취급하였다. 이에 대한 소개로는 Anna Wexler, A pragmatic analysis of the regulation of consumer transcranial direct current stimulation (TDCS) devices in the United States, Journal of Law and the Biosciences Vol. 2 Issue 3, 2015, 687면 이하.

125) 이를 위반할 때에는 500만원 이하의 벌금에 처한다(동법 제54조).

제1항).[126] 신경과학기술은 많은 이점에도 불구하고, 아직 알려지지 않은 부작용이 있는 "발전 중인" 기술이다. 따라서 치료든 임상연구든 적절한 위험-이익 평가를 통하여 관련자가 해당 행위를 결정할 수 있도록 장기적으로 포괄적인 데이터를 수집할 필요가 있다. 부작용 관리의무는 이를 위한 중요한 사항에 속한다.

(5) 양벌규정: 의료기관의 형사책임

의료기기법은 법인 또는 개인의 양벌규정 조항을 두고 있다. 법인 또는 개인이 위반행위를 방지하기 위해 해당 업무에 관하여 상당한 주의와 감독을 게을리하지 않은 경우를 제외하고는 벌금형을 과한다(동법 제55조). 의료기관은 임상시험계획서의 승인과 변경에서 의료기기법상의 규정을 준수하고, 임상시험에 관해 승인을 받지 않은 의료기기를 임상시험에 사용해서는 안 된다(동법 제10조 제1항, 제4항, 제26조 제6항). 또한 추적관리대상 의료기기를 이용하는 환자에 대한 추적이 가능하도록 하는 기록을 작성하여 보존하고 이를 제출해야 하고(동법 제30조 제1항, 제2항), 식약처장으로부터 부작용과 회수계획 등을 통보받은 경우에는 의료기기를 사용하여 치료받은 환자에게 이를 알리고, 통보사실을 증명할 수 있는 자료를 제출해야 한다(동법 제31조 제5항).

6. 소비자기본법상 책임

신경과학기술을 이용한 기기 중 비침습 기기로서 대표적인 TMS나 tDCS 현재 국내에서 의료기기로 분류 중이다. 그러나 이 중 위해도가 적은 기기는 뇌를 자극함에도 의료기기가 아닌 일반 소비품으로 분류될 가능성도 많다.[127] 이 경우에는 소비자기본법으로 규율되는데, 동법은 대

126) 이를 위반할 때에는 500만원 이하의 벌금에 처한다(동법 제54조).

127) 예를 들어, 국내에서 tDCS는 우울증 치료 목적의 의료기기로 승인된 상태이다. 그

부분 행정상 제재조치를 1차적으로 규정하고 있다. 다만, 제품을 위한 표시 및 광고 기준, 거래의 적정화를 위한 기준, 소비자의 개인정보보호 등의 규정을 위반하는 행위를 한 경우, 사업자에게 필요한 조치를 명할 수 있고(동법 제80조), 이 명령을 다시 위반한 경우에 형사제재를 부과하고 있다(동법 제84조 제1항). 또한 제품결함으로 인해 소비자의 생명, 신체 또는 재산에 위해를 끼치거나 끼칠 우려가 있다고 인정되는 경우에는 물품등을 수거, 파기, 수리, 교환, 환급을 명하거나 제조 및 판매의 금지를 명할 수 있고(동법 제50조), 이 명령을 다시 위반한 경우에 형사제재를 부과한다(동법 제84조 제1항).[128] 특히 기기에 대한 허위·과장 광고는 소비자기본법 이외에 표시광고법에서 다양한 제재수단을 통해 엄격하게 규율될 수 있다.[129]

러나 단순히 집중력 향상의 목적으로 사용되는 제품을 인터넷 광고를 통해 일반소비자가 구매한 경우(소비자 tDCS 제품)에는 법적 규제에 있어 혼선이 발생하여 도리어 법적 규제의 사각지대에 놓일 수 있다. 우선, 국내에서 이 기기가 사용된다면, 이를 의료기기로 보고 의료기기 관련 법률을 적용해야 하는데, 이미 외국에서 일반제품으로 구매하여 개별 소비자가 들여온 물건을 현실에서 규제할 방법은 없는 것으로 보인다. 더 나아가 특정 질병의 치료 목적이 아니라 처음부터 건강관리와 유사한 목적의 사용을 의도하고 있는 기기를 의료기기로 규율할 수 있는지에 대하여도 또 다른 논란이 발생할 수 있다. 이것은 tDCS가 저위해도의 기기에 속하기 때문에 더욱 그러하다. 더 자세히는 최민영, 비침습적 뇌자극기술과 법적 규제 –TMS와 tDCS기술을 이용한 기기를 중심으로–, 의료법학 제21권 제2호, 2020; 박정연, 뇌자극기에 대한 FDA 규제와 시사점–국내 의료기기 규제와의 비교법적 고찰–, 생명윤리정책연구 제16권 제3호, 2023.

128) 이 경우에는 3년 이하의 징역 또는 5천만원 이하의 벌금에 처한다(동법 제84조 제1항).

129) 표시광고법은 허위과장 광고를 금지하고(동법 제3조), 이러한 행위를 한 사업자에게 공정거래위원회는 시정조치나 임시중지명령을 명할 수 있고(동법 제7조와 제8조), 과징금을 부과할 수 있다(동법 제9조). 그리고 사업자는 광고로 인한 피해자에게 손해배상책임을 지며(동법 제10조), 형사책임도 진다(동법 제17조). 이 경우 사업자는 2년 이하의 징역 또는 1억 5천만원 이하의 벌금에 처한다(동법 제17조).

7. 임상연구 시 책임

임상연구 목적으로 신경과학기술을 이용할 때에도 다른 임상연구와 동일하게 일반적인 임상연구의 지침을 준수해야 하고, 환자와 유효한 임상시험 계약을 체결해야 한다. 이와 관련하여 신경과학기술 연구는 임상적으로 타당해야 하고, 치료의 기록이라는 과학적 기준을 충족시켜야 하며, 위험-이익 평가도 거쳐야 한다. 또한, 환자의 사전 동의는 필수이며, 기관윤리위원회 등의 검토를 거쳐 전문인에 의해 실시되어야 한다.

(1) 우연한 발견(incidental findings)의 경우

의사가 보증인의 지위에 있지 않고, 환자에게 알릴 이익이 없거나 환자도 알고 싶어하지 않을 때, 임상연구 도중 우연히 발견한 환자의 건강상태를 알려야 하는지 문제될 수 있다. 만약, 이를 알리지 않아 제때 받을 수 있는 치료의 기회를 잃거나 질병이 악화될 수 있다면, 의사는 이에 대하여 부작위의 형사책임을 질 수 있을까? 이 경우 의사의 보증인으로서의 지위가 어디까지 확장될 수 있는지를 논할 수 있다.130)

(2) 신기술과 임상연구의 규율

관련 임상연구는 우리 생명윤리법이나 의료기기법에서 규율하고 있다. 특히, 대부분 기기를 사용하기 때문에 의료기기법의 적용도 고려해야 한다.131) 이와 관련하여 세부적이고 구체적인 사항들은 하위법령이나 규칙

130) Susanne Beck, 앞의 논문, 2016, 139면.

131) Bjoern Schmitz-Luhn/Christian Katzenmeier/Christiane Woopen, Law and ethics of deep brain stimulation, International Journal of Law and Psychiatry Vol. 35 Issue 2, 2012, 312면; Sonia Desmoulin-Canselier, Ethical and Legal Issues in Deep Brain Stimulation: An Overview, in: Antonio D'Aloia/Maria Chiara Errigo (eds.), Neuroscience and Law, Springer, 2020, 321면 이하.

에서 규율한다.[132] 관련 세부 규정으로는 의료기기 임상시험 기본문서 관리에 관한 규정, 의료기기 임상시험계획 승인에 관한 규정, 의료기기 임상시험기관 지정에 관한 규정 등이 있다. 이러한 법률과 하위규정이 신경과학기술과 같은 신기술에 대한 임상연구를 규율하는 데 적절한지 여부는 지금까지 논의된 바가 거의 없다.[133] DBS와 같은 신경과학기술은 인간을 대상으로 하는 침습적 기술임을 고려할 때, 위험성의 정도에 따라 임상연구의 층위를 구분하면서 신기술의 발전에 부합할 수 있는 임상연구 규제의 틀을 모색할 시점이다.[134]

V. 나가며

신경과학기술을 이용한 행위에서 비롯되는 형사책임의 문제는 기존의 법리대로 해결 가능한 부분이 있고, 그렇지 않은 부분도 있다. 후자의 경우, 새로운 논의를 통해 기존 법률에 대한 해석의 범주를 넓힐 수도 있고, 이를 넘어서 새로운 입법을 요구할 수도 있다. 만약, 새로이 입법을 요하는 부분이 있다면, 기존의 형법 규정만으로는 보호할 수 없는 새로운 법익이 등장해야 하는 것인지에 대한 논의도 필연적으로 촉발될 것이다.

---

132) 이외에도 약사법과 첨단재생바이오법에서 임상연구를 규율한다.

133) 임상시험 규율과 관련하여 일반적으로 제기되는 문제는 다음과 같다. 우선 발생한 피해에 대한 보상절차를 연구자가 마련하도록 하고 있어 연구대상자의 보호가 미흡하다. 다음으로 기업으로부터 지원받는 임상시험에 대한 규율이 없어 연구의 안정성과 공정성을 훼손할 염려가 있다. 마지막으로 임상연구의 결과, 데이터 조작과 같은 연구윤리에 대한 규율이 없다. 더 자세히는 이은영, 앞의 논문, 2020 참조.

134) 최근에 제정된 일본의 의학계윤리지침과 임상연구법은 인간 대상연구를 크게 4가지 – 의학·생명과학연구, 임상연구, 임상시험, 치험 – 로 분류하면서 이에 대한 몇 가지 착안점을 제시해준다. 더 자세히는 송영민, 최근 일본의 임상연구관리 제도 동향, 의생명과학과 법 제21권, 2019.

결론적으로 특별히 새로운 법해석이나 입법적 논의를 필요로 하는 부분은 다음과 같다. i) 행위 목적별로 신경과학기술 관련 행위를 논할 경우, 향상 목적의 행위에 대한 승낙의 한계가 입법적으로 설정되어야 하는지, ii) 형사책임 귀속의 주체에서 신경과학기술을 이용하여 치료를 받으면서 환자가 의사의 설명을 따르지 않거나 치료 이후 후속 조치를 제대로 이행하지 않아 부작용과 사고가 발생하고, 이로 인해 제3자에게도 손해를 입힌 경우, 의사뿐만 아니라 환자에게도 형사책임을 부과할 수 있는지, iii) 환자의 유효한 승낙의 전제를 논할 때, 경우에 따라 환자의 동의능력 기준과 범위를 어떻게 설정해야 하는지, iv) 상해죄의 객체로서 신체의 범위를 어디까지 볼 것인지 그리고 상해라는 행위의 양태에 비침습 행위를 포섭시킬 것인지, v) 의사의 주의의무와 설명의무의 주요 기초가 되는 위험-이익 평가의 기준을 어떻게 설정할 것인지, vi) 개인의 비밀의 범주는 어디까지인지, vii) 임상연구 도중 우연히 발견한 환자의 상태를 의사는 알릴 의무가 있는지 그리고 위험성의 정도를 고려하여 임상연구 규율의 층위를 구분할 필요가 있는지 등이다. 물론, 형사책임을 논하기 이전에 민사상, 행정상 규율할 수 있는 부분들이 있다면, 이에 대한 논의가 우선 이루어질 필요는 있다. 어떠한 방식의 규율 형태로든 신경과학기술의 발달 속도와 그 영향을 고려할 때, 이와 관련한 법적 책임을 세밀하게 논의할 시점인 듯하다.

제3절 | 가상사례의 구성과 해설

아래에서는 각 행위 주체(의사, 제조자 혹은 판매자, 환자 혹은 소비자)가 행위 목적별(치료 목적, 연구 목적, 향상 혹은 건강관리 목적)로 개별 신경기술(TMS, tDCS, BMI, DBS)을 이용하는 과정에서 발생할 수 있는 문제를 가상사례를 구성하여 보여주고,[135] 이에 대해 민사상, 형사상, 행정상 제기되는 주요한 법적 쟁점과 책임을 개괄적으로 간략하게 풀이한다.

사례1 우울증 치료 목적의 TMS

환자 P는 우울증 치료에 큰 차도를 보이지 않자, 정신건강의학과 담당의사 A의 추천을 받아 TMS 치료를 정기적으로 받아왔다. 담당의사는 정기적 치료 10회를 거치면, 우울증에 차도를 보일 것이라고 설명하고, 별다른 부작용은 없을 것이라고 설명하였다. 하지만 10회의 치료 이후에 별다른 차도가 없어 다시 10회의 치료를 받았으나, 환자 P의 우울증은 나아질 기미가 보이지 않았다. 오히려 환자 P는 편두통을 지속적으로 호소하였다. 이때, 담당 의사 A와 A가 근무하는 병원 K는 어떠한 책임을 지는가?

1) 법적 쟁점 개관

TMS는 정신건강의학과에서 우울증 치료 목적으로 최근에 도입된 신의료기기이다. 통상 환자가 기존의 치료방법으로 이렇다 할 치료반응을 보이지 않을 때, 보충적 치료방법으로 시도되기도 한다. 이 사례에서 환자

135) 각 가상사례는 관련 기술을 연구하거나 이용하는 외부 전문가 자문을 통해 확정되었음을 밝힌다.

P는 담당의사의 추천으로 TMS 치료방법에 동의하여 치료를 받았으나, 별다른 효과 없이 오히려 부작용만 발생하였다. 이때, 민사상 의사 A와 병원 K의 손해배상책임 여부, 형사상 의사 A와 병원 K의 업무상 과실치상 여부가 쟁점이 되고, 이외에도 TMS 기기를 제조하여 판매한 제조업자와 판매업자의 손해배상책임, 제조물책임, 의료기기법상 책임 등이 제기될 수 있다.

2) 민사상 법적 책임

의사 A와 A가 근무하는 병원 K가 환자 P에게 의료과실 책임을 부담하는지 여부가 문제될 수 있다. 우선 환자 P의 우울증이 나아지지 않은 데 대해서는 책임을 묻기 어려울 것이다. 의료행위가 약속한 특정한 결과를 발생시키지 않더라도, 당시 의학수준에 따라 의사가 최선의 주의의무를 다하였다면 충분하기 때문이다. 다음으로 의사 A가 환자 P에게 TMS 치료의 부작용으로 편두통이 발생할 수 있다는 것을 설명하지 않은 데 대해서는 설명의무 위반이 문제될 수 있다. TMS와 같은 비침습적 뇌신경자극기술은 비교적 부작용이 발생할 가능성이 낮지만, 두피의 자극이나 두통과 같은 부작용이 발생할 가능성이 있는 것은 사실이다. 우리 판례에 따르면 의사 A가 환자 P에게 TMS 치료의 부작용으로 편두통이 발생할 수 있다는 점을 설명했더라면 환자 P가 동의하지 않았을 것이라는 점 또는 그럼에도 불구하고 환자 P가 동의를 했을 것이 명백하다는 점이 증명되지 않은 경우에는 의사 A나 병원 K는 민사상 위자료배상책임만 부담한다. 반면 의사 A가 환자 P에게 편두통이라는 위험을 설명했더라면 환자 P가 동의하지 않았을 것이라고 인정되면, 편두통으로 인한 손해 전부에 대해 배상의무를 부담하게 된다.

3) 형사상 법적 책임

다음으로 형사책임을 논하면, 환자 P는 TMS 치료 이후, 별다른 효과 없이 편두통이라는 부작용이 생겼다. 이때, 의사 A에게 업무상과실치상이라는 형사책임이 성립하는지 여부가 문제된다. 이를 살펴보기 위해서는 TMS 치료과정에서 의사 A가 주의의무위반, 특히 범죄성립요건상 구성요건 단계에서 검토하는 객관적 주의의무위반이 있었는지를 검토해야 한다. 새로운 치료법은 기존 치료법과 비교하여 알려지지 않은 위험과 부작용을 보일 수 있다. 따라서 그 결과를 미리 예측할 수 없기 때문에 새로운 치료법을 적용하는 데에는 주의의무의 기준이 높아질 수 있고, 의사의 처치에 대해 어떠한 기준도 확립되어 있지 않다면, "신중한 의사"로서 주의의무를 다해야 한다. 위 사례에서 의사 A는 기존 치료법이 효과가 없자, 환자 P에게 신중히 TMS 치료법을 권해 주었을 것으로 보이고, 이 같은 치료법의 선택은 의사의 재량에 속한다고 보인다. 그러나 설명의무 이행에 있어 효과와 부작용에 대한 제시가 미흡했던 것을 객관적 주의의무위반의 범주에 속한 것으로 볼 수 있을까? 통상 설명의무는 주의의무의 준수와 별개로 논의되어야 하나, TMS와 같은 신치료법의 경우에는 기존의 치료법과 신치료법의 차이와 장단점에 대한 상세한 설명의 이행이 중요하고, 이를 주의의무의 범주에 속하도록 고려할 여지가 생긴다. 따라서 의사가 환자에게 사전에 신치료법의 효과와 부작용을 구체적으로 설명하지 않았다면, 주의의무위반을 논할 여지가 있다고 본다.[136] 그런데 만약 TMS 치료법 시행에 있어 의료준칙을 위반한 사실이 인정된다면, 바로 의사의 주의의무위반을 문제 삼을 수 있고, 의사 A는 업무상과실치상책임을 지게 된다.

---

136) 반면 기존의 표준적 치료법을 시행하면서 치료행위 자체에는 별다른 과실이 없고 단지 설명의무의 이행이 부족했던 것이라면, 이미 범죄구성요건 단계에서 주의의무의 위반은 없으므로 해당 의사는 형사책임을 지지 않게 된다. 이 경우에 의사의 미흡한 설명은 민사책임의 법리로만 해결할 수 있다.

4) 행정상 법적 책임

의료기기법상 품목허가를 받은 제품을 의사가 의학적 판단에 따라 의료기관에서 치료 목적으로 사용한 것이라면 일반적으로 의료기기법 위반의 책임은 문제되지 않는다. 다만 의료기관 개설자는 의료기기법 제2조 제3항에 따른 의료기기 취급자에 해당하기 때문에 의료기기를 사용하는 도중에 사망 또는 인체에 심각한 부작용이 발생하였거나 발생할 우려가 있음을 인지한 경우에는 이를 식약처에 보고하고 그 기록을 유지해야 한다(동법 제31조).

뇌졸중 재활치료 목적의 tDCS

환자 P는 뇌졸중이 발생하여 인지기능이 크게 저하되었다. K병원 재활의학과의 담당의사 A는 새로운 치료기법으로 tDCS 기기의 사용을 권하였다.

2-1. 이에 따라 환자 P는 담당의사 A로부터 약 10회의 tDCS 치료를 받고, 주의집중력이 호전되었다. 하지만 치료 당시, 담당의사 A는 tDCS를 통한 임상 경험이 거의 없는 상태였다. 이때, 담당의사 A는 어떠한 책임을 지는가?

2-2. 이에 따라 의사 A는 환자 P에게 이 기기의 사용법과 사용한도를 알려주고, 그 범위 내에서 주기적으로 사용할 것을 권하였다. 환자 P는 집으로 돌아와 의사 A가 알려준 대로 tDCS기기를 사용하니 인지기능이 호전됨을 느끼고, 사용법과 사용한도를 무시한 채, 두피 표면의 여러 위치에서 이 기기를 사용하였다. 그러자 환자 P에게 이명 증상이 나타났다. 이때 담당의사 A는 환자 P의 이명 증상에 대해 어떠한 책임을 지는가?

1) 법적 쟁점 개관

tDCS는 재활의학과에서 뇌졸중 재활치료를 목적으로 최근까지 임상실험용으로 사용되었고, 얼마 전 치료용 의료기기로 승인되었다. "뇌졸중 재활치료를 위한 한국형 표준 진료 지침 2016"에 따르면, tDCS는 새로운 뇌졸중 재활치료 기법으로 금기사항, 부작용 등을 숙지한 경험이 많은 전문의에 의해 선택적 환자에게 고려해야 한다고 권고한다. 사례 2－1은 사례 자체를 통하여 이와 같은 구체적 사실관계를 알 수 없으나, 임상경험이 없는 의사를 통하여 사용되었다. 그러나 치료효과는 발생하였다. 이때, 의사 A의 법적 책임 유무가 문제된다. 사례 2－2는 의사 A가 사용법과 사용한도를 알려 주었으나, 환자 P가 이를 어기고 사용하여 부작용이 발생하였다. 이때, 의사 A의 법적 책임 유무 여부가 문제된다.

2) 2-1 해설

의사 A의 tDCS 임상경험의 유무가 의사 A의 민사책임에 대하여 주는 영향은 법리상 없다. 의사 A의 객관적 징표(가령 대학병원인지 개인의원인지 등 의사 A가 근무하는 의료기관의 수준 등)에 따라 설정된 평균 의사의 기술과 지식을 기준으로 하여 그 치료법의 구체적 시행이 그 기준에 미달하지 않으면 경험 유무는 문제가 되지 않는다. 이 사례의 내용상 책임을 져야 하는 손해가 발견되지 않으므로 그 미달도 민사책임에서는 문제가 되지 않는다.

의사 A의 tDCS 임상경험의 유무가 의사 A의 형사책임에 대하여 주는 영향도 없다고 보아야 한다. 치료방법의 선택은 의사의 재량에 속하기 때문이다. 하지만 치료법 시행의 자격과 기준에 대한 의료인 간의 표준 지침이 존재하는데, 이것이 준수되지 않은 경우라면, 형사책임에 영향을 미칠 수 있다. 다만, 이 사례에서는 긍정적 치료효과를 보였기 때문에 형사책임에서도 문제가 되지 않을 뿐이다.

3) 2-2 해설

의사가 환자에게 tDCS 치료를 한 뒤 그 기기를 자택에서도 사용하도록 권하려면, 기기의 사용법과 사용한도를 알려주어야 한다. 의사 A가 환자 P에게 기기사용 수칙을 적절히 설명했음에도 불구하고 의사 A가 이를 부주의하게 위반했다면 의사 A는 설명의무를 위반한 것이 아니며, 환자 P는 손해를 스스로 감수해야 한다. 다만 의사 A가 환자 P에게 기기 사용의 수칙을 설명한 것이 평균의 환자가 그 준수를 위반할 가능성을 주었을 정도로 부적절하였고 수칙 위반과 이명 증상 사이의 조건적 인과관계가 인정되는 경우, 이명증상이라는 신체적 인격적 법익 침해에 따른 재산상·정신상 후속손해의 배상책임을 의사 A에게 인정할 수 있고, 그 책임의 내용은 과실상계 법리에 의해 환자 P의 수칙 위반이 기여한 정도에 따라 감경될 수 있다.

형사상 책임의 법리도 이와 크게 다르지는 않다. 만약, 의사 A가 환자 P에게 가정에서 사용할 때의 방법과 주의사항을 상세히 알려주고, 이를 따르지 않았을 때의 위험을 고지하였는데도 불구하고, 환자 P가 이를 따르지 않은 것이라면, 의사 A에게 형사상 책임은 없다. 하지만 의사 A의 이러한 설명이 부족하였고, 그 결과 환자 P가 통상의 방법을 따르지 않아 부작용이 발생하였다면, 의사 A는 환자 P에게 나타난 부작용에 대하여 업무상 과실치상의 책임을 질 수 있다. 의사 A는 최소한 환자가 지시받은 방법을 초과하여 이 기기를 사용할 수 있다는 것을 예견하고, 이를 방지하기 위해 환자에게 주의를 주고 관련 부작용을 설명함으로써 결과 발생을 방지할 의무가 있기 때문이다.

집중력 향상 목적의 tDCS

환자 P는 집중력이 향상된다는 인터넷상의 광고를 보고, A 업체의 tDCS 기기를 구입하여 집에서 사용하였다. 해당 광고에서는 tDCS 기기의 사용 방법에 대한 설명은 기술되어 있었으나, 기기 사용의 부작용 및 사용법을 준수하지 않고 사용했을 때의 위험 등은 명확하게 기술되지 않았다.

3-1. 환자 P는 tDCS 기기를 몇 번 사용한 결과, 집중력이 향상됨을 느끼고, 잦은 횟수로 사용한 결과 경미한 발작을 경험하였다. 이때, A 업체는 어떠한 책임을 지는가?

3-2. 환자 P는 tDCS 기기를 몇 번 사용하였으나, 별다른 효과를 느끼지 못하였다. 이때, A 업체는 어떠한 책임을 지는가?

1) 법적 쟁점 개관

국내에서 tDCS는 우울증 치료 목적의 의료기기로 승인된 상태이다. 그러나 이 사례처럼 단순히 집중력 향상의 목적으로 사용되는 제품을 인터넷 광고를 통해 일반소비자가 구매한 경우에는 법적 규제에 있어 혼선이 발생하여 도리어 법적 규제의 사각지대에 놓일 수 있다. 우선, 국내에서 이 기기가 사용된다면, 이를 의료기기로 보고 의료기기 관련 법률을 적용해야 하는데, 이미 외국에서 일반제품으로 구매하여 개별 소비자가 들여온 물건을 현실에서 규제할 방법은 없는 것으로 보인다. 더 나아가 특정 질병의 치료 목적이 아니라 처음부터 건강관리와 유사한 목적의 사용을 의도하고 있는 기기를 의료기기로 규율할 수 있는지에 대하여도 또

다른 논란이 발생할 수 있다. 이것은 tDCS가 저위해도의 기기에 속하기 때문에 더욱 그러하다. 의료기기로 규제되지 않는 경우라면 적어도 일반 소비자 제품에는 해당하기 때문에 피해자는 소비자법령에 따른 법적 보호를 받을 수는 있다. 사례 3－1은 제조물책임을 주요 쟁점으로 하고, 사례 3－2는 허위과장광고로 인한 법적 책임을 주요 쟁점으로 한다.[137)]

2) 3-1 해설

환자 P가 처음에는 집중력향상의 효과를 느꼈다는 점에서 환자 P가 구입한 tDCS 기기 자체는 집중력향상에 적합한 기기일 가능성이 높다. 설령 그렇다 하더라도 기기 사용의 부작용 및 사용법을 준수하지 않고 사용했을 때의 위험 등이 명확하게 설명되어 있지 않다는 점에서 tDCS 기기에 표시상 결함(제조물책임법 제2조 제2호 다목)이 존재한다고 할 수 있고, 이로 인해 환자 P가 제조물책임법상 손해배상책임을 부담할 수 있다. A 업체는 소비자가 이해할 수 있는 언어와 용어로 제품의 사용상 주의사항을 표시해야 하는데, 그렇지 않았기 때문이다. 더 나아가 환자 P와 같은 소비자에게 경미한 발작을 초래하는 등 신체상 위해를 끼칠 우려가 있다고 인정된다면, 제품의 수거, 파기, 수리, 교환, 환급을 명할 수 있다(소비자기본법 제50조).

3) 3-2 해설

집중력이 향상된다는 A 업체의 광고를 보고 제품을 구매했으나 효과를 보지 못한 경우 위의 표시상 결함 외에 어떠한 법리가 적용될 수 있는지에 대하여는, 그 제품이 객관적으로 집중력 향상의 효능이 있으나 환자 P에게 효과가 없었을 가능성과 애초에 그 제품이 객관적으로 집중

---

137) 만약, 해당 기기를 일반제품이 아니라 의료기기로 본다면, 의료기기법 제24조의 기재 및 광고금지 규정, 동법 제36조 제1항 제22호의 허가 등 취소와 업무정지 규정이 문제될 수 있다.

력 향상의 효능을 갖추지 못했을 경우를 모두 생각할 수 있다. 전자의 경우 소비자를 속이거나 소비자로 하여금 잘못 알게 하는 부당성을 인정하기 어려우므로 표시광고법 위반을 인정할 수 없을 것이다. 또한 판매자에게 기망의 고의가 없으므로 사기로 인한 계약의 취소도 인정될 수 없고, 광고로 인해 소비자가 갖게 된 제품에 대한 기대에 못 미치는 상품을 구매한 것이라고 하기 어려워 물건의 하자가 된다고 하기도 어렵다.

반면, 후자의 경우 소비자로 하여금 잘못 알게 할 우려가 있는 부당한 표시 · 광고[138]에 해당하므로, 공정거래위원회는 시정조치를 할 수 있고(표시광고법 제7조), 부당한 표시 · 광고 행위를 한 사업자에게 임시중지명령(동법 제8조)을 하거나 과징금(동법 제9조)을 부과할 수도 있다. 이 행위를 한 사업자는 부당한 표시 · 광고 행위로 인해 피해를 입은 자에게 손해배상책임을 지며(동법 제10조), 형사책임도 진다(동법 제17조). 제품 판매자가 광고주이거나 광고주가 아니지만 제품의 결함을 알았거나 알 수 있었다면 구매자는 판매자의 기망을 이유로 계약을 취소할 수도 있다. 이 경우, 형사상 사기의 성립 여부도 문제될 수 있다. 그러나 기망의 정도가 경미하다면, 형사책임을 부과하기보다는 민사상 혹은 행정상 규제를 우선 고려한다.[139] 이외에도 광고로 인해 소비자가 갖게 된 제품에 대한 기대가 계약의 내용이 되었는데, 이에 해당하지 않는 제품을 구매하게 된 것이므로 물건에 하자가 있다고 하여 하자담보책임으로 손해배상 등을 구할 가능성도 있다.

---

138) 표시광고법 제3조는 이를 금지하고 있다.

139) 대법 2002.2.5. 2001도5789.

임상연구 목적의 BMI

BMI 임상연구에 참여한 환자 P는 불운의 사고로 사지가 마비된 상태에 있다. 사지마비에 대한 다른 치료방법이 없던 중, BMI 임상연구 공고를 보았고, 이에 참여하게 되었다. 이 연구의 책임자인 의사 A는 환자 P의 현 상태를 기초로 연구에 참여할 수 있는 연구대상자로 적합하다고 보고, 임상 연구의 내용과 기대되는 효과 그리고 발생할 수 있는 부작용 등을 환자 P에게 자세하게 설명해 주었고, 이에 대하여 환자 P도 동의하였다.

4-1. 이후, 환자 P가 기기의 오작동으로 인해 사고를 당하였다. 이때 누가 어떻게 책임을 지는가?

4-2. BMI 기기의 오작동으로 인해 환자 P 옆을 지나던 행인 B가 넘어져 다치는 사고가 발생하였다. 이때, 이 사고에 대한 책임은 누가 어떻게 지는가?

4-3. BMI 임상연구 참여 이후, 환자 P는 본인의 운동능력이 어느 정도 호전됨을 느꼈다. 그러나 이후, 본인도 모르는 본인의 뇌 정보가 다른 연구에 사용되고, 특정 기업에 유출되고 있음을 알게 되어 이에 대하여 문제를 제기하고자 한다. 환자 P는 누구에게 어떻게 문제를 제기할 수 있는가?

1) 법적 쟁점 개관

BMI는 현재 임상연구 중인 기술로, 사례 4－1은 임상연구 도중 발생한 사고에 대하여 임상연구자가 연구대상자에 대하여 어떤 책임을 지는지가 주요한 쟁점이 된다. 사례 4－2는 BMI 기기의 오작동이 BMI 기술을 환자에게 적용한 의사 A의 과실인 경우와 BMI를 제조한 제조자의 과실인 경우로 구분하여 생각할 수 있다. 사례 4－3은 연구대상자가 처음에 동의한 목적을 넘어서 연구대상자의 정보를 다른 연구에 이용할 수 있는지 그리고 사적인 용도로 연구대상자의 정보가 유출되었을 때 어떤 법적 문제가 발생하는지를 간략히 논할 수 있다.

2) 4-1 해설

의료기기법은 임상시험 피해자 보상에 관해 특별 규정을 두고 있다. 의료기기법 제10조 제4항은 임상시험을 하려는 자가 지켜야 하는 사항 중 하나로 "임상시험의 내용과 임상시험 중 시험대상자에게 발생할 수 있는 건강상의 피해와 그에 대한 보상내용 및 절차 등을 임상시험의 대상자에게 설명하고 그 대상자의 동의를 받을 것"을 규정하고(제3호), 이를 위반하는 때에는 형사제재를 부과한다(동법 제52조 제1항).[140] 이에 따라 의료기기법 시행규칙 제20조 제2항은 임상시험계획의 승인을 받기 위해 식약처장에게 제출해야 하는 임상시험계획서에 포함되어야 할 내용으로 피해자 보상에 대한 규약을 정하고 있다(제17호). 이 보상이 구체적으로 어떤 내용인지에 대해 의료기기법은 더 이상 자세하게 규율하지 않지만, 임상시험에 관해 유사한 내용인 약사법 규정을 구체화하기 위해 마련된 가이드라인이 참고가 될 수는 있다.[141] 이 가이드라인 외에도 민법

140) 이 위반행위에 대하여는 3년 이하의 징역 또는 3천만 원 이하의 벌금에 처한다.

141) 약사법 제34조의2 제3항 제2호는 임상시험 대상자에게 사전에 설명한 보상 절차 등을 준수할 의무를 부담시키고 있으며, 의약품 등의 안전에 관한 규칙 제24조는 임상시험계획의 승인을 받기 위해 식약처장에게 제출해야 하는 임상시험계획서에 포함되어야 할 내용으로 임상시험 피해자 보상에 대한 규약을 정하고 있다(제1항 제8호). 이 보상절차에 포함되어야 할 사항을 구체화하기 위해 식약처는 2021년「임상시험 피해자 보상에 대한 규약 및 절차 마련을 위한 가이드라인」을 마련하였는데, 이에 따르면 동법이 정한 보상은 고의 또는 과실에 기인한 민법상 불법행위 책임을 물을 수 있는 경우에는 적용되지 않는다(가이드라인 IV. 2.). 즉, 임상시험자의 고의 또는 과실이 있으면 민법상 불법행위책임을 청구하도록 하되, 임상시험

상 불법행위에 관한 일반 법리도 적용될 수 있다. 외국에서도 임상시험으로 인한 악결과의 배상은 민법의 손해배상법리에 따르도록 한다. 예를 들어 EU 의약품의 임상시험에 관한 규칙 제75조는 이 규칙이 임상시험으로 인한 악결과에 대한 민사책임에 영향이 없다고 규정하고, 국내 손해배상법에 따르도록 한다. 임상시험에서 인간의 보호에 관한 독일 의약품법 규정 해설도 임상시험에서 발생하는 손해배상은 민법 일반규정에 따른다는 것을 전제로 서술하고 있다.[142)]

결과적으로 임상시험자의 건강상 피해가 임상시험 수행자의 고의 또는 과실에 의한 행위, 이 행위와 피험자가 입은 피해 사이의 인과관계를 피해자인 피험자가 증명할 수 있으면 민법상 불법행위책임이 적용된다. 민법상 불법행위책임 요건을 적용하기 어려운 경우라도 임상시험 피해자 보상에 대한 규약이 적용될 가능성이 있다. BMI 기기의 임상시험을 하려는 자가 임상시험계획서에 포함시킨 임상시험 피해자 보상에 대한 규약이 「임상시험 피해자 보상에 대한 규약 및 절차 마련을 위한 가이드라인」의 가치판단에 따라 피험자의 건강상 피해가 임상시험으로 인해 발생한 것이기는 하나, 고의나 과실을 증명하기 어려운 경우의 보상까지 규정한다면, 이 경우에도 보상이 가능하다.

이외에도 의료기기법 제10조 제6항에 따라 식약처장은 임상시험이 대상자에게 큰 위해를 미치거나 미칠 우려가 있다고 인정되면, 임상시험의 변경·취소 혹은 그 밖에 필요한 조치를 할 수 있다. 이처럼 임상시험자

의 특성상 피험자의 신체에 대한 악결과가 발생할 가능성을 임상시험자가 인식하고 시험할 수 있는 만큼 임상시험자의 고의 또는 과실을 증명하기 어려운 경우에도 피해자가 일정한 보상을 받도록 위험을 분배한 것으로 보인다. 다만 동 가이드라인은 임상시험과 신체적인 손상 사이에 인과관계가 인정되지 않으면 보상에서 제외할 수 있다(가이드라인 VI. 1. 다.)고 규정하는데, 임상시험에서 연유하지 않은 피험자의 건강상 피해까지 임상시험자가 부담할 이유는 없으므로 이를 배제할 수 있도록 한 것으로 보인다.

142) Spickhoff/Listl－Nörr, 4. Aufl. 2022, AMG § 40a Rn. 12.

와 대상자 사이에 마련된 보상 규정에 따라 발생한 피해에 대한 보상은 가능하다. 그러나 환자 P의 상해 정도가 크다면, 의사 A에게 업무상 과실치상의 형사책임을 부과할 가능성을 배제할 수는 없다.

3) 4-2 해설

이 사례에서는 BMI 기기의 오작동이 직접적으로 환자 P의 자유를 침해하였고, 그 결과 행인 B의 신체가 훼손되었다. 전자라면 제조업자가 제조물책임의 요건을, 후자라면 기계를 작동시킨 사람의 민법상 불법행위책임의 요건을 검토하여 각 해당 요건이 충족된다면, 각각 손해배상책임을 인정할 수 있다. 그런데 여기서 문제된 손해는 환자 P에게 발생한 것이 아니라 환자 P 옆을 지나던 행인 B에게 발생한 것이어서 일종의 간접적 손해가 문제된다. 우리 판례는 불법행위의 직접적 대상에 대한 손해가 아닌 간접적 손해는 특별한 사정으로 인한 손해로서 가해자가 그 사정을 알았거나 알 수 있었을 것이라고 인정되는 경우에만 배상책임이 있다[143]는 입장을 일관되게 택하고 있다. 즉 BMI 기기의 제조자나 작동자가 BMI 기기의 오작동이 환자 P의 움직임을 잘못되게 유도해 그 결과 환자 P 외의 타인이 다칠 수 있다는 것을 예견할 수 있었는지에 따라 그들의 손해배상책임이 결정된다.

만약, 의사 A가 BMI 기기의 오작동으로 인해 제3자를 다치게 할 수 있다는 것을 예견할 수 있었고, 이를 회피할 수 있었는데 이에 대한 예방조치를 취하지 않아 지나가던 행인 B가 다친 것이라면, 의사 A는 보증인으로서 예방조치를 취하지 않은 부작위에 대하여 형사책임을 질 수도 있다. 이 경우에는 업무상 과실치상의 책임이 관련된다. 이외에 임상시험용 의료기기도 의료기기법 제10조 제2항의 시설과 제조 및 품질관리체계의 기준에 적합하게 제조하거나 제조된 것이어야 하며 GMP 적합성 인정을

143) 대법 1996.1.26. 94다5472.

받아야 한다. 만약 의사 A가 임상시험용 의료기기에 대한 제조품질관리기준을 위반한 경우라면 업무정지 처분을 받을 수 있다(동법 제36조 제1항 제7호).

4) 4-3 해설

환자 P의 운동능력 향상이라는 효과를 가져온 임상연구에서 환자 P의 개인정보를 직접적 또는 간접적으로 이용한 의료기기 임상시험 데이터는 보건의료 데이터의 활용이라는 측면에서는 공유가 요청될 수 있다. 그러나 생명윤리법에 의하면 인간을 대상으로 하는 연구는 연구대상자의 동의를 받아야 한다. 특히 이를 제3자에게 제공하기 위해서는 연구대상자의 동의뿐만 아니라 해당 데이터를 익명화하여 제공해야 한다. 그러므로 원칙적으로는 연구대상자로부터 동의를 받아야만 데이터를 활용할 수 있다. 그러나 보건의료 빅데이터의 경우 연구대상자의 동의를 일일이 받기 어렵고 대상 데이터가 한정적으로 개방되고 있으며 데이터의 형식도 다양해서, 사실상 제3자 제공을 위한 목적의 동의를 받는 것은 불가능하다. 그렇기에 보건의료 빅데이터의 활용을 위해 완화된 요건하에 보건의료 데이터를 활용하기 위한 방안이 국내외에서 여러모로 논의되고 있다. 현행 개인정보보호법은 가명정보의 경우 통계작성, 과학적 연구, 공익적 기록보전 목적으로 정보 주체의 동의 없이 처리할 수 있으나, 이를 제3자에게 제공하는 경우 특정 개인을 알아보기 위해 사용될 수 있는 정보를 포함해서는 안 되며, 서로 다른 개인정보처리자 간의 가명정보의 결합은 전문기관이 수행하도록 정하고 있다.

신경과학의 활용 시 발생하는 보건의료 데이터는 특히 민감한 영역에 깊숙이 관여하고 있어 그 데이터를 제3자에게 공개하는 데 환자 본인의 이해관계가 크다고 할 수 있다. 이 사례처럼 임상연구에서 얻은 의료데이터를 다른 연구 목적으로 연구대상자의 동의 없이 사용하고자 한다면, 우선 개인정보보호법상의 과학적 연구에 해당해야 하고, 사용하고자 하는 데이터는 가명정보의 형태여야 한다. 만약 그렇다면, 환자 P도 별다른 문제를 제기할 수는 없을 것이다. 그러나 다른 개인정보처리자인 기업에 해당 데이터가 유출된 것은 이 경우에 해당하지 않는다. 그러므로 환자 P는 해당 기업에 대하여는 개인정보자기결정권의 침해를 주장할 수 있다.

파킨슨병 치료 목적의 DBS

파킨슨병에 걸려 근육경직으로 고통받고 있던 환자 P는 DBS가 파킨슨병에 효과적인 치료법이라는 설명을 듣고 DBS 수술을 받았다.

5-1. 수술 이후, 환자 P의 증상은 완화되지 않았다. 환자 P를 수술한 신경외과의 A는 DBS 수술이 효과가 없는 것은 자신의 의료과실 때문이 아니라 자신이 B로부터 구입하여 사용한 전극이 불량한 것이었기 때문이라고 주장한다. 이때 의사 A와 제조업자 B는 어떠한 법적 책임을 지는가?

5-2. 수술 이후, 환자 P는 기존 증상이었던 근육경직 현상은 완화되었다. 그러나 수술 전과 달리, 성격이 까다롭고 괴팍해졌고 이로 인해 환자 P의 가족 Q도 괴로움을 겪고 있다. 이때 의사 A는 법적 책임을 지는가?

1) 법적 쟁점 개관

DBS는 파킨슨병 치료를 위해 표준적 치료법으로 이용되고 있다. 사례 5−1은 DBS 수술이 환자에게 별다른 진전 효과를 주지 못했을 때, 수술한 의사와 수술에 이용된 DBS 관련기기를 판매한 업자의 법적 책임이 문제된다. DBS 수술은 여러 부작용이 발생할 수 있는데, 그중 하나로 신경심리학적 부작용이 발생할 수 있다. 사례 5-2는 이에 해당하는 사안으로, 수술 당시 의사가 이 부작용에 대한 설명의무를 다했는지 그리고 수술 과정에서 주의의무를 다했는지가 문제된다.

2) 5-1 해설

환자 P는 의사 A를 상대로는 의료과실책임을 주장할 수 있다. 다만 신경시술을 하는 의사나 병원은 시술 당시의 의료 수준에 비추어 일반적으로 요구되는 수준의 주의의무를 다하였다면 면책되지만 그렇지 않은 경우 의료과실로 인한 손해배상책임을 지게 된다. 예컨대 진료 당시의 평균적 의학 수준상 불가피하게 일정한 확률로 나타나는 악결과가 나타난 경우 이를 당연히 주의의무 위반이라고 할 수는 없다. 만일 의사 A에게 수술상 과실을 인정할 수 있는 특별한 상황이 존재하여 의사 A에게 의료과실이 인정되는 경우라 하더라도 수술에 사용된 전극에 결함이 존재했다면 제조업자 B는 여전히 제조물책임법상 손해배상책임을 부담할 것이다. 전극의 설계 자체가 문제여서 DBS 시술에 적합하지 않은 것이었다면 설계상 결함이, 전극의 제조공정의 단계에서 결함이 발생했다면 제조상 결함이 문제된다.[144] 어느 쪽이든 제조업자 B가 제조물책임법상 손해배상책임을 부담하는 경우, 의사 A에게도 의료과실이 있다면, 의사 A와 제조업자 B는 연대하여 손해배상책임을 부담하게 될 것이다.

수술 이후, 환자의 증상이 개선되지 않았을 뿐, 어떠한 상해나 부작용의 결과가 발생하지 않았다면, 의사 A에게 형사책임을 부과하기는 어렵다. 만약, 제조업자 B가 판매한 전극이 불량하여 수술의 효과가 없었음이 밝혀진다면, 제조업자 B는 의료기기법 제36조에 따라 영업정지, 영업소 폐쇄와 같은 행정처분을 받을 수 있다.

---

144) 설계상 결함과 제조상 결함에 대해서는 5장 1절 III. 2. (1) 참조.

3) 5-2 해설

수술이 목적한 효과를 가져왔으나 부작용이 발생한 경우, 시술 당시의 의료 수준에 비추어 일반적으로 요구되는 수준의 주의의무를 다하였다면 손해배상책임을 부담하지 않는다. 특히 진료 당시의 평균적 의학 수준상 불가피하게 일정한 확률로 나타나는 악결과가 나타난 경우, 악결과가 발생했다는 이유만으로 이를 주의의무위반이라고 할 수는 없다. 또한 DBS가 인격을 변화시킬 수 있다는 우려도 제기되지만, 파킨슨병 자체가 뇌신경을 변화시켜 성격 변화를 일으킬 우려가 있다는 점[145]도 간과할 수 없다. DBS의 시술에도 불구하고 파킨슨병의 진행이 일부라도 계속되어 P의 성격 변화가 일어난 것일 가능성이 있기 때문에, 의료과실책임에서의 인과관계 증명책임 완화법리에 따르더라도 이 성격 변화를 의료과실책임의 결과라고 인정하기 어려울 것이다.

만일 환자 P가 부작용에 대한 설명을 듣지 못하고 DBS 시술에 동의했다면, 이는 의사 A의 설명의무 위반에 해당한다. 다만, 일반적으로 DBS가 인지 및 행동에 부작용을 미치거나 나아가 인격을 변화시킬 수 있다는 우려는 실제 사례로부터의 보고를 전제로 하는 경험적 비판이라기보다는 주로 철학자와 의료 윤리학자들에 의해 제기되면서 과장된 면이 있다는 비판도 있다는 점, 인격의 변화가 의료과실 책임의 결과라고 인정하기 어렵다는 점에서, 의사 A는 민사상 위자료 배상책임만 부담할 가능성이 높다.

동일하게 이 경우에는 형사상 과실책임을 부과하기도 어렵다. 다만, 수술 전에 의사가 환자에게 이러한 부작용을 설명하지 않았고, 이로 인해 환자가 수술에 동의했다면 수술 이후 변화된 성격에 대하여 업무상 과실치상의 책임을 질 가능성이 없지는 않다. 그러나 이러한 설명의무의 위반은 법 실무에서 대부분 민사책임으로 해결하고 있다.

---

145) https://www.apdaparkinson.org/what-is-parkinsons/symptoms/personality-change/, 2023.10.30. 최종방문.

임상연구 목적의 DBS

주요 우울장애를 겪고 있는 환자 P는 DBS가 우울증에 효과가 있는지 연구하기 위한 임상시험이 있다는 광고를 보고 그 연구에 지원하였다. 이 사실을 알게 된 환자 P의 가족 B는, P가 성인이기는 하지만, 우울증에 걸린 이후 판단 능력이 많이 저하된 상태여서 이런 결정을 혼자 한 것은 유효하지 않다고 주장하면서 임상시험 참여를 저지하고자 한다. 가족 B의 주장은 타당한가?

1) 법적 쟁점 개관

의료행위에 대해 동의능력이 존재하는지 여부는 행위능력처럼 추상적인 기준이 존재하는 것이 아니어서 각 사례마다 개별적으로 판단해야 한다. 따라서 주요 우울장애 환자라는 이유만으로 동의능력을 부정할 수 있는 것은 아니다. 주요 우울장애의 경우 자기결정권 행사능력이 얼마나 제한되는지에 대해 다양한 연구 결과가 존재하지만, 일의적인 결론을 내릴 수는 없다.146) 다만 위 사례의 경우 DBS는 침습의 정도가 높다는 점, 주요 우울장애에 대해 DBS가 아직 승인된 치료법이 아니라 임상시험 단계에 있다는 점이 고려되어야 한다.

146) 주요 우울장애 환자가 인지능력이 월등히 떨어진다고 하기는 어렵다. 비인지적 요소, 예컨대 이들 환자가 긍정적인 결과를 무시하는 경향이 일부 있지만 이는 주요 우울장애 환자만 그렇다기보다는 중환자에게 일반적으로 관찰할 수 있는 경향이다. 자세한 내용은 Beeker T, Schlaepfer TE, Coenen VA. Autonomy in Depressive Patients Undergoing DBS−Treatment: Informed Consent, Freedom of Will and DBS' Potential to Restore It. Front Integr Neurosci, Vol. 11 No. 11, 2017. doi: 10.3389/fnint.2017.00011. PMID: 28642690; PMCID: PMC5462943, p. 4.

2) 해설

위와 같은 점을 고려할 때, 위 사례의 경우에는 환자 P의 동의능력을 부정할 가능성이 높다.

사항색인

저자약력

최민영

한국형사법무정책연구원 선임연구위원

고려대 법학과를 졸업한 후 동 대학에서 법학석사를 취득하였고 독일 Würzburg 대학에서 법학박사 학위를 취득하였다. 영국 킹스컬리지 런던 법학과 TELOS센터(The Centre for Technology, Ethics and Law in Society) 객원연구원과 성균관대 법학과 박사후연구원을 거쳐 현재 한국형사법무정책연구원 선임연구위원으로 재직 중이다. 형법과 형사소송법을 강의하며, 바이오형법, 과학기술정책과 법, 비교형사법 등을 연구한다.

계인국

고려대학교 행정전문대학원 교수

고려대에서 법학석사를 취득하였고 독일 Regensburg 대학에서 법학박사 학위를 취득하였다. 대법원 사법정책연구원 연구위원으로 재직하였으며, 현재 고려대학교 행정전문대학원에 재직하며 공법과 규제법을 연구하고 있다. 국가와 사회가 협력적이고 분업적으로 공익을 형성해가는 보장국가 이론을 중심으로 공법학 이론을 계속 연구하고 있으며, 이를 바탕으로 하여 ICT 규제, 과학기술 규제, 플랫폼 규제 등 규제법 분야와 개인정보보호, 인공지능윤리, 기업인권 등으로 그 지평을 확대해가고 있다. 한국공법학회, 한국행정법학회, 한국행정판례연구회 등 주요 학회에서 집행이사를 역임하고 있다.

김수정

명지대학교 법학과 교수

서울대 법학과를 졸업한 후 동 대학에서 법학석사를 취득하였고 독일 Freiburg 대학에서 LL.M과 법학박사 학위를 취득하였다. 현재 명지대학교에서 민법을 가르치고 있다. 계약법, 부당이득, 불법행위 등 전통적인 민법 이론과 함께 온라인 플랫폼과 데이터법, 고령사회의 법적 쟁점 등의 주제로 연구를 확장하고 있다. 가족법학회, 민사법학회, 사법학회에서 상임이사를 역임하였다.

박정연

한경국립대학교 법경영학부 교수

고려대 법학과를 졸업한 후 동 대학에서 법학석사 및 법학박사 학위를 취득하였다. 법제처와 한국법령정보원에서 연구원으로 근무하였으며, 이화여대 생명의료법연구소 박사후연구원 및 고려대학교 법학전문대학원 연구교수로 재직하였다. 현재 한경국립대학교 법경영학부 교수로 근무하고 있으며, 주요 연구분야는 보건의료법제 및 사회보장행정법제이다. 고령화와 신산업발전에 따른 보건의료와 사회보장제도 변화에 많은 관심을 가지고 있다.

신경과학기술과 법
초판발행 2023년 10월 31일

지은이 최민영·계인국·김수정·박정연
펴낸이 안종만·안상준

편 집 사윤지
기획/마케팅 정연환
표지디자인 Benstory
제 작 고철민·조영환

펴낸곳 (주) 박영사
서울특별시 금천구 가산디지털2로 53, 210호(가산동, 한라시그마밸리)
등록 1959. 3. 11. 제300-1959-1호(倫)
전 화 02)733-6771
f a x 02)736-4818
e-mail pys@pybook.co.kr
homepage www.pybook.co.kr
ISBN 979-11-303-4570-3 93360

정 가 19,000원

이 책은 과학기술정보통신부의 재원으로 한국연구재단 바이오·의료기술 개발사업의 지원을 받아 수행된 연구입니다(NO. 20192019M3E5D2A02064503).